横向购并

的整合机理研究

HEXIANG GOUBING DE ZHENGHE JILI YANJIU

程兆谦 著

浙江工商大学出版社
ZHEJIANG GONGSHANG UNIVERSITY PRESS

图书在版编目(CIP)数据

横向购并的整合机理研究 / 程兆谦著. —杭州 ：
浙江工商大学出版社，2014.12
ISBN 978-7-5178-0166-5

Ⅰ. ①横… Ⅱ. ①程… Ⅲ. ①企业兼并—研究 Ⅳ.
①F271

中国版本图书馆 CIP 数据核字(2013)第 307431 号

横向购并的整合机理研究

程兆谦 著

责任编辑 郑 建
封面设计 包建辉
责任印制 包建辉
出版发行 浙江工商大学出版社
(杭州市教工路 198 号 邮政编码 310012)
(E-mail:zjgsupress@163.com)
(网址:http://www.zjgsupress.com)
电话:0571－88904980,88831806(传真)
排　　版 杭州朝曦图文设计有限公司
印　　刷 虎彩印艺股份有限公司
开　　本 710mm×1000mm 1/16
印　　张 15
字　　数 221 千
版 印 次 2014 年 12 月第 1 版 2014 年 12 月第 1 次印刷
书　　号 ISBN 978-7-5178-0166-5
定　　价 35.00 元

浙江工商大学出版社营销部邮购电话 0571－88904970

本书撰写过程中得到的资助：

国家自然科学基金：购并后的整合能力研究：维度结构、形成机制与绩效影响（项目编号：71072135）

浙江省哲学社会科学规划重点课题：跨国购并中的整合能力研究：基于浙江企业经验的实证研究（项目编号：11JCGL03Z）。

浙江省属高校人文社会科学重点研究基地（浙江工商大学企业管理学）重点项目

总　序

企业和家庭是构建这个社会最为重要的生产性组织，前者创造的是社会财富，后者则是人口的摇篮。围绕这两个特殊的组织，不同的人文和社科领域都派生出了大量的研究成果，都努力为解释客观现实以及有效地预测未来服务，管理学也正是其中之一。

作为经历了中国经济飞速发展和历史变革特殊时期的管理学研究，最为显著的特征就是始终与变换的环境紧密联系。回顾过去 30 多年的历程，中国经历了改革开放为基本表现形式的经济、社会重大转型，对于社会组织而言，这无疑是本质性的制度变革，从经济社会主体的构成到整个经济社会的制度环境，都发生了巨大的变迁；而国际环境也经历了全球经济高速发展到金融危机的大起大落，从各国政府、区域联盟到国际企业都处于巨大的压力和变革之中，这无疑给管理学研究提供了异常丰富的素材，也为管理学研究平添了许多压力。从某种意义而言，“管理是由这个社会 20％的人员所从事，但是却肩负着其余 80％人员的福祉”。

作为承载管理学教学和科研任务的高校，如何在变革的时代有效地发挥自身的价值，以知识和人才为途径传递学者对时代呼唤的响应就是一个非常值得思考的论题。这个论题有三个层次的问题：我们应该关注谁？我们关注他们什么？我们如何关注？

管理学研究的对象很广泛，涵盖了宏观、中观和微观的现实全景，由于现有的管理学研究更多地从属于工商管理专业，因此企业就成为关注的焦点。基于企业，我们确实可以打开一扇观察世界的窗口。以往的主流研究强调企业的股东属性，因此立足企业的所有者。我们分析和探讨了价值链各个环节以及不同时期企业的生存和发展问题。在丰硕的研究成果中，我们逐渐认识到，企业问题的复杂性使得我们必须从一个更为广泛的范畴去审视管理学本身，这个问题在公司治理研究中尤为明显。公司治理是管理学的经典研究领域之一，也是指导现实企业发展的有力工具。公司治理文献长期关注的是经理人与投资者之间的利益冲突以及相应的治理结构和治理机制。基于代理成本问题的分析，Jensen 和 Meckling(1976)的开创性工作引发了对公司治理中管理层激励的规范性思考，而 Townsend(1979)则第一次尝试以最优契约的方式解决外部投资者与经理之间的利益冲突。这对于古典企业是非常有效的，但是现代企业基于企业规模和风险规避的需要将股权进行分散和交叉，股东由个体转变为一个群体，经典管理研究的诸多成果遭到质疑。

按照 Shleifer 和 Vishny(1997)、Pagano 和 Roell(1998)等的研究结果发现控制性投资者(例如股份公司的大股东等)凭借其实际控制权，以合法或者法庭很难证实其非法的方式，谋取私人利益，使分散投资者(小股东)的利益受到损害，以至在这些公司中，基本的代理问题不是在经理人与投资者之间，而是在控制性投资者与其他分散投资者之间。Johnson、LaPort 等(2000)甚至把大股东利用金字塔式的股权结构，把低层企业的资金转移到高层企业，从而使小股东利益受到侵害的行为称为隧道行为(tunneling)。这些成果已经证实，尽管都是企业的所有者，但是不同股东之间还存在着复杂的协调关系，股东利益群体产生了分化。

与此同时，对于企业就是股东所有的争论也不断升级，特别是在我国社会主义市场经济体制下，如何理解公有制与市场经济之间的微观机理，就成了管理学理论研究的历史使命。尽管以布莱尔(Blair，1995，1996)为代表的学者主张将利益相关者纳入分析主体，认为这些利益相关者在企业中注入了一定专用性投资后，他们或许分担了一定的企业经营风险，所以应该分享公司的控制权。但是在一般经营情况下，企业的外部非决策类利益相关者如政府和债权人、消费者等是不需要参与企业经营的，一种“隐形”的委托—代理关系将企业的实际控制权授权给内部的股东和经理层。但是当企业处于特殊状态时，如创业期或濒临破产时，债权人或政府就要参与治理。在此基础上，在利益相关者思想的影响下，企业现有的所有权和经营权表现为货币资本、异质性人力资本和环境所有者在内的要素所有权，企业已经成为社会利益主体在微观层面博弈的平台，因此所有的利益相关者都不可避免地步入我们研究的视野，而管理学对于这些主体的共性归纳就是——组织，也就是我们应该关注的主体。

将组织再次作为我们关注的核心主体，首先要思考的问题就是其存在的意义是什么。斯坦福大学的杰弗里·菲佛和杰勒尔德·R.萨兰基克教授所著的《组织的外部控制——对组织资源依赖的分析》一书中指出，"组织是充满巨大的力量和能量的社会工具，其存在的意义在于提供一个场所或框架，组织行为参与者用自身的诱使因素与组织的贡献相互交换的场所"，为了实现这个意义，组织的唯一目标就是生存。"为了生存，组织需要资源，为了获取资源，组织就必须与控制管理的组织相互交往，在这一意义上，组织就会依赖它们的环境。由于组织对它需要的资源没有控制力，资源需求就会成为问题并具有不确定性。组织为了获取资源而与其他组织进行交易，资源控制权使得其他组织具有对组织的控制权，组织的生存在一定程度上取决于组织对环境偶然性进行管理的能力。因此大多数组织活动的焦点在于通过交换协商来确保所需资源的供给。"

从上述分析中我们可以发现生存是组织存在的唯一目标，而战略就成为实现该目标的有效途径。因此，战略就成为我们关注组织的重要特征。当前中国企业都力求通过制订和执行有效的战略决策来获取竞争优势，进而在复杂的市场环境中寻求生存和发展，因此对于战略管理理论的研究和应用也达到了一个前所未有的高度。战略管理分析强调企业与环境的互动，对于环境的普遍认识是将其划分为宏观环境、行业环境和企业内部环境。经典战略管理理论更侧重于行业环境分析指导下的企业定位研究和企业内部环境分析指导下的企业能力研究，相对弱化宏观环境对于企业经营战略的影响。事实上，新时期的中国企业战略决策研究必须强调特殊历史环境下宏观环境对于企业战略发展的影响，应该将宏观环境进行具体的分类，区分体现中国转型经济发展特色的情境因素和适应全球化新经济发展的时代特征，进而对企业战略分析提出全新的视角解析。

组织在变、环境在变、管理实践在变，管理学研究也同样需要变，这种变就是创新。创新不仅仅是一种内容的体现，更是我们的一种态度。管理学发展的方向就是利用创新的手段将管理理论与组织实践紧密结合的过程，就是利用创新的态度将管理学不断推向前沿的过程。

浙江工商大学企业管理学研究基地是浙江省政府设立的首批省属高校人文社会科学重点研究基地，在“服务地方社会经济发展”的总体理念下，基地坚持“理论和实际相结合、科学研究与专业建设相结合”的发展思路，秉承“学科发展为地方经济发展服务、科学研究为专业教学和人才培养服务”的发展目标，以企业管理领域现实问题和前沿问题为研究中心，完善组织架构，推出科研精品，凝聚学科特色，提升发展水平，取得了丰硕的成果，形成了良性的发展态势，逐步形成了四个具有特色的研究方向：企业管理理论与方法，公司治理与战略管理，组织与人力资源管理，营销与创新管理。基地科研人员众多科研项目都是围绕企业管理学科以及组织、战略和创新研究方向展开的。“组织·战略·创新”学术文集第二辑收集了近期基地青年博士的研究成果，普遍为省部级以上项目的研究成果，具有较高的学术价值和实践指导意义。

浙江工商大学工商管理学院院长、教授、博士生导师

郝云宏

2011年12月

中文摘要

本书研究的主要内容是，通过理论演绎和实证研究，建立关于横向购并的整合机理模型，目的是以结构化的方式回答关于横向购并中整合的三个基本问题：①整合的目标是什么？②整合的主要内容是什么？③整合主要内容与整合目标之间的关系是什么？在系统地介绍整合机理模型之后，应用该模型揭示了四个中国企业的购并案例（包括两个成功案例和两个失败案例、两个跨国购并案例和两个国内购并案例），案例分析表明该模型能够系统地解释这些购并为何成功或失败。

本书共分为八章：

第一章是绪论。在以一个包含因素分析、整合模式研究、整合机理研究三个层次为框架总结了过去 20 年的整合研究之后，发现了具有重要理论意义的整合研究的突破点，也就是以资源观、协同理论结合组织理论与管理学来系统地研究横向购并的整合机理。

在第二章建立了一个企业模型，为整合机理模型研究提供了一个坚实的理论平台。这个模型的主要理论基础是资源观。通过资源、知识和能力之间关系的辨析，建立了企业模型的基本框架，再结合考虑组织理论和管理学的关于企业整体的理论，就形成了一个包含结构模型与逻辑模型两个子模型的企业模型。

第三章是本书最核心的部分，提出了横向购并的整合机理模型。首先，以购并双方的企业结构模型为对象，通过两两相对融合的方式，得出了整合的主要内容，即五个整合模块；以购并双方的企业逻辑模型为对象，借助协同理论的研究成果，得到了整合的“基本逻辑”与三个“支持逻辑”——分别以“领导”“管理系统”和“利益相关者的认同”为焦点。这些工作的结合就产生了整合机理模型。

这一章的最后一部分介绍了愿景与战略整合，重点是战略整合。战略整合有两项主要内容，其一是涉及购并双方的战略整合模式，其二是关于如何构建利用整合中协同机会的价值创造规划的论述。这是随后整合工作的指导性框架。

在第四章，分析了与“协同实现”这一整合目标有着最直接关系的整合模块——产品—市场组合的整合与基本业务流程的整合，其中涉及如何在双方的产品—市场组合与基本业务流程中挖掘协同机会的框架、知识的转移、流程整合与结构整合的各种形式等各项内容。

在第五章，分析了运行机制整合。它包括三个部分：治理结构的调整、管理制度的整合以及人力资源政策的整合(主要考虑利益契约的重构)，它们分别与支持逻辑 1、支持逻辑 2 和支持逻辑 3 相关。

在第六章，分析的是社会资本的创建与整合。它包括四个部分：心理契约重构、企业文化整合、关系网络重组以及组织语言和代码系统的整合。这些部分基本上都是“软”的，也可能是在整合中最需要艺术性和耐心的。它是构成支持逻辑 3 的主要内容之一。

第七章是利用实证研究对本书建立的整合机理模型进行检验。主要包括两块内容：一是利用大样本统计研究对整合机理模型的主要内容与彼此之间的关系进行检验，结果表明，整合机理模型基本成立，不过在某些局部依然有改进的余地；另一个是利用整合机理模型，对两个案例(一个成功，一个失败)进行分析，从而展现出该模型非同一般的、系统的分析能力。

在第八章中，总结了本书的研究结论、创新点与薄弱之处，并给出了今后研究需要努力的方向。

本书的创新点。综观全书，在整合研究的理论研究方面，应该说是作了一个较大的贡献：

首要的一点，就是建立了一个整合机理的模型，通过与本书绪论中总结的整合研究相对照，不难发现这个模型在系统性、深度、创新性上都有独特的贡献，尤其在整合逻辑的分析上——分解出以“领导”“管理制度”和“利益相关者的认同”为焦点的三个支持逻辑，这是整合研究上的首次，而且在实证研究上基本得到支持。

其次，不仅仅建构了一个总体的模型，而且对其中所包含的五个整合模块，都有系统的论述，其中有相当多的内容属于很少有人研究的，即使有研究也是比较零散的。比如,战略整合的框架、结构重组的形式、利益契约与心理契约的重构、组织语言与代码系统的整合等等。

再次,为顺利进行本书研究所做的基础性理论工作,从某种角度上说,也许比整合机理模型更重要,因为它更一般,应用范围更宽。这些工作包括资源、知识与能力关系的探讨、基于资源观的企业模型、整合中价值创造的一般框架等等。

最后,通过一个有系统的研究,提供了进行与整合相关的其他研究的平台,包括非横向购并的整合,各种形式的整合,以及站在购并者的角度去分析如何“管理”整合等。

关键词:横向购并,整合,整合机理

ABSTRACT

The main content of this thesis is to build the model for post-merger integration mechanism of horizontal M&As by applying deduction and empiricle study. The aim is to answer the following three questions about integration in a structural style: (1). What is the objective of integration? (2). What are the main contents of integration? (3). What are the relationships between the objective of integration and the main contents of integration? After the complete introduction of the model for integration mechanism, it is applaied to analyze four M&A cases by Chinese companies, which includes two sucecess cases and two failure cases, two cross-border M&As and two domestic M&A cases.

This thesis consists of eight chapters as followed:

The first chapter is introduction. By using the hierarchy architecture including factor analysis, integration mode, and integration mechanism, we study the research of integration in past 20 years. We find the breakthrough point, which is significant in the research of the integration theory. That is, the resource-based view, synergy theory, organization theory, and management studies should be combined to synthetically study the integration mechanism of horizontal M&As.

In the second chapter, we build a firm model as a theoretical platform for studying the model of the integration mechanism. This firm model mainly comes from the resource-based view. After analyzing the relation among resource, knowledge, and ability, we build a framework of the firm model. We further consider the related content in the organization theory and management studies. Finally, we propose the firm model including two sub-models-structural model and logical model.

We present the model for integration mechanism of horizontal M&As in the third chapter, which is the core of this thesis. First, we produce five integration modules by combining two of structural models for enterprises involved in the M&As process. Second, by the combination of logical models for enterprises and study of synergy theory, we obtain the "basic logic" of integration and three "support logics", which contain the core of "leadership", "management system", and "human", respectively. By combining the above work, we produce the model for the integration mechanism: Finally, we introduce the vision and strategy integration. The main content of strategy integration includes the strategy integration modes for the enterprise involved in the M&As process and the value creation plan for utilizing synergy choose in the integration. They will be the guidance framework for the following integration operation.

In the fourth chapter, we analyze the integration modules directly related to the objective of "synergy realization". They include the integration of product-market combination and the integration of basic service processes. Of them, we will design various types for mining the framework of synergy choose, transfer of knowledge, and integration of processes and structures in the production-market combination.

In the fifth chapter, we analyze the integration of operating system, which comprises three parts: adjustment of govern structures, integration of management institutions, and integration of policies for human resources (that mainly concern the reconstruction of economic contracts), which are respectively related to support logic I, II, and III.

In the sixth chapter, we analyze the creation and integration of social capital, including reconstruction of psychological contracts, integration of enterprise culture, reconstruction of relation networks, and integration of organization language and code systems. These contents are "soft" and heavily require the art and patience in the integration operation. This chapter is one of main contents of support logic III.

In the seventh chapter, we apply the model to analyze four M&As by Chinese companies. Two most famous cross-border M&As by Chinese companies are included ,they are Lenovo acquisition of IBM PC and SSAIC acquisition of Ssangyong. The case analysises show the model can systematically explain the success and the failure.

In the final chapter, we present the conclusion, creation points, and weak points of this thesis. Also we introduce the future work.

The creation point of this thesis is mainly the large contribution in the theoretical research of integration.

First, we construct a model for integration mechanism. Comparing with past research, our model shows it's advantage in the system, depth, and creation. In particular, we propose three support logics with the core of "leadership", "institution", and "human", which have never been mentioned before. Moreover, we have testified them.

Second, we comprehensively describe five integration modules in the model. Quite a few of them were seldom or incompletely studied in the past, e. g. , the framework of strategy integration, the form of structure recombination, reconstruction of economic contracts and psychological contracts, integration of organization languages and code systems.

Third, we carry out basic researches in some theories, e. g. , the relation among resource, knowledge, and ability, firm modeling from resource-based view, framework of integration value creation. These researches can be applied in broader scopes, which are not limited to the model of integration mechanism.

Finally, this thesis provides a starting point from which to carry out related resarch, which includes post-merger integration for non-horizontal M&As, various kinds of integration and the analysis as to how to manage post-merger integration from the standing of merging firms.

Keywords: Horizontal M&As, Post-merger Integration, the Mechanism for Post-merger Integration

目 录

1 绪　　论

本书要研究的是横向购并中的整合机理问题，它是整合研究中最基础的部分。这一章的主要内容有三个：一是探讨整合研究的意义；二是总结国内外已有的整合研究，并指出整合机理研究在整合研究中的基础地位；三是在分析已有研究的基础上，提出本书的研究框架。

1.1 整合研究的意义

研究是由“问题”来推进的，或者是从新现象中抽象出来的问题，或者是以往研究对现实解释得不完满。整合研究的出现，占据了购并研究的核心地位，主要是后一种情况。虽然今天的购并规模越来越大，多样性更丰富，从而出现更多问题，但在性质上并没有超出一直存在的基本问题框架。下面就循着这些基本问题来讨论整合研究出现的背景与意义。

1.1.1 购并理论研究的演化

购并作为一种企业行为，必然与价值创造（为企业本身、股东及其他利益相关者）的目标联系在一起。所以，自 20 世纪 60 年代以来逐渐发展起来的购并研究所关注的大部分问题可以归结为：①购并是否创造价值以及为谁创造价值；②购并怎样创造价值这两个基本问题（Haleblian et al.，2009；King et al.，2004）。除此之外，所关注的另一个问题是，为什么会发生企业购并，这就是购并动因研究。

围绕这三个基本问题基本上囊括了所有的购并研究。按照作为研究焦点的先后，同时也是研究逐渐深入的顺序，这三个问题排列为：①为什么会发生购并？②购并是否创造价值以及为谁创造价值？③购并怎样创造价值，如图 1-1 所示。

1. 购并动因研究

这是购并研究中最为成熟的一部分，也是与本书最不相关的内容，所以在这里只大概地交代一下。它是在 20 世纪 60 年代人们一开始研究购并时就进入研究者视野的。在随后的四十年里，乃至今天，不断有新的角度、新的理论假说出来。最新的发展，是从资源观、企业能力理论角度对其作出解释（Kim & Finkelstein，2009；Chatterjee，1986；John& Harrison，1999；王长征，2000；魏江，2002）。

概括来说，驱使企业进行购并的因素可分为四类（Haleblian et al.，2009；Witzel & McCarthy，2011）。(1)价值创造动机，即企业购并的目的是创造新增价值，研究者识别出了多种价值创造动机，如市场权力（Market Power）、效率提升、资源重新配置、市场规训（Market Discipline）。(2)管理者自利动机，与前一类动机不同，它们所驱使的购并是为了提升管理者利益，而非股东的利益，因此这种动机被认为是“反价值创造”的（Jensen & Meckling，1986）。具体来说，管理者希望这些购并能够提升他们的薪酬水平、保护自己（让企业变得更庞大、更复杂），还有些是出于管理者的自负（对自己驾驭购并以及更大规模企业的自负）。(3)环境因素也是影响企业购并的重要力量。企业希望通过购并来更好地应对环境的高不确定性——它可能是由管制放松、重大技术变迁引起的，纵向购并也常常属于这种情况。(4)企业自身的特征也可能促使企业进行购并，比如当企业购并经验较多时，会激励它未来进行更多的购并，还有某些企业战略类型会比其他战略驱使企业进行购并（Harzing，2002）。不过，对于中国企业购并来说，还有另外一个因素在发挥重要作用，那就是政府。在 20 世纪 90 年代“抓大放小”的政策引导下，很多国有企业被改制重组，发生了很多国有企业之间的购并，随后民营企业也有了较多的机会去收购国有企业。这些购并承载了政府的一些目标，比如减亏、就业问题，组建大集团等。最近几年中国企业大规模地进行跨国购并，研究表明政府的政策（“走出去”）、金融支持的影响也非常大（Luo et al.，2010；Peng，2012）。

这些研究大多针对“单个”购并，其实还有一类研究，就是分析购并为何会“波浪式”地发生。有些学者，包括 Harford（2005）、Shleifer 和 Vishny（2003）、罗尔（1986）、韦斯顿（1953，1982）、马克海姆（1955）与尼尔森（1959，1966）等研究过这个问题，视角包括规制变迁（反垄断法的放松）、资本市场的推波助澜、管理者对增长的追求，或者从新技术（内燃机、电力技术与计算机网络）的出现以及基础经济环境分析。我们曾经利用 Prahalad 和 Bettis(1986)的“主导逻辑”(Dominant Logic)概念，对这个问题作了一些分析。①

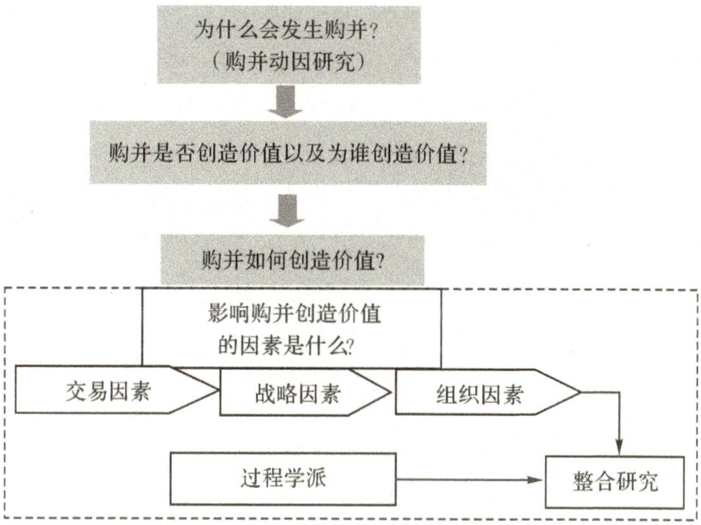

图 1-1 购并研究四个基本问题

2. 购并是否创造价值以及为谁创造价值

早在 20 世纪 60 年代购并研究刚开始兴盛的时候，大多以微观经济学为研究背景的学者最关注的问题就是“购并是否能够为双方股东创造价值？”。他们运用财务数据，对一些购并案例作了分析，研究结果显示，对购并企业来说，从购并获得的财务收益或者接近于零，或者为负。Hogarty(1970：389)总结道：“‘购并可以看作一个零和的、充满风险的游戏’，这是一种对冒险家很有吸引力的投资形式。”

不过，自 20 世纪 70 年代开始，研究者采用另一种衡量方法，这种研究方法被称为残值分析(Residual Analysis)或者基于事件的分析(Event-based Analysis)，其基本假设是：资本市场是有效的，研究者可以通过资

① 详细分析请见：徐金发，程兆谦，“企业购并的情境主义分析”，《南开管理评论》，2/2002。

本市场中股价波动来分析购并的绩效（其实是股东对购并未来创造价值的折现评估）。与财务数据相比，它能够较好地将购并的单独效应识别出来。以这一方法作的大量研究结果表明（Cording et al.，2010；Cartwright & Schoenberg，2006；King et al.，2004；Andrade et al.，2001）：总的股东收益是显著的正收益，被购并企业的股东收益比较大，而且很稳定，但是购并企业的股东收益则小得多（接近于零）。表 1-1 引自 Andrade et al.（2001），就很清晰地表现出这个结果。

表 1-1　美国各年代企业购并的非正常收益情况[①]

	时间窗口	1973—1979	1980—1989	1990—1998	1973—1998
合并后	[−1，+1]	1.5%	2.6%	1.4%	1.8%
	[−20，Close]	0.1%	3.2%	1.6%	1.9%
目标企业	[−1，+1]	16.0%	16.0%	15.9%	16.0%
	[−20，Close]	24.8%	23.9%	23.3%	23.8%
购并企业	[−1，+1]	−0.3%	−0.4%	−1.0%	−0.7%
	[−20，Close]	−4.5%	−3.1%	−3.9%	−3.8%
样本量		598	1,226	1,864	3,688

3. 购并如何创造价值

为了解购并如何创造价值，人们首先寻找那些影响购并效果的因素，先是交易因素，然后是战略因素，之后是组织因素。交易因素是自 20 世纪六七十年代所关注的，其中包含的因素有：购并类型（兼并或收购）、交易方式（现金或股权交换）、溢价比率等。这在今天依然有很多人在研究（Fuller et al.，2000；Faccio et al.，2006）。

到了 80 年代，自 Singh（1984）开始，将战略因素——购并双方的相关性和战略匹配性——引入购并研究，形成了在 80 年代的主导研究范式：相关性（Relatedness）/战略匹配性（Strategic Fit）——购并绩效（Post-merger Performance）。然而，对战略匹配性——购并业绩之间关系的研究结果居然有三种情况：一种是相关购并好于不相关购并，如 Singh & Montgomery（1987）就研究了 105 个大型购并，结果显示相关购并的

① 资料来源：Andrade、Mitchell & Stafford（2001），pp110，Table 3

CARs(非正常累积收益)显著地高于不相关购并,得出类似结果的还有Shelton(1988)、Flanangan(1996);第二种是两者在为股东创造价值和实现协同方面差不多,如Lubatkin(1987)研究了439个购并企业与340个目标企业,结果显示相关购并不比不相关购并表现更好,得出类似结果的还有Seth(1990)、Matsusaka(1993);第三种是认为不相关购并比相关购并创造的价值更高,比如Chatterjee(1986)、Blackburn etal.(1990)。这种相互矛盾的情况与人们一开始普遍预期的"相关购并好于不相关购并"大相径庭。

一些学者对这种矛盾的情况作了分析,大致分为三类:一是从研究的技术角度找原因,比如样本、时间跨度以及控制变量的处理上是否存在漏洞,或者考虑不周密的地方;第二种观点是认为购并双方的差异性(资源互补性)比相似性(业务相关性)更能够预测购并的绩效,因为在竞争充分、有效的资本市场中购并双方的相似性所蕴藏的协同价值早已经通过竞标和讨价还价反映在购并溢价之中,除非购并双方具有独特、难以模仿和难以识别的独特匹配优势时,才可能为购并企业的股东创造新增价值(Kim & Finkelstein,2009;Harrison et al.,1999;Barney,1988);第三种观点是Lubatkin(1987)所指出的,购并双方在管理风格、评估与报酬系统、组织结构与组织文化等方面的不协调(即组织匹配性,Organizational Fit)可能影响了潜在价值的实现。[①]

后来的发展表明,虽然第二种观点也在延续,并表现出较好的发展前景,比如King et al(2004)就认为未来的研究要更加关注购并的资源互补性,第三种观点得到了更多的拥护,发展更快,突破了原来的研究框架,形成了新的研究范式:组织匹配性(Organizational Fit)——购并绩效。这样,组织因素,包括企业文化、国家文化背景等成为研究所关注的影响购并绩效的主要因素(Vaara et al,2013;Stahl & Voigt,2008;Datta,1991)。

以上是从分析主义角度,关注的是要素(Factor)水平,而以Haspeslagh和Jemison(1986)为代表的一些研究者,采取的则是综合的思路,将购并看作一个过程,整合也就是其中的一个子过程,或者称为阶

① Lubatkin, Mergers strategies and stockholder value, Strategic Management Journal, Vol. 8, pp50—53, 1987。

段。这种研究思路通常被称为“过程学派”(School of Process)。它与组织因素的研究一起构成了整合研究的两个主要理论源泉。以上分析表明,整合研究成为今天购并研究的核心内容,是由问题推动的,是不断寻求完满解释的研究努力的结果。

因为中国企业购并发展的时间远远落后于欧美国家,因此我国购并研究的起步也比较晚,与西方国家的学术同行相比有很大距离,但也取得了一些研究成果,更重要的是已经显示出良好的势头。总体来看,与国外同行的研究结果有很多差异,并没有表现出明显的模式(参见表 1-2)。这说明中国的情况与国外确实存在差异,因此,当我们试图解释实证结论时,应注意将其与购并发生的背景联系在一起。在冯根福、吴林江(2001)看来,他们通过建立综合得分模型,对 1995—1998 年 70 个混合购并样本公司进行考察,得出的结论为:上市公司混合购并绩效在购并后第一年上升,然后逐年大幅下滑,业绩均值小于 0。它所揭示的实际上是这样一种现象,即中国上市公司购并的非战略性——购并企业并不关注被购并企业的业务,而是它的“壳”,更确切地说,是融资资格。

表 1-2 国内学者对购并绩效的研究①

		方法	
冯根福和吴林江(2001)	1995—1998 年部分上市公司的购并绩效	财务会计指标分析:由 4 个指标算综合得分	购并绩效整体上呈先升后降;3 种类型购并(横向、纵向、混合)在购并完成后的业绩走势不同;购并前公司第 1 大股东持股比例与购并绩效在短期内正相关。
朱宝宪和王怡凯(2002)	1998 年沪深两市:公司控股权转让购并效果	财务会计指标分析:2 项指标	主动被收购的公司业绩差,被动被收购的公司业绩好;该年多数购并属战略性购并,即不是市场投机行为;不同类型购并效果不同。

① 资料来源:作者整理。

续 表

		方法	
李善民和陈玉罡(2002)	1999—2000 年沪深两市公司购并的财富效应	CAR 法	收购公司股东在[－10,30]的窗口内获得正的 CARs,而目标公司却未获得显著的 CARs;购并类型对收购公司股东的财富无显著影响而对目标公司有一定影响;股权结构对两公司股东的财富影响与上述结论恰恰相反;高层持股比例对目标公司的财富效应有显著影响。
张 新(2003)	1993—2002 年全样本购并重组是否创造价值	CAR 法以及 3 指标财务会计法	两种方法得出结论相似:购并重组为目标公司创造巨大价值,其财务指标有所改善;对收购公司的上述影响是负面的;总体上的价值效应为正,但结论不可靠。

1.1.2 来自实践的信息

理论研究有其内在的演化规律,具有逻辑的严密性,而来自实践的信息则是零碎的,甚至是片面的(不太符合科学研究规范),但往往直截了当,直指要害。首先是越来越发达的商业媒体披露了众多企业购并案例特别是失败案例的详情,由此人们对于购并和购并后的整合过程有了更多的了解。最近几年,中国的企业界和学术界特别关注的是中国企业的跨国购并。TCL、明基、上海汽车都经历了惨痛的失败,损失以数亿元、数十亿元人民币计(Williamson & Ramson,2011)。从这些案例中可以很清晰地看出,购并后的整合过程是影响购并成败的关键因素。比如,上汽 2005 年收购韩国的双龙汽车后,就没有处理好与原管理层和工会的关系,致使双方发生多次冲突,工会多次组织罢工,最长的一次是长达 49 天的"玉碎"罢工。而对联想-IBM PC 案例的报道,则显示如果能够很好地管理整合过程,企业可以通过购并获得跨越式的发展(李国刚,许明华,2010;张小平,2011)。

除了媒体之外,比它更接近时间、也更为专业的就是管理咨询公司,如著名的 Mckinsey、Kearney、Mercer。他们经常为很多企业提供购并咨询,特别是对世界范围内的企业购并进行调查研究,了解购并的动因与绩效,分析趋势。表 1-3 列示的是关于购并成败比率的统计(表中还包括了非咨询公司的学者对这个问题的研究，以资对照）。很清楚，这个结果是：大约一半的购并没有达到预期的目标。虽然，也存在预期目标的选择问题，但在选择不同目标的情况下，比例依然如此接近，也正说明购并的失败率比较稳定。

表 1-3 著名咨询公司对购并效果的实证研究[①]

研究者	样本描述			购并效果度量标准	结论
	起讫时间	选取标准	样本量(个)		
Mckinsey	1990—1995 年	5 亿美元	150	是否收回资本成本	17%大量回报 33%少量回报 20%损害股东利益
Mckinsey	1998 年以前	《财富》500 强 《金融时报》250 强	116	是否收回资本成本	61%失败 23%成功
Mercer	80 年代 130 个 90 年代 140 个	5 亿美元	130 140	行业平均收益水平	34%成功 57%成功
Kearney	1998—1999 年	巨型购并	115	预期目标	42%成功

类似于过程学派，这些咨询公司也把购并看作一个很复杂的过程：目标筛选阶段、讨价还价阶段以及随后的整合阶段。对购并成败分析也是基于这样一个过程框架。比如，Mckinsey 认为，整合过程不良是购并失败的四个主要原因之一，Mercer 从战略意图、收购价格、整合管理三个方面研究其与兼并效果的关系，得出的结果是，兼并后的整合管理对于兼并的最终效果有直接的影响。而 Kearney 的统计分析指出，购并中 30%的风险存在于战略开发与筛选目标阶段，谈判阶段有 17%的风险，而 53%的风险存在于整合阶段。虽然研究结论不尽相同，似乎任何一个环节都有可能出现导致购并失败的问题，但是整合在购并成败中的关键性影响是非常明显的。Haspeslaph 和 Jemison(1991)对整合阶段的重要地位更是一语中的："购并中的价值都是在购并交易后创造出来的……交易协议签

① 资料来源：作者整理。

署之时，并不是事情的终结，而恰恰是真正的开始。对于这点，很多参与过实践的经理有深刻的体会……”①

1.2 整合研究的总结

1.2.1 整合的研究层次

在以往的研究中，对整合的认识和定义基本上有两类：②一类是把它看作动词，对应英文 Integrate，关注的是“怎么整合”；另一个是把它看作名词，对应英文 Integration，尤其近来更是把它看作一个“过程”，正如 Haspeslaph 和 Jemison(1991)所说的“……这个购并企业孜孜以求创造价值的过程……”③

购并企业自己或者帮助它的咨询公司往往倾向于前一种认识，是一种“实践者”(Actor)的视角，而作为研究者则倾向于后者，这是一种“观察者”(Observer)的视角。实际上，两者在逻辑上相辅相成：后者可看作前者的逻辑基础——只有先从观察中得出判断，才能采取行动，而同时，前者一旦成为实践中的行动，就成为“被观察”的对象，进而作为研究的素材。

根据学术研究的习惯，本书采取的是“观察者”的视角。这样，结合如下文要介绍的 Birkinshaw 和 Bresman(2000)等人的观点，我们将整合初步定义为：整合是通过在购并与被购并企业之间建立组织和管理上的紧密关联而创造价值的一系列活动构成的过程。之所以说初步，是因为只有在进一步分析的基础之上，才能赋予这个定义更丰富、更具体的内容，后文有进一步的定义。

研究通常是在对研究对象进行一系列抽象之后形成的框架之下展开

---

① Haspeslaph, Jemison, Managing acquisition: Creating value through coporate renewal, New York, Free Press, 1991

② 整合可以是动词，也可以是名词。这点在英文中分得很清楚，动词是 Integrate，名词是 Integration。《Longman Dictionary of Contemporary English》有两个解释：①促使某个社会群体的成员融入社会，从而成为一个整体；或者花费时间与其他群体的成员一起，以发展出类似的习惯；②加入到其他事物中形成一个整体。这些解释在本文研究的情境中必须赋予特定的内容，如下文分析的那样。

③ 同 2。

的。整合研究也是如此，它的研究框架可分为三层：因素分析、整合模式与整合机理研究。

在因素分析的层次，关注的是整合过程中的若干关键因素，一般是讨论它们与整合过程以及效果之间的关系；第二个层次是整合模式，考察的是整合活动中的若干种典型状态，在某种程度上可看作上面提到的关键因素的若干种组合状态；第三个层次是最基础的研究，整合机理研究，分析的是整合过程中最基本的力量以及相互间的作用方式，简而言之，就是发现有效整合应遵循的基本原理。

1.2.2 整合的因素分析

从整体上把握整个整合过程比较困难，所以通常会从过程中提取关键因素入手，分析它们与整合过程中的其他要素，尤其是它们与整合效果之间的关系。如前所述，这些因素包括：购并双方的相关性或者说战略匹配性、规模差异，以及与组织匹配性有关的各个因素。关键因素通常隐身在整合过程中出现的"问题"背后。

1. 战略因素与整合

在购并相关性/战略匹配性与组织整合的关系上，Howell(1970)的研究是开创性的，他提出了一个贯穿整个购并过程，尤其是购并类型与整合之后的组织地位与控制方式之间关系的框架。在分析了当时流行的FTC(美国联邦贸易委员会)的关于购并的五种类型划分之后，Howell认为有些类型之间存在交叉。为此，他给出了自己的分类，包括：(1)财务型，即购并双方在产品、市场方面均无关联；(2)市场型，此时两个企业的产品往往服务于类似的市场；(3)制造型，即双方在制造过程是相似或相关的。Howell认为，购并的类型暗示了被购并企业在整合后的组织地位。财务型购并一般是由定位为控股公司的母公司发起的，被购并企业会保持原来的独立运作状态，组织地位与其他子公司一样。在市场型购并中，被购并企业会部分失去原有的独立地位，被整合进与其市场相关的子公司组合(比如事业部)中。以制造型购并名义进来的企业的组织地位可能更低一些，为了实现某些环节的运营协同，它很有可能成为某一子公司的下属部门或车间。

随后有一些研究人员从这个角度进行了研究，如Haspelsagh &

Jemison(1991)。他们考察了购并双方的战略依赖度(与组织独立性一起)对整合模式的选择,这方面的内容在后文有介绍,此后 Schweizer (2005)沿着这一路径作了进一步的考察。Bower(2001)从战略的角度归纳了购并的五种类型,它们是产能过剩型、区域扩张型、产品—市场延伸型、产业融合型和研发替代型购并。每一种购并的目标不同,自然整合内容也随之而不同。就产能过剩型购并而言,整合的重点在于精简业务,消减过剩产能,提高效率,区域扩张型购并的整合要点是促使它与原来的业务融合,实现双赢,而对于研发替代型购并,整合要点是保留关键员工,促使研发成果得到良好的商业应用。

2. 组织因素与整合

组织匹配性对于整合的影响,是 20 世纪 80 年代后期才真正引起关注的。这种关注,一方面是因为战略相关性和战略匹配性难以完全解释购并成功或者失败而迫使研究者不得不关注更隐性、软性的因素;另一方面则是更主要的,即通过对一些整合案例的深入调查发现了一系列问题,而这些问题与组织匹配性有着直接关系。这些问题和因素包括:

(1)文化差异与文化冲突

在 20 世纪 80 年代之前,企业文化的概念还没有引进来,研究的主题就是管理风格(Management Style,它是企业文化的重要组成部分)。Davis(1969)最早从管理风格兼容性的角度分析购并,他认为管理风格的主要差异是取得购并成功的主要障碍。因此,应该在购并前详细地分析双方在经营风格的差异,主要包括:风险偏好、回报周期、权力结构的配置、职能侧重与利润分配。Buono et al. (1985)提出,管理风格的差异很有可能是购并不能实现预期目标的主要原因。一些案例分析(Callahan, 1986;Lipton,1982;Rapport,1982)也生动地表明,购并双方在管理思路和价值观的差异造成了很多整合问题。

20 世纪 80 年代以后,企业文化成为整合研究的主要内容之一。所谓企业文化,是指“由组织成员共享的一组重要的假设和价值观”(Sathe, 1985),企业间文化差异源于企业内部因素和环境因素(行业、地区、民族和国家)的差异。由企业文化差异引起的文化冲突在整合中比较普遍,一般表现在表层的行为规范不一致上,追溯其背后,则是因为价值观的不同,严重的冲突结果可能导致“敌意”(Feeling of Hostility)和“严重的不适意”(Significant Discomfotability)(Weber,2012;Stahl & Voigt,2008;Seo & Hill,2005)。文化冲突带来的一个主要副作用是导致一些不堪忍受冲突之苦的关键管理和技术人才主动流失(下文有详述)。

不过,在企业文化上有差异并不必然成为整合障碍。对此,有两种不同的解释:有的研究者认为,双方企业文化的差异在多大程度上影响整合,取决于整合的程度(Slagen,2006)。如果为了实现运营协同,必然要求双方的业务和组织大幅度调整合并,企业文化差异将成为主要的障碍,而如果被购并企业保持独立,则两者共存也是有可能的;还有的学者从文化本身的兼容性考虑,认为人们过于强调文化差异,持这种观点的代表是Cartwright 和 Cooper(1993),对那种在特定文化类型之间的兼并将是一场灾难的说法不以为然。他们认为,不同文化背景的兼并也可能是一个美满的公司联姻,他们引用了 Handy 的企业文化分类,并对购并双方可能的企业文化匹配程度作了分析。

对应上面两种判断,有两种不同的方式来处理企业文化冲突。第一种方式,严格管理两个企业之间的界面,限制双方的相互作用。如果肯定要进行大幅度的整合,Perrin(1997)的方法就很有建设性,他认为可以运用 3I 策略来消解企业文化冲突:①信息(Information),也就是通过迅速、开放的沟通,向双方员工尤其是被购并企业员工传达他们所关心的信息;②包容(Involvement),也就是将被购并企业的高级经理包容到整合计划与实施中来;③整体意识(Integrity),仅仅将他们组织进来还不够,必须给予尊重,与购并企业经理一视同仁,培养一个整体的意识。

对于解决文化差异甚至文化冲突的系统思考,引发了人们对企业文化整合模式的研究。经常被人引用的文化整合模式的类型区分主要是由Berry(1982)提出的四种类型,包括一体化(Integration)、吸收(Assimilation)、分隔(Separation)和混沌化(Deculturation)。

实际上,企业文化的整合问题,是国内对购并后整合研究最为集中的一个方面,也是成果最多的。主要工作包括两个部分,一是引入和介绍国外的企业文化整合的理论与案例研究(吴列毅,1991;宋爱苏,1998;张永建,1999;黄立军,郑艳萍,2002;程兆谦,徐金发,2002),另外就是对国内比较成功的购并中涉及企业文化的案例调研、整理与分析,并提出了若干文化整合的模式(徐笑君,郭斌,许庆瑞,1998;张前,1998;苏勇,赵戟勇,

1998;张永建,1999;赵新先,罗瑾琏,2001;赵曙明,张捷,2005),这些工作对于推动国内理论界和企业经理加深企业文化之于整合关键性的认识起到了重要作用。

(2)高层经理的流失

购并之后,往往伴随着大量的员工流失,其比率远远高于正常流失水平,显然跟购并本身有着密切关系。在流失员工中最重要的、最引人关注的是高层经理。在1979年,Hayes作了一项实证研究,指出在购并发生5年之后只有42%的高层经理留在了原企业,换句话说,高达58%的高层经理离开了。随后,Walsh(1988)更系统地讨论了这个问题,研究的结果基本上与Hayes是一致的,在第1、2、3、4、5年累计的流失率分别是26%、39%、49%、55%、61%,其比率是正常流失比率的12倍。现在有一个专门词汇用来描述他们——“受伤的一群”(Wounded List),指的就是购并中在健康、职业生涯等方面遭到挫折的高层经理。

不同流派的学者对这个问题有不同的解释与评判。代理理论学派的学者,比如Jensen和Meekling(1976)、Fama(1980)等人认为,购并是在公司控制权市场中竞争的结果,是将企业从效率低下的管理团队手里转移到效率更高、能力更强的管理团队手里,因此在购并之后将这些高层经理撤换是必然的。Manne(1965)还建议,购并方应该鼓励被购并方高层经理离开。

Simmons(1984)则指出,购并在被购并企业的高层经理们中间引发强烈的不确定感,这是促使他们离开被购并企业的主要力量。在Walsh(1985)看来,除了不确定感之外,缺乏有效的、有价值的信息也是非常有害的,信息缺乏本身更加强化了不确定感,如果一个被购并企业的高层经理对此容忍度有限,就可能会另谋他就。

另外,Gaddis(1987)指出的,在整合期间,被购并企业原来的权力和控制机构可能被完全取代,高层经理发现他们的上面凭空多了更高一级管理层,心理上容易产生落差,即产生“比较地位”情结(Relative Standing)——他们频繁地与自己以前的地位、与购并方同级别的高层经理、与其他公司同级别的高级经理比较,并认为自己的地位比以前下降了。这种心理落差对其工作热情、精神状况有很大的影响。

最后,导致高层经理离开的重要原因还在于企业文化的差异和报酬与评估系统的差异。关于企业文化差异，前文已有论述。报酬和评估系统明确了员工与所在组织之间的交易关系（Napier 和 Smith，1987；Kerr，1982），它包括评估的时间跨度、业绩指标、报酬的形式与结构。尤其后者影响较为明显，一个习惯于高额奖励和分红的经理会非常不习惯相对固定的薪水。Ferracone（1987）指出，即使在表面看来，报酬和评估系统兼容的购并中，也会有很多意想不到的差异，引发冲突。除了影响高层经理流失之外，报酬和评估系统的差异还有其他影响。

不过也有研究者指出，高层管理的离开对于购并来说还可能是一个巨大的损失。Graebner（2004）研究了八个技术购并中被购并企业经理的作用，他发现这些经理不仅在实现预期价值上有重要影响，更重要的是能够创造意外的价值。原因是这些经理能够同时发挥一体化和保留自主两种看似矛盾的整合模式的优势，从而发挥应用（Exploitation）和探索（Exploration）两种组织学习机制。

（3）报酬和评估系统的差异

报酬和评估系统是企业组织形式最重要的组成部分之一，其内容如上所述。因为面向市场、所在行业特征和企业战略不同，在各个企业之间差异很大。比如，Lorsch 和 Allen（1973）发现，在纵向一体化和混合型企业中，对经理的评估方式大不相同。混合型企业喜欢采用效果评价指标，而一体化程度较高的则是结果与过程指标混合的评估方法。Pitts（1974）还发现通过购并与内部发展方式的企业报酬和评估系统也是不同的。战略实施的研究表明，控制系统选用对企业业绩有重要影响。Govindarajan 和 Gupta（1985）强调了在实现企业目标过程中战略与控制系统匹配的重要性。因此，我们可以预测报酬系统选择在整合过程中是一个决定性因素。双方系统相似，整合就比较容易，反之，则可能成为主要障碍之一。

考虑到报酬和评估系统是强化企业文化的手段（Kerr&Slocum，1987），因此，在整合中，任何对现存系统的改变或强行替换都会激起强烈的反应。即使对系统可能会如何修改做些推测，都足以会引发焦虑感和冲突，破坏购并业绩。Jemison 和 Sitkin（1986）曾经谈到这个因购并企业将自己的系统强加于被购并企业而引起的不良反应——“功能紊乱”（Dyfunction）。他们认为，造成这种结果是因为两种力量的存在：一是购并企业的傲慢无礼，虽然不熟悉对方的情况，但想当然地认为自己的系统更优越一些，双方应该统一，二是被购并企业的防御心理。

如果整合程度很高，双方在报酬和评估系统上的差异及强行统一可能引起的不良反应就会比较显著。它潜在地认为原有系统是“劣等的”，从而引起原管理层的憎恨情绪。因此，非常有必要重视和慎重解决两个系统的不一致。如果被购并企业的独立性依然保留，合理的解决办法就是让两个系统在组织内共存。

(4)整合现实情况与企业主导逻辑的可能矛盾

所谓主导逻辑，是经理们看待自己的业务和作出关键资源决策的方式，它体现在企业各个职能部门的管理方式。主导逻辑是在企业的管理传统，即“指导核心业务成功的企业文化和历史实践”(Bartlett&Ghoshal，1989)，以及环境因素，比如管理高层成员的背景和经验、行业当前的管理时尚，共同的推动下逐渐形成的，一旦形成，就比较固定，而且在企业决策中自动提供解决方案，进一步的成功会强化主导逻辑，而失败则有可能促使企业修正主导逻辑。

Cote 和 Langley 等(1999)认为，当主导逻辑指导购并时，它会在三个方面发挥作用：①管理高层对与公司和购并的角色认知；②决策和评估的标准；③购并中组织和管理的原则。实际上，其中的第一、第三个方面就决定了整合策略在事先就基本成型了。由此，可能会引发整合的现实情况与主导逻辑之间的矛盾，比如 Sundersanam(1998)就指出，“一个强硬的、非现实的整合计划会在两个企业的管理层之间构筑敌意”。一旦整合现实情况与主导逻辑存在矛盾，负责整合的经理就有可能对指导整合的主导逻辑作出修正。整合效果越糟糕、问题越大，修正的幅度和深度会相应增大，但这还要受到主导逻辑本身的肉性以及负责经理的洞察力和领导能力的影响。反过来，如果整合很成功的话，企业指导购并的主导逻辑会得到强化，促使企业在下一次购并中再度将起主导逻辑付诸实施。从这里就可以理解为什么一些成功的企业会不断地寻求类似购并，而且采用类似的整合模式——如在后文“整合模式”中所描述的。

当然，人们很快就认识到购并后的整合是一个系统工程(Sthal & Voigt，2008；Birkinshaw et al.，2000；Bresman et al.，1999；吕淑琴，2001)，必须同时考虑很多相关的要素，比如 Nardozza 等(1997)认为，整合要成功，关键在于帮助公司实现领导团队、公司文化、公司战略、公司结构、人员、产品、流程和技术八个方面的快速整合。因此，在人们不断深入地"分析"的同时，另一方面，有些学者在试图做一些"综合"工作。Larsson 和 Finkelstein(1999)综合考虑战略、组织理论和人力资源管理等多个角度，建立一个系统模型。系统模型的基本原理是：将购并的战略动机被看作潜在的收益，而这需要组织整合以及人力资源管理来实现，所有这些将影响以协同实现作为衡量标准的购并效果。研究者认为：①组织整合是购并成功与否的最有力预测者，当购并潜在价值很高时，组织整合的作用非常重要；②员工抵制对协同的实现有着消极的影响，在战略相似性时比战略互补性时要强烈一些。战略互补性可能是一个被低估的购并价值创造源泉，它不仅能实现协同，而且会减小员工的抵制情绪；③管理风格的相似性减小了员工抵制，而且是通过减轻文化冲突作用于协同实现，影响比一般学者强调的要小；④整合不受双方规模大小所影响；⑤跨国购并减小了员工抵制，这可能是因为跨国购并更注重双方互补性，因此威胁性更小一些，不像存在职能重叠的国内购并。

1.2.3 整合的模式研究

到目前为止，对整合模式作出的最全面、最有启发性的研究是 Haspeslagh 和 Jemison(1991)。他们根据双方对战略依赖性和组织独立性需求的两个维度，从一些成功的案例中总结出四种典型的整合过程：吸收合并、共生、保护和控制，如图 1-2 所示。[①] 在保护型整合中，被收购企业有较高独立性需求，收购者以有限干预的形式来培养它的竞争能力，同时允许其自主开发其能力。当采取控制模式时，被购并企业失去了组织独立性，但在两者之间也不存在能力的转移。在吸收合并模式下，整合意味着两家企业长期形成的运营、组织和文化一次全部融合。在共生型整合中，两家企业由最初的共存变为相互依赖，在整合过程中将共生和渗透结合起来。

① 资料来源：Haspeslaph，Jemison，managing acquisition：Creating value through coporate renewal，New York，Free press，pp145，1991.

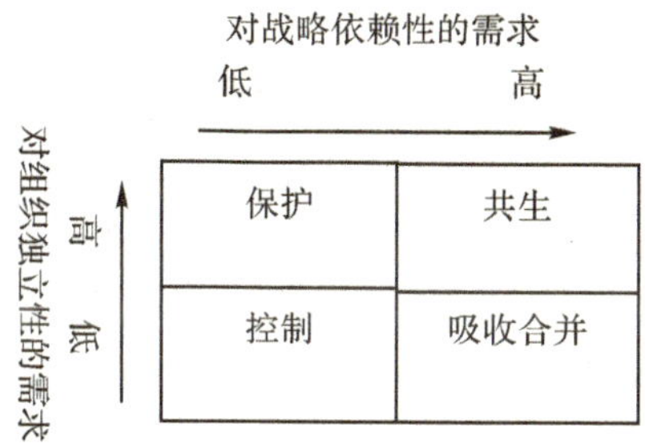

图 1-2 Haspeslaph 和 Jemison 的四种典型整合模式

此外，一些在购并与整合实践中表现出色的企业，根据自己的经验总结出独具特色的模式。虽然这些模式有一定的特殊性，但也抓住了某些一般性的规律，从而不失为研究者和实践中的经理们悉心研究和学习的重要素材。

这里给出的是一个广为关注的著名模型——GE 金融服务公司的 Path-finder 模型。为了从其大量整合经验中总结出一些规律，该公司邀请 Ronald 组成了一个小组，这个小组走访了很多兼并的参与者，包括经理人员和普通员工，最后从 GE Capital 的兼并经验中总结出一种称为 Path-finder 兼并模式，如图 1-3 所示。[①]

GE Capital 的 Path-finder 模型就是“吸收合并”模式的一个典型，IBM 对整合莲花（Lotus）的整合是“共生模式”一个非常成功的典型。[②]在中国，“吸收合并”模式被给予了最大的关注，围绕着若干著名企业的购并案例基本都可以划归此列，其中最著名的、堪称“典范”的模式是关于海尔的，这种模式被海尔自己称为“激活休克鱼”（张永建，1999），其他有着成功购并经历的包括康佳、TCL、三九集团、青岛啤酒等（盛洪，1999；赵新先 & 罗瑾琏，2001；何润宇，2000）。

① 资料来源：Ashkenas，Demonace，Francis，Making the deal real：How GE Capital integrates acquisitions，Havard Business Review，Jan，1998.

② 请参见：程兆谦，“IBM 如何成功整合莲花”，《新电子——IT 商业周刊》，7/2003。

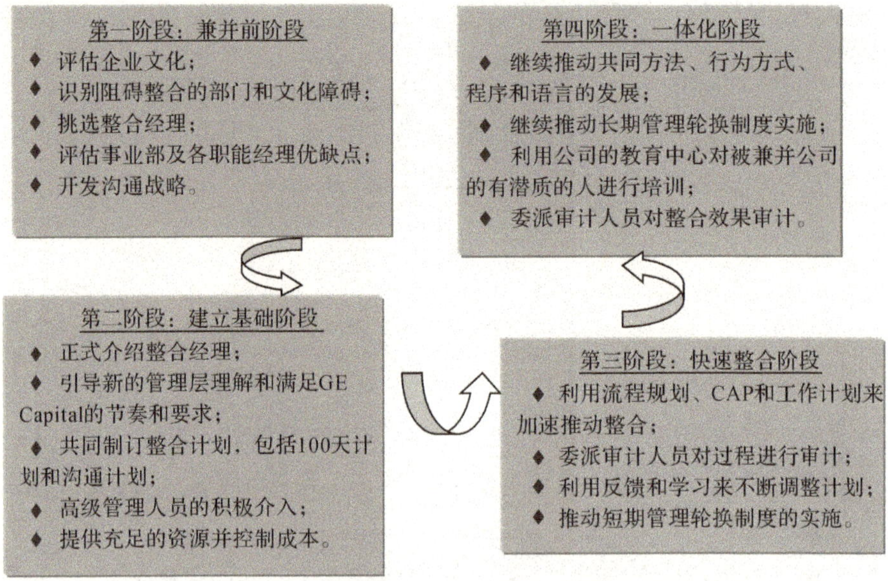

图 1-3 GE 金融服务公司兼并后的整合模型

在理论上，一些学者在引介国外的研究成果上做了很多工作（齐秋艳，王春，2001），还有一些学者则提供了独到的见解，对整合的模式区分进行了研究。项保华和殷瑾（2001）认为，整合在三个层面上展开：管理制度、经营业务和企业文化，并据此提出了四种整合模式：模式Ⅰ：管理制度整合；模式Ⅱ：管理制度整合、组织文化整合；Ⅲ：管理制度整合、经营业务整合；Ⅳ：管理制度整合、组织文化整合、经营业务整合。

1.2.4 整合机理研究

整合机理（Integration Mechanism）[①]是个很新的提法，至少在我所查阅过的文献资料中从来没有提过。在我看来，整合机理是决定一个效果良好的整合过程的最根本的规律与力量，即一个“合理”的整合过程是什么样子以及为什么是这样。这也是理解错综复杂的整合现象的关键。

虽然以往没有“整合机理”这一提法，但其内容还是涉及了（请参照1.3对“整合机理”的定义）。这些研究大致分为三个角度：协同论的角

① 机理，英文为 Mechanism，the arragements and actions of the parts of sth：brain，government.

度、资源观角度、组织理论和管理学的角度。协同论角度是将一般的协同理论应用到“整合”这一特殊的场合中来，是后两个角度的重要基础。当然在思路上还是有差异的，在前两个角度，首先设定了整合的基本逻辑——协同，然后进一步细分；后者则着重区分了整合过程的结构，即整合中的主要内容，然后再讨论彼此之间的逻辑关系。

1. 协同论角度

Lubatkin、Chatterjee、Montgmery 和 Porter 等人在其研究中，将整合过程看作一个实现协同的过程。当然，他们之间在关于如何实现协同、哪些类型的协同更重要等问题上，有着不同的认识。比如，Porter 虽曾提及可通过转移管理技巧以及其他类型的技巧来创造协同，但他同时认为这很难实现，他更看重的是通过有形活动的共享，来加强企业实行总成本领先或差异化战略的能力。而 Chatterjee 的实证研究强调了共谋协同对于创造价值的重要性。

然而，更多的研究者比较看重由于无形资产或能力的共享与转移对创造价值的重要性。比如 Sudarsanam 认为，在购并价值创造源泉中，除了规模效益（与共享有关）之外，其余三个都与购并双方企业之间能力的转移有关，因此整合可以被看作一个能力转移的过程。表 1-4 列出了可转移的各种能力。

表 1-4 整合过程中的能力转移①

能力/类型	特殊可转移能力
经营资源分享	销售能力、生产设备、商标、品牌、销售渠道、办公条件
职能技巧	设计、产品开发、生产技术、质量控制包装、营销、激励、培训和组织惯例
一般管理能力	战略方向、领导关系、洞察力、资源配置、计划和控制、人力资源管理、同供应商关系、激励员工的管理风格

不过，Barney(1988)对购并中的协同更加苛刻，认为除非协同是独特的，即仅存在于竞价者与目标企业之间(Unique to bidder-target pair)，或意料之外的，否则购并的价格将会反映出协同所能创造的价值，换句话

① 资料来源：引自萨德沙纳姆，《收购后的整合》，中信出版社，西蒙舒斯特出版社，1998。

说，购并企业将不能从协同中获利。另外，战略管理学派内部研究结论的相互矛盾也表明将整合仅仅看作一个追求协同过程的存在不足，比如他们无法就“相关购并与不相关购并中哪一个能够为股东创造更大价值”这个问题取得一致意见。

2. 协同论与资源观的结合

Chatterjee(1986)指出，从资源观角度来研究购并中的价值创造，相较于以往从购并类型角度进行研究是一个进步，因为后者还停留在企业的外面，而资源观则帮助研究者进入了企业内部。在任何一种购并中，其价值创造过程中都涉及一种以上的资源。在 Jensen 和 Ruback(1983)、Bradley 和 Desai 以及 Kim(1983)的研究早就指出，购并中新增的价值是通过更充分利用专用资产来实现的。

Chatterjee(1986)认为，购并如果要创造价值，由稀缺资源产生的独特竞争力必须与环境中的机会相匹配。这就会与企业的资源观发生联系(Resouce-based View of Firm)。根据资源观，经济价值的大小取决于：①企业所拥有的稀缺资源；②应用这些资源的机会。当所拥有的资源为整个经济体创造价值时，单个企业只能获得平均利润率，即经济利润为零。换句话说，只有当企业拥有稀缺的资源时，购并才能创造正的经济利润。而且，如 Wernerfelt(1984)指出的，资源通常有多种用途。

这使我们认为，资源可以多种方式(机会)来创造价值，即通过资源与机会的匹配来创造价值。但匹配的可能性必须通过实施过程来实现。因此，期望创造的价值方程是：期望的经济价值＝〖资源稀缺性，实施中的问题，机会可得性。[①]

Chatterjee(1986)根据资源观的角度重新定义了几种典型的协同形式，即：共谋协同，代表着能够带来市场力的资源；运营协同，代表着能够提高运营和管理效率的资源；财务协同，代表着能够降低资本成本的资源。并且，在这些协同与购并类型(包括不相关购并、横向购并、非横向相关购并三类)之间建立了对应关系，如表 1-5 所示。

---

① 见 Chatterjee, Types of synergy and economic value: The impact of acquisitons on merging and rival firms, Strategic Management Journal, 7, pp121, 1986.

表 1-5 购并类型与协同类型的对应①

协同类型	购并类型		
	相关购并		不相关购并
	横向	非横向	
共谋协同	可能	不可能	不可能
运营协同	可能	可能	不可能
财务协同	可能	可能	可能

3. 组织理论和管理学的角度

沿着这个角度的学者，首先是利用组织理论和管理学的角度对整合过程进行"分析"，辨析出其主要的组成部分，然后去讨论相互之间的关系。最有启发意义的研究是两个：Schweiger、Csiszar 和 Napier(1994)，Birkinshaw 和 Bresman(2000)。两个研究的着重点不同：前者在给出整合三个主要维度之后，主要讨论每个维度内部购并双方之间的关系；而后者则主要讨论他们所区分的两个维度之间的关系。

Schweiger、Csiszar 和 Napier(1994)提出的三维度模型对整合过程作出了深刻描述。他们认为，整合过程是购并双方价值链的重组过程，但是由于价值链并不仅仅意味着技术组合，同时也是"一个社会互动和政治关系的组合"，因此重组包括三个维度：技术、政治与文化。技术维度的重组类似于前面提到的能力转移；政治维度的重组，指的是涉及被购并企业原有的政治结构的调整，不仅需要考虑正式的职位系统，还要重视非正式政治结构；文化维度的重组就是对双方企业文化之间关系的处理，或融合，或相互独立，或两者之间某种妥协。

在运用组织理论和管理学研究整合方面，Birkinshaw et al. (2000)是近年来最具有突破性意义的研究。他们跟踪调查了瑞典三家公司的跨国购并长达 5 年之久，从大量的问卷、面谈中提取出关于整合过程的一些重要结论。首先，他们将整合过程区分为两个相对独立的过程，或者说两个维度：业务整合(Task Integration)与人的整合(Human Integration)。两

① 资料来源：Chatterjee, Types of synergy and economic value: The impact of acquisitons on merging and rival firms, Strategic Management Journal, 7, pp123, 1986.

种整合的主要活动不同，对于前者是运营部门的合并与关闭，后者则是试图营造一个相互尊重和信任的氛围；目标也是不同的，前者是为了获得运营协同，后者则是为了提高员工满意度。两种整合之间存在密切的关系：人的整合所创造的相互尊重和相互信任的关系有利于协同的实现，而业务整合反过来会提升员工的满意度。调研反馈表明，任务整合的速度大大慢于原来期望的水平，而人的整合过程也很复杂性，难于管理。

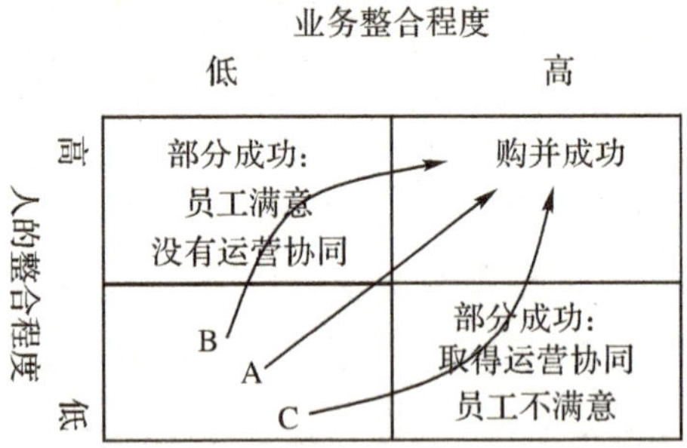

图 1-4 获取购并成功的三条整合路径

Birkinshaw et al.（2000）从三个案例中认识到，最终的整合成功是任务整合与人的整合的函数，偏重于任何一方都可能导致偏离整合目标。图 1-4 标出了在实践中和理论上的三条可能整合路径。① 在理论上，最优的路径是 A，但是实践中的路径往往是 B 或 C，但是路径 C 所花费的成本比路径 B 的成本要高得多。因此，偏好低风险的经理倾向于选择 B，这是一种更有保障的实现购并成功的路径。

在所分析的三个案例中，经理们都选择了路径 B。更深入地分析发现，在这个过程中，任务整合与人的整合的速度不是同步的，两者变化节奏的快慢转换构成了两个阶段：在第一阶段中，任务整合的速度慢、程度低，有些是母公司避免造成与被购并企业的紧张关系主动安排的，有些则是虽然计划快速整合，但结果却是停滞与妥协，而人的整合则进展快速，负责整合的经理们积极采取各种整合机制来创造和谐的氛围；一旦人的整合基本结束，就进入了第二阶段，此时再度启动的任务整合进度就大大

① 资料来源：Birkinshaw、Bresman 和 Hakanson，Managing the post-acquisition integration process: how the human integration and task integration porcess interact to foster value creation，Journal of Management Studies，37：3，pp420，2000.

加快了，效率高而且比较平和。这个过程如图 1-5 所示。①

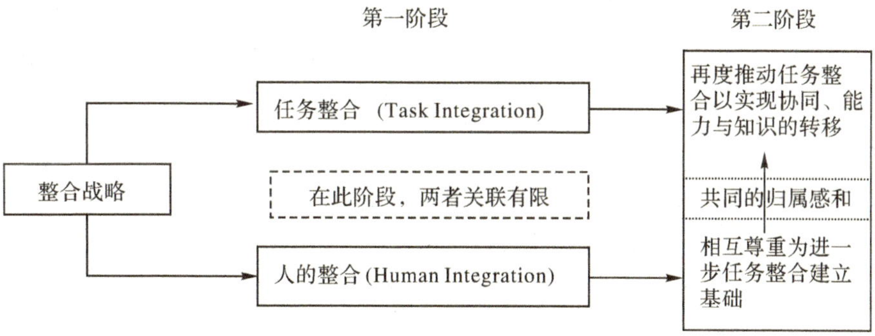

图 1-5 两阶段整合过程

1.2.5 整合研究的不足与本书研究的出发点

回顾上述的总结，可以看出：

(1)把整合过程看作一个追求协同的过程，是普遍的看法，是共识。实际上，它也揭示了整合过程的基本逻辑，但对于协同的论述并没有与整合过程这个特殊的情境结合起来，而依然停留在一般情况的分析：有形/无形协同；投资协同、运营协同与财务协同等。

(2)作为战略管理理论的最新发展——资源观理论已经开始引入购并研究中，但是还比较粗糙的，基本上仅仅用资源观的基本概念对整合的内容作了一个简单的"翻译"，演绎成分较大，与实践的结合远远不够(Chatterjee，1986)。这是一个很有前途的方向，但目前做得还远远不够。

(3)组织理论和管理学的角度与整合研究中出现的问题有着直接联系，这个视角与整合实践有着最近的距离，通过它有望将理论与实践、演绎与归纳最大限度地结合起来。但很显然，这个角度的整合机理研究目前比较简单，还没有能力将"整合中的问题"系统地纳入进来。不过，Birkinshaw 和 Bresman(2000)的研究建立的整合的两维度结构——这同时是管理学中一贯的一个区分，为进一步研究提供了一个很好的起点。

① 资料来源：Birkinshaw、Bresman 和 Hakanson，Managing the post-acquisition integration process：how the human integration and task integration porcess interact to foster value creation，Journal of Management Studies，37：3，pp421，2000.

总而言之，上述研究对于整合机理中的两大内容——基本结构和逻辑都有所涉及，但是存在两个"发展中"的缺点：一是零散，不成系统；二是认识层次尚浅。不过，很显然这三个角度以及"对整合问题的研究"具有很强的潜在互补性。之所以说"潜在"，是因为它们的研究视角各有特点；既有偏于结构的，又有偏于逻辑的；既有偏于抽象的，又有偏于具体的。这些视角的"组合"有可能形成一个较为全面的体系，这让我们想起"瞎子摸象"的故事。

这样，本书研究的出发点就确立了，即综合已有的研究视角，在此基础上进一步地深入分析。更确切地说，这本书的目的是：建立一个基于微观基础的整合机理的整体性框架。整体性框架比较容易理解，也就是把整合机理的主要内容——基本结构和逻辑——系统化，但这个微观基础是什么？

微观基础的地位是至关重要的，因为它为基本结构和逻辑提供了"合理性"，也就是解释了为什么是"这样的"结构和逻辑，而不是"别样的"结构和逻辑。因此，微观基础的选择是整合机理研究的第一步。事实上，已有的研究（Chatterjee，1986）已经指出了选择的方向，即资源观，但同时它必须与组织理论、管理学结合起来（Birkinshaw&Bresman，2000），这样才能形成一个比较细致、扎实的基础。本文希望通过建立一个企业模型来完成这个任务。

1.3 本书研究的框架

1.3.1 研究目的与对象

科学研究的目的在于：描述、解释、预言和控制。因为社会科学的复杂性，大多研究都声称是为了解释某一类现象。作为实践科学色彩浓厚的购并研究当然意不只如此，但无论如何，解释功能是最基础的，是作出预言和控制之前必须做的工作。这本书的基本定位就是"解释"，解释蕴藏在复杂的整合现象之下的基本原理，即整合机理。

如果给出一个明确的定义，整合机理就是整合目标、整合基本结构以及联结两者的整合逻辑共同构成的一个解释体系。如果用问题的形式来表述，那么对整合机理的探究就相当于解答关于整合的三个基本问题：

◆ 整合的目标是什么？

◆ 整合的基本内容是什么？

◆ 整合基本内容与整合目标之间的关系是什么?

对这三个问题的回答分别构成了整合机理的三个组成部分:整合目标、整合的基本结构、整合逻辑。

但是,研究什么类型购并的整合机理呢?

在购并分类上,最有代表性的是FTC给出的分类,它很明显是从产品—市场的战略框架中引申出来的,包括横向购并(Horizontal M&As)、纵向购并(Vertical M&As)、产品扩张型(Production-extension M&As)、市场扩张型(Market-extension M&As)、纯粹混合型(Pure Conglomerate M&As)。有些学者认为其中的某些分类之间区别不大,因此应该作些调整,比如Howell(1970)、Lubatkin(1987)将横向合并与市场扩张型购并合为一种。

在本书中,我们研究的是横向购并(Howell和Lubatkin意义上的),主要是因为这是一种最为普遍和基本的购并类型。一方面可以集中精力把它的机理搞清楚,另外这方面的研究成果可作为随后研究其他购并的很好的扩展基础。

不过,还需要对横向购并作出进一步限定,这两个限定条件是:①购并企业的总体能力强于被购并企业,这并不意味着,所有的方面都强于对方。②整合的主动权掌握在购并企业中。在第三章分析整合模式之后,我们将对研究对象作出更明确、也是最后的界定。

1.3.2 研究思路

在这里进一步阐述本书的研究思路。出发点已经明确,即综合已有的研究视角,但必须寻找更坚实的微观基础。这个微观基础主要基于资源观的企业理论,再将其与组织理论和管理学对企业的结构与运行的研究结合起来,由此构建一个企业模型——一个包括结构子模型、逻辑子模型两个模型的基于资源观的企业模型。这样购并企业和被购并企业都被一个企业模型所代表,也就是结构化了,发生在两个企业之间的整合过程也随之被"结构化"了,整合机理中"基本结构"和"整合逻辑"皆由此而来,它们分别对应结构子模型和逻辑子模型。

整合机理中的"整合逻辑"比围绕"结构"的分析要复杂得多。已经知道人们对整合机理的基本逻辑有了共识:追求协同就是整合过程的基本逻辑。不过这还不够,因为在哲学上讲,逻辑必然以"结构"为载体,以"结构"为前提。

如果“结构”变了，也必然意味着“逻辑”要变，有的时候是整个逻辑要重新“构造”（实际上是基于事实和抽象的“寻找”）；有的时候，逻辑并没有大的变化，但是往往需要增添新的内容，至少其内容的构成发生变动。

综合已有的协同研究（一般情境下的研究），以及整合过程更细致的分析（特殊情境下的研究），我认为，整合的基本逻辑没有改变，依然是“追求协同”，但是它需要其他逻辑的支持，我将其称为“支持逻辑”。这些支持逻辑与领导、制度和人有关，这恰好与“面向任务”的基本逻辑相补充。实际上，如 Birkinshaw 和 Bresman（2000）等学者已经注意到这个问题。

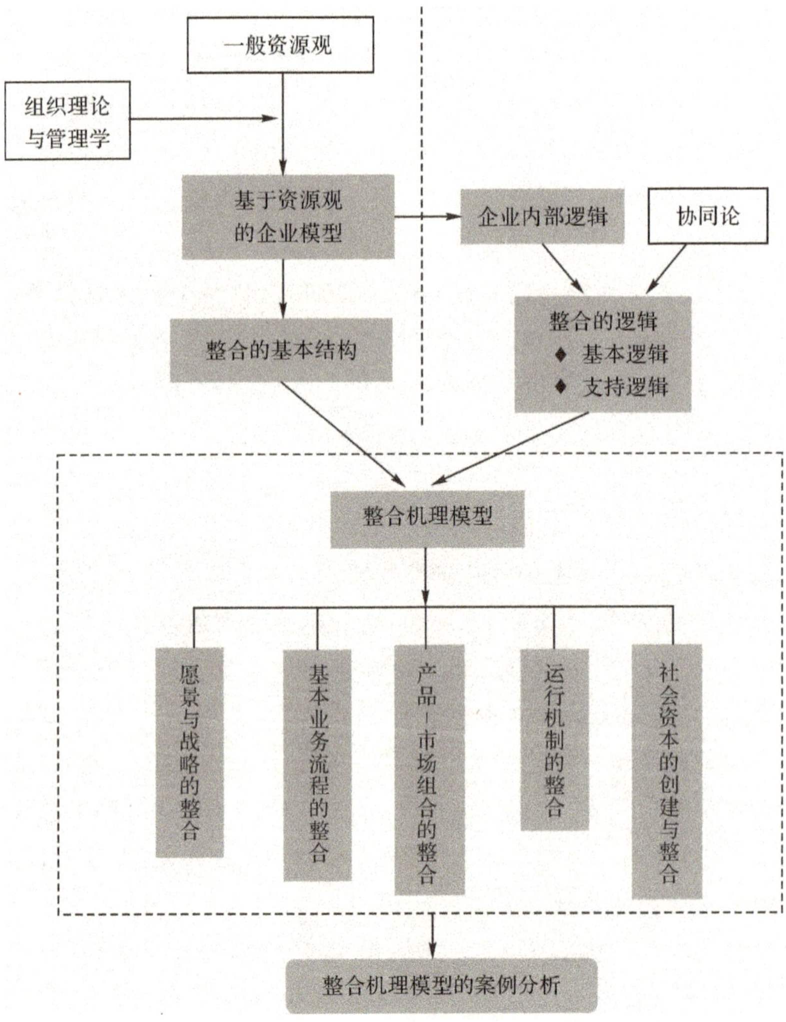

图 1-6　本书研究框架

1.4 本书的结论与创新点

本书研究的主要内容是,通过理论演绎建立关于横向购并的整合机理模型,目的是以结构化的方式回答整合的三个基本问题:①整合目标是什么?②整合的主要内容是什么?③整合主要内容与整合目标之间的关系是什么?研究对象限定为以“吸收合并”为整合模式的横线购并。

本书的研究分为两部分:理论研究与案例研究。在理论研究中,首先,通过梳理已经成为战略管理主流范式的一般资源观(包括企业资源观、知识论和能力论)的研究成果,厘清了资源、知识和能力的关系;在此基础上,结合组织理论和管理学理论,建立了一个基于资源观的企业模型,这是之后建立整合机理模型的基础。

整合,被形式化为购并企业和被购并企业两个企业模型的“融合”。遵循同构原则,“融合”表现为五个整合模块,也就是整合的主要内容,它们是:愿景与战略整合、产品—市场组合的整合、基本业务流程的整合、运行机制的整合、社会资本的创建与整合。

但这种“融合”不是机械性,而是有机的、系统性的。在整合过程中存在一条主线,就是寻求业务协同的实现,这就是整合机理的基本逻辑。它与企业模型中的直接性模块——产品—市场组合的整合与基本业务流程整合存在直接的关联,这两部分的整合是实现“潜在协同”的直接努力。但是,“潜在协同”转化为现实的协同,还需要一些条件的支持,其中包括:

- 愿景与战略整合提供的“导向”作用;
- 运行机制整合中与治理结构(包括董事会、监事会和管理高层)相关的内容构成的以“领导”为焦点的支持逻辑 1;
- 运行机制整合中与管理系统(管理制度和中间管理层)相关的内容构成的以“管理制度”为焦点的支持逻辑 2;
- 愿景与战略整合、运行机制整合中与员工利益契约相关的内容、社会资本的创建与整合(主要内容包括个体心理契约、企业文化、关系网络与组织语言和代码系统)共同构成的以“利益相关者的认同”为焦点的支持逻辑 3。

以上的整合基本内容(整合的基本结构)、整合基本逻辑(它导向整合的目标“协同实现”)、愿景与战略整合所提供的“导向”以及三个支持逻辑，构成了本书的整合机理模型。

最后，我们将运用本书的整合机理模型对四个案例进行深度分析，其中包括两个跨国购并和两个国内购并，分析结果表明这个模型能够很好地指导我们理解这些购并为何成功或者为何失败。

至于本书的创新点，综观本书，在整合研究的理论研究方面，应该说是作了一个较大的贡献，择其要者，列在下面。

首要的一点，就是建立了一个整合机理的模型，通过与本书绪论中总结的整合研究相对照，不难发现这个模型在系统性、深度、创新性上都有自己的独特贡献，尤其在整合逻辑的分析上——分解出“领导”“管理制度”和“利益相关者的认同”为焦点的三个支持逻辑，这是整合研究上的首次。

其次，不仅仅建构了一个总体的模型，而且对其中所包含的五个整合模块，都有系统的论述，其中有相当多的内容属于很少有人研究的，即使有研究也是比较零散的。比如，战略整合的框架、结构重组的形式、利益契约与心理契约的重构、组织语言与代码系统的整合等等。

再次，为顺利进行本书研究所做的基础性理论工作，从某种角度上说，也许比整合机理模型更重要，因为它更一般，应用范围更宽。这些工作包括资源、知识与能力关系的探讨、基于资源观企业模型的建立、整合价值创造的一般框架等等。

最后，通过一个有系统的研究，提供了进行其他与整合相关研究的平台，包括非横向购并的整合，各种形式的整合，以及站在购并者的角度去分析如何“管理”整合等等。

2　基于资源观的企业模型

本章主要内容是建立一个基于资源观的企业模型，这是下一章构建整合机理模型的微观基础。为此，需要从辨析企业的组成要素——资源、知识和能力的关系开始，然后，结合现代组织理论构建出一个基于资源观的企业模型。

2.1 资源、知识与能力的辨析

2.1.1 资源观的基本假设

资源观的理论根源可以追溯到 Marshall（1925）、Penrose（1959）、Richardson（1960）、Selznick（1957），但是直到 Wernerfelt（1984）、Prahalad 和 Hamel（1990）、Barney（1986，1991）等里程碑式的研究，才逐渐形成新的战略研究框架，成为今天战略管理研究的主流。

由于问题的复杂性，以及研究者在理论背景、研究方法上的差异，使得资源观的内容越来越庞杂，逐渐分化出各种面目的理论。细察之下可以发现，这些纷杂的理论可以归结为三个主要流派，即企业资源观、企业知识理论和企业能力理论。

这些理论的出发点是两个基本假设，它们是对两个基本问题的回答：①企业是什么？②企业的长期竞争优势从何而来？在 Penrose（1959）、Wernerfelt（1984）、Barney（1986）等看来，企业是“资源的独特集合体”，企业的长期竞争优势（经济租金）来自企业所拥有或控制的有价值的、难以模仿的、难以交易的、等特征的特殊资源、战略资产。

而有些学者，比如 Prahalad 和 Hamel（1990）、Foss（1993，1996）、Teece 和 Pisano 和 Shuen（1990），认为企业是“能力的独特集合体”，企业的长期竞争优势来自企业的核心能力（Core Competence）或动态能力

(Dynamic Competence)。而 Kogut 和 Zander(1992,1996)、Spender (1996)认为,企业是“知识的独特集合体”,蕴藏在企业或组织层次的社会知识或集体知识构成了企业长期竞争优势的源泉。

尽管如此,我们依然可以说,它们属于一个理论体系,或者用 Kuhn 的术语来说,属于一个范式(Paradigm)。[①] 原因在于,它们的基本假设一是一致的:这一方面是因为与以 Porter 为代表的产业竞争范式相比,这些理论都认为,企业在本质上是产品、业务背后的要素组成的独特组织,而竞争优势来自那些具有特殊性质的要素;更严谨的证明来自下文要揭示的资源、知识和能力之间的密切关系。

当然的确存在视角上的差异,也正因为这些差异,才互补地形成一个完整的理论框架。三者融会贯通,共同构成了一般意义上的企业与竞争优势的“资源观”(Resource-based View,通常缩写为 RBV),这也是本文在后文中使用“资源观”的含义,在本书的某些地方,用“一般资源观”来指称它。

2.1.2 资源与知识的关系

从关于“企业是什么”的假设,了解到在资源观角度企业的组成要素是:资源、知识或者能力。很显然,三者之间一定存在密切关联。否则,也就意味着,企业可以由完全不同的东西构成,这是不合逻辑的。这一节先分析资源和知识的关系。

1. 资源的定义与分类

很多学者根据各自设立的维度,对资源作了分类:

- Barney(1991)对资源的定义非常宽泛,他认为,资源应该包括所有的帮助企业洞察和执行战略,提高效率和效益的“资产、能力、组织流程、企业特征、信息、企业知识及其他”。具体的,资源分为三类:实体资本资源、人力资本资源、组织资本资源。
- Grant(1991)将企业资源分为六类:财务资源、实体资源、人力资

---

① 库恩(Kuhn)在《科学革命的结构》的序中说:“我把‘范式’作为普遍承认的科学成就,在一段时期中它为科学工作者团体提供典型的问题和答案。”《科学革命的结构》(中文版),pp156,京华出版社,2000。

源、技术资源、声誉、组织资源。

- Penrose(1959)、Foss(1993)等人将企业资源分为两大类：实物资本(资金、设备等)与智力资本(人力资源、知识产权、市场资源、基础结构资源)。
- Galunic, Rodan(1998)认为，资源包括可见的输入资源(人、机器及财务资本)和基于知识的资源。

附属性 \ 可见性	可见	不可见
个体	人力资源（部分）	人力资源（部分）
集体	实体资源、财务资源 技术资源、知识产权 基础结构资源（部分）	关系资源、声誉 市场资源 基础结构资源（部分）

图 2-1　资源的分类框架

以上分类基本上按照两个指标来区分：①可见性，即资源是否能够直接观察到；②附属性，即资源是存在于个体身上，还是在集体(各级部门、企业)中。以这两个指标为维度，图 2-1 将这些资源分门别类列示出来。

很显然，这些资源的重要性是不同的，对资源观所关心的长期竞争优势的贡献是不一样的。很多学者设法辨别出与竞争优势有紧密关联的资源所具有的性质：

- Barney(1986, 1991)认为，支撑竞争优势的资源应该是有价值的、稀缺的、难以模仿的、组织导向的；
- Dierickx 和 Cool(1989)认为它们还是不可交易的、企业专属的；
- 除此之外，它很可能是持久的、无形的(Itami, 1987)、存在于组织惯例中的(Nelson 和 Winter, 1982)。

2. 知识的定义与分类

Polanyi(1962)第一次对知识作出了显性/隐性(Explicity/ Tacit)，后被 Nelson 和 Winter(1982)引入到企业理论中。随后的包括 Spender(1989)、Grant(1996)以及 Kogut 和 Zander(1992, 1996)的工作，将“知识”推到了企业理论与企业竞争优势研究的中心舞台。

对企业中知识的定义有很多，但主要内容基本相同。Kogut 和 Zander(1992，1996)就认为，知识的主要内容包含，一是隐含的方法知识(即 Know-how 知识)，是企业内积累的帮助人们更稳定和更有效率做事的技巧和专业技能；二是信息(即 Know-what 知识)，是知识中能够清楚表述的一个方面。

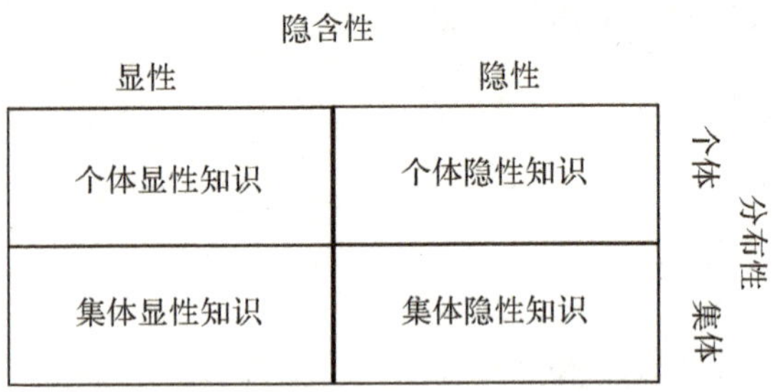

图 2-2 Spender 的知识分类框架

知识一般利用三个特性指标来描述和分析，图 2-2 表示的是 Spender(1996)利用其中的隐含性、分布性对知识作的一个分类。

- 隐含性(Tacitness)，知识被编码化的程度，即知识被清晰地以书面、口头形式描述的程度(Polanyi，1966；Nonaka 和 Takeuchi，1995)；
- 情境依赖性(Context Specificity)，知识对所在环境的依赖程度，尤其是环境中那些未被识别的方面(Nelson 和 Winter，1982)；
- 分布性(Dispersion)，知识在多大程度上存在于人的头脑之中，或者存在于很多人的头脑之中。

3. 资源与知识的关系

从前面 Barney(1986)、Grant(1991)等研究者对于资源的定义可看出，人们普遍把“知识”作为资源的一个种类。不过，人们早就认识到它是一类很特殊的资源，所以，Dierickx 和 Cool(1989)、Lippman 和 Rumelt(1982)指出，知识是最有可能成为企业竞争优势的源泉的。

在前面，对资源和知识的分类都有一个图，而且这两个图的两个坐标分别相当：可见性——隐含性、附属性——分布性。这样，我们就可以通过对应分析两个图的各个象限，来寻找资源与知识两者之间的相同和相异之处。

在第一、二象限：人力资源对应着知识中的个体显性知识和隐性知识。现代企业管理之所以非常强调人力资源的战略意义，就是基于这种对应关系。在理想状态下，企业中的人拥有满足所在职位要求的知识，其中最重要的莫过于企业的管理高层。

在第三象限：受到和不受知识产权保护的技术、商业秘密、商标都属于集体显性知识。基础结构的部分资源，比如管理系统、正式的工作流程等，是协调知识与正式的关系网络的混合。有些实体资源，比如生产设备，直接用来生产和加工，有些则是辅助性生产设备、设施和办公设备等，这些与工作流程紧密相关的实体资源凝聚了很多专业化知识。土地、财务资源都不属于知识范畴。

在第四象限：基础结构资源中的大部分都可以看作集体隐性知识，比如组织惯例。Penrose(1959)的观点可以作为佐证，她认为企业将知识进行内部化和联合化的过程中，正规知识被转换成非正式和非公开的知识。[①] 基础结构资源中的企业文化归根结底属于价值观体系，不同于知识。

至于市场资源，它包括良好的上下游关系、品牌等，是一种存在于企业与供应商、客户之间的关系资源。它与一般的资源与资源的关系网络的不同之处在于：存在于企业边界上，而不是企业内部。它存在于集体层次，既有结构化、可以观察到的部分，也有非结构化、难以观察到的部分。经过上述分析之后，我们可以将图 2-1 和图 2-2 合并起来，覆盖同类内容，这样就得出图 2-3。

可见性/隐含性

附属性/分布性	可见/显性	不可见/隐性
个体	个体显性知识 或（人力资源部分）	个体隐性知识 或人力资源（部分）
集体	集体显性知识 实体资源、财务资源 关系网络资源（正式）	集体隐性知识 企业文化 关系网络资源（非正式）

图 2-3 资源—知识的分类框架

① 见福斯、克努森编，李东红译，《企业万能——面向企业的能力理论》，pp29，东北财经大学出版社，1998。

2.1.3 能力与资源、知识的关系

在已有的文献中，大多把能力放在资源同一层次上，通常以并列的形式提及，似乎两者在企业中共存的无关的两样东西。果真如此吗？我们先从管理学角度人手，逐步分析。在企业中，可以说存在三个层次的能力：个体层次的能力，即人的能力；组合层次的能力，一般指职能部门的能力，比如生产能力、研发能力以及营销能力等；企业层次的能力，即企业作为一个总体的能力。

1.个体能力与资源、知识的关系

个体能力是企业中的人所拥有的做事的能力，因为担当的角色不同，不同的人拥有与角色要求相符的能力，大致可以分为专业能力和管理能力。专业能力即专业技能，“是指涉及方法、工艺和过程等活动所需要的知识和水平，因此，专业技能要求利用工具和特殊要求”。[①] Katz 认为，管理者需要具备四种能力：(1)专业技能；(2)人际交往技能，与他人沟通、合作的能力；(3)理性技能，总揽全局、判断重要因素并了解各因素之间关系的能力；(4)设计技能，指以有利于企业的种种方式解决问题的能力。这些技能对不同层级的管理者具有的相对重要性是不同的，如图 2-4 所示。[②]

个体能力最大的特点是依附于个体，完全受个体支配。因此，我们认为个体能力包含两部分，一部分是作为“组织成员”的人，一部分是人所拥有的四种技能。管理学和组织理论中对作为“组织成员”的人有几种假设：经济人、理性人、社会人等，这说明人的复杂性，也决定了个体能力必然是弹性的，可以“关闭”或者“打开”(周其仁，1996)。这也正是管理学中重视通过激励和领导来让人激发所拥有技能的根本原因。

从知识角度看，个体所拥有的四种技能就是个体拥有的四种不同类型的显性知识和隐性知识，但它不等于个体能力。如图 2-5 所示。个体能力由两部分组成，其中的箭头表示，知识只有在被作为“组织成员”的人激励的情况下，才能形成个体能力，并随激励程度的不同而表现出不同水

① 见孔茨、韦里克，《管理学》第十版，pp4，经济科学出版社，1998。

② 引自：孔茨、韦里克，《管理学》第十版，pp4，经济科学出版社，1998。

平的个体能力。

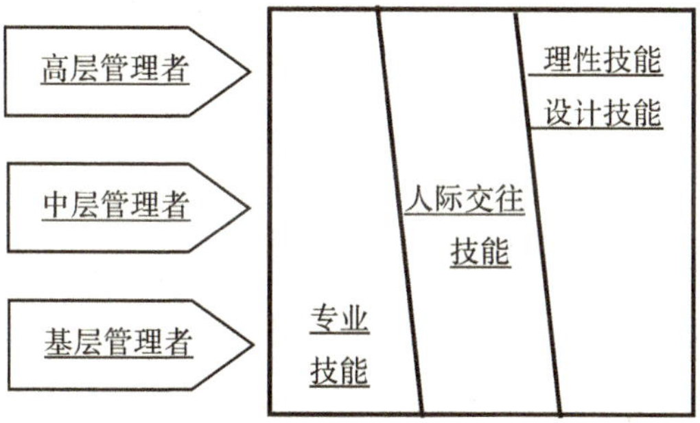

图 2-4 管理者个体能力的构成分布

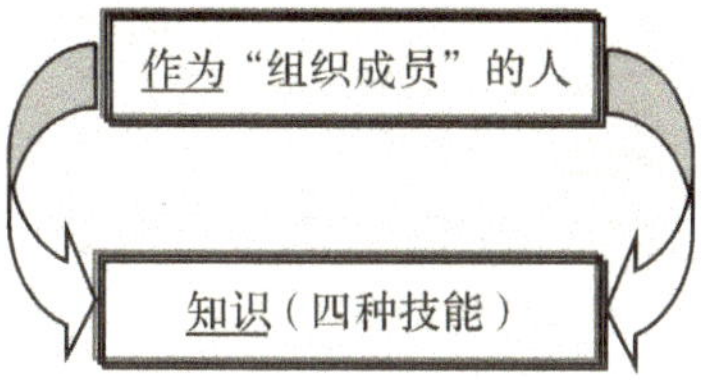

图 2-5 个体能力的构成

2. 组合层能力与资源、知识的关系

组合层能力不仅指职能能力，也可指项目小组或者事业部，它们之间只是一个简单组合还是复杂组合的问题，在基本结构上是一样的。下面以一个典型的制造型企业的生产部门为例，分析一下组合层能力的构成。

第一，生产部门是一群人组成的。不同的人“扮演”不同的角色，相互间存在各种关系。在层级上，基本内容是由下而上的报告关系和由下而上的指令、控制关系，比如包括操作工、工段长、车间主任、部门经理四个层级；在纵向上是工艺联结关系，比如，可能包括由不同专业工人操作的粗加工、半粗加工、精加工、精细加工等工序。另外部门内的人际关系也是影响职能能力的重要因素。

第二，生产部门拥有很多厂房、设备，既有生产设备，比如磨床、液压机以及生产线等各类机械设备，还有检测设备，是为了检测半成品、成品以及监测生产线运行状况等各类设备。办公设备也必不可少，主要帮助用以处理内部事务，以及与其他有业务关系的部门、职能部门的沟通。

第三，生产部门的运作还依赖财务资源的支持，用以购买原材料、办公用品、机械设备以及支付人员工资等。

第四，生产部门的正常运作还必须依赖工艺图纸、操作标准等规范性文件，以及其他蕴藏在员工头脑中的、难以言传的方法知识。根据知识的定义，规范性文件属于显性知识，后者则属于隐性知识。

第五，生产部门的有序运转必须依据一些规则，比如不同工序之间的协调、例外问题的处理，这就是部门内的控制和协调机制。它的一部分是通过正式的权力结构，利用正式的、明文描述的规则，以及包含了报告、决策与控制等流程来实现的。还有一些不成文的规则，它们往往是因为组织历史中的某些偶然事件而形成的。

第六，生产部门不是独立存在的，而是存在于整个企业的大环境中。一般，它与其他部门存在业务上的关系，比如原材料采购部门、研发部门，相互之间需要不断地协调、沟通；它还可能与别的生产部门共享某些生产设备，即存在横向关系；同时，它受到上级决策者、上级部门的垂直控制，人力资源部门为其设计出针对不同岗位、部门总体的评估与报酬方式，信息系统部门为其提供信息基础设施；除此之外，还有一些要素以“自然而然”的方式影响着部门员工的行为与沟通，那就是企业文化和组织内独特的语言。

其他的职能部门在原理上与此类似。因此，一个职能部门的能力就是该部门拥有的资源、与该部门运作相关的外部资源共同构成的函数，它决定了该部门完成所赋予任务和目标的效率和效益。这些要素共有八个，包括：

- 人力资源——拥有各种技能的员工组成的群体；
- 实体资源——办公场所、设备等；
- 财务资源；
- 显性和隐性的方法知识；
- 关系网络——包含了技术性、管理性、社会性三种性质的关系网络。技术性关系网络指的是人们所做的工作之间因技术关联而产生的关系。管理性关系网络指的是为了命令、控制、协调等目的而确立的人与人、部门与部门之间的关系。社会性关系网络指的是在员工之间形成的不同信任程度的人际关系。按照是否存在于部门内部，可以将其分为内部关系网络和外部关系网络，每一种都包括三个类型的关系网络。

◆ 内部协调机制——包含了正式的协调机制和非正式的协调机制。其中，正式的协调机制是通过管理性关系网络来运作的。

◆ 管理系统——决策与控制系统、人力资源政策、信息系统等构成的环境；

◆ 价值观体系、组织语言与代码系统（以下简称“组织语言”）——与组织中人们的认知系统有关——构成的“软环境”。

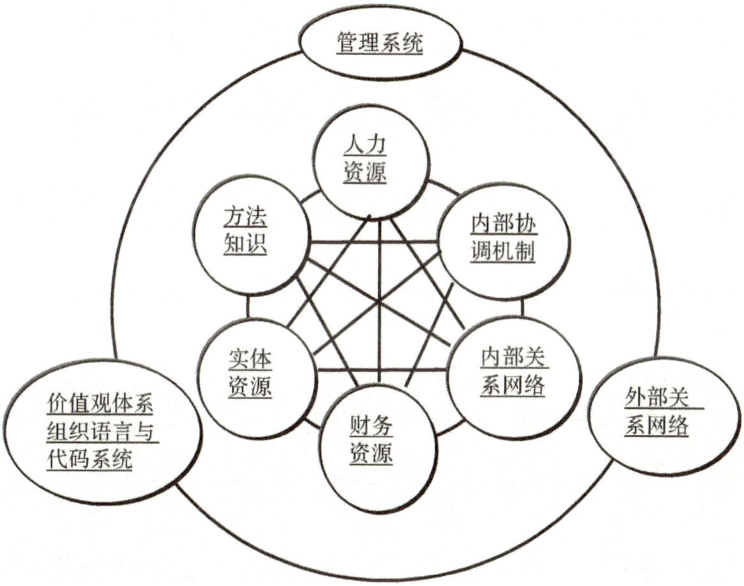

图 2-6 职能能力的构成

图 2-6 勾勒出职能能力的构成状况。在内环是部门边界内的组成要素，每个要素之间都存在关联。在外环，是与部门相关的各种外部要素。将这八个要素与图 2-3 的资源—知识的框架相对照，很明显，所有的要素都属于资源范畴。而且，这些资源各有其功能，相互配合，才最终形成通常所说的职能能力。依此类推，组合层的能力就可以理解为：为完成一个或者一组活动，而由若干类功能不同的资源构成的资源网络。

其实，Black 和 Boal（1994）曾提出，能力是一种系统资源，而系统资源就是资源的网络，但是他们仅仅考察了系统资源性质，没有就其内部构造而作详细分析。

作为资源网络的能力与资源的区别体现在两点：

一是，组合层的能力与“活动”联系在一起，而资源与“功能”联系在一起。先说资源，Penrose 认为，资源的意义就在于其提供的“服务”（Service），而这个“服务”就可以理解为“功能”。“活动”是很多学者对企业分析的基本单元，早的可追溯法约尔的企业中六类活动之分，但是最有代表性的莫过于 Porer 的“价值链”。而组合层各种组织机构的设计，就是围绕着一组相关的活动。所以，组合层的能力就与活动联系起来。至于“功能”与“活动”之间的关系，就是完成一个活动需要不同的功能来配合实施，这也是决定组合层能力和资源关系的根源。

二是，组合层的能力与资源是两个层次的概念，是由不同功能的资源组成的。这些功能包括：

- ◆ 有形资源、财务资源——物的基础；
- ◆ 知识——做事方法；
- ◆ 人——实施者；
- ◆ 结构——将以上资源组织起来；
- ◆ 正式制度——组织运行的效率和有效性的保障；
- ◆ 非正式制度——在很多时候，它对组织成员思维和行为方式的影响要更大。

3. 企业总体能力与资源、知识的关系

在企业层次上，各种组合层的能力被进一步整合，从而形成企业的总体能力。此时，企业扮演着“整合者”的角色（Grant，1996）。这种整合可以从两个进路来理解：一是，围绕着一组活动的能力“拼接”起来，从而形成一个围绕多组相联系活动的能力网络；二是，由组合层能力中各种功能的资源，按照功能相同的原则，彼此整合起来，从而形成一个在企业层次的资源网络。

前一种进路形成的是“能力网络”，后一种进路形成的是“资源网络”，如何理解？其实这并不矛盾，因为在前一种情况下，能力还是资源网络，所以归根结底，企业总体能力也是资源网络。但这种区分并非没有意义。当企业仅有单一的业务，或者联系非常紧密的一组业务时，两种理解是相当的；但是，当企业拥有非常多元化，比如多种彼此相关性很小的业务时，企业理解为“能力组合”更恰当一些，而用“一体性”意义更强的“资源组

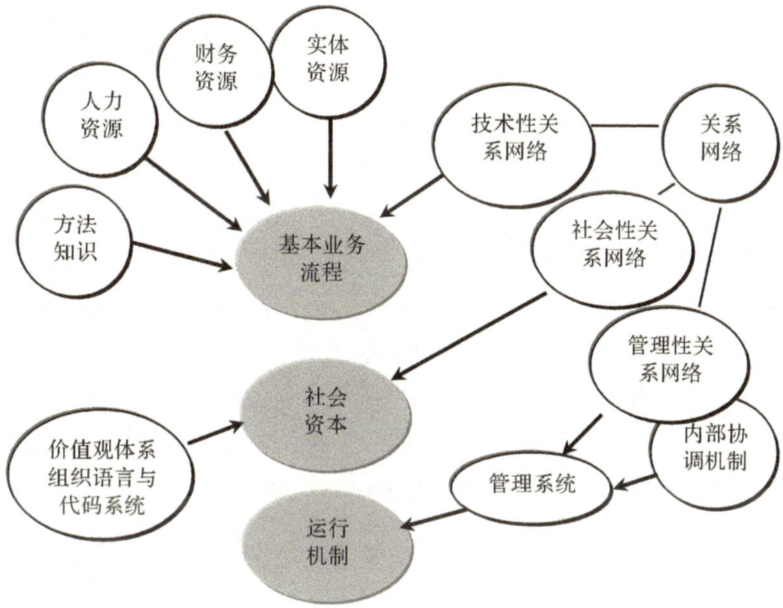

图 2-7 企业构成要素的融合

合”就不太合适。[①]

因为这里的分析是为随后构建企业模型打基础的，所以，我们选择最基础的进路，即第二条进路。这样做是为了从最基础的层面做起，扩展也比较容易。也就是说，对于多元化企业，也可以在此基础上扩展。如图 2-7 所示。各种功能的资源被归类，实际上是上文中对组合层能力与资源的第二个区别的进一步提炼。

在其中涉及三个归纳过程：

（1）由基本资源组合构成的基本业务流程。人力资源、实体资源、财务资源和方法知识四种资源要素，以及技术性关系网络共同构成了企业的基本业务流程。实际上，构成的过程包括两步：

第一步，人力资源、实体资源、财务资源和方法知识构成“基本资源组合”。四个资源要素之间并不是零散的或者集合的关系，而是存在特定关系，即由人力资源通过方法知识运用实体资源和财务资源来完成特定的

① 其实，在组织结构上从直线职能制到事业部制的转变，是一个非常大的跃迁，在某种程度上，就对应了“资源组合”与“能力组合”的差别。

任务。这种组合是企业中最基本的资源组合，所以称其为“基本资源组合”，它是产品事业部、生产车间、某个市场推广活动、围绕某个新产品研发小组等基本组成部分。

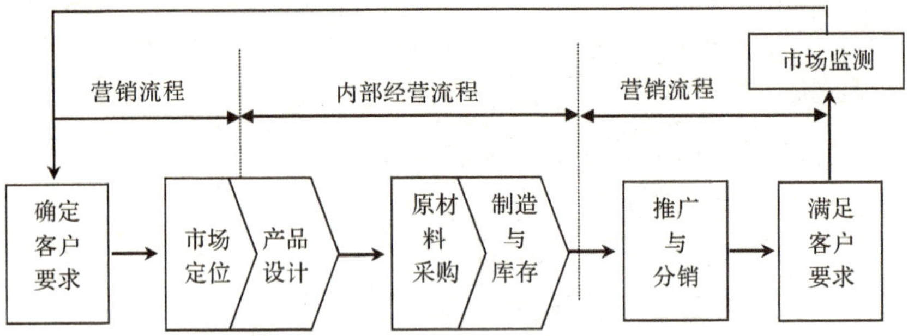

图 2-8　企业基本业务流程——价值链普通模式

第二步，基本资源组合与它需要完成的任务构成了企业基本组成部分——活动，随着资源的不同以及任务的不同，活动也不同。我们这里尤其关注的是那些基本价值活动中，它们借助技术性关系网络构成了企业的基本业务流程。

图 2-8 表示的企业业务流程结合了 Kaplan 和 Norton(1996)提出的企业内部经营流程和 Porter 的价值链。它包括两个相互连接的流程：营销流程和内部经营流程。不过，这只是描述了一种标准情况，局限于纵向上。实际上，很多多元化程度较高的企业同时存在多个业务流程，往往在横向上还存在复杂的关系。

(2)运行机制。所谓运行机制，指的是在很大程度上决定企业运作方式的系统和制度的综合。在运行机制中，除了管理系统(管理性关系网络和内部协调机制已经包含于其中了)之外，还有企业的治理结构、人力资源管理。只有在运行机制驱动下，资源及关系网络才能发挥功能，企业才能成为“活”的企业。

(3)社会资本。它是描述企业中人与人之间的相互关系的概念，是一种特殊的资本，第六章将更加详细地解释它的含义和性质。如图 2-7 所示，社会资本的内容包括：社会性关系网络、价值观和组织语言与代码系统。社会资本是企业中的隐性部分，难以完全透视和描述，但在组织中无处不在。它们影响了企业成员的想法、行为和相互沟通的方式。

2.2 企业的系统属性考察

资源观理论将研究焦点置于企业内部，那么就对企业与其环境之间的关系关注很少了。然而，从完整意义上理解一个企业，必须将其放在更大的环境中。在现代组织理论看来，研究企业这个组织，“……唯一富有深意的途径就是把它作为一个系统来研究……”①

斯考特(1961)认为，现代组织理论提出了一些古典和新古典组织理论没有关注的问题，主要是：①系统中哪些部分具有战略性意义？②系统中把各个部分联系在一起并相互协调的主要过程是什么？③系统追求的目标是什么？

就第一个问题，现代组织理论一般认为，存在五个关键的系统构件：第一个构件就是个人以及他给组织带来的人格结构；第二个构件是职能的正式排列，通常称为正式组织；第三个构件是非正式组织，也就是除了以职能关系之外的关系为纽带而形成的组织；第四个构件是观念和角色模式，这是与正式组织和非正式组织相伴随而产生的，并因个人在生物性和心理上的不可分，而成为两者的连接机制；第五个构件是企业的物理布局，这个部分实际上可以放在正式组织的范畴内。

只有将组织中各构件连接起来，组织才能成为一个整体。除了上面提到的观念和角色模式，组织中的连接机制还包括：决策、沟通、平衡。围绕决策，形成了管理学中的一个流派。以现在的观点来看，决策可分为战略决策和职能决策两种。

沟通不仅被视为系统中的个人以及个人组成的群体的行为唤起的方式，还是连接系统内各决策中心，以达到一致形式的控制和协调机制。平衡指的是平衡机制，依靠它，系统各部分得以维持在一种彼此和谐的构造关系中。它开始发挥作用往往起源于环境的变化。一旦环境发生可感知的变化，组织可以借助两种平衡机制——半自动平衡和革新性平衡——来使企业重新恢复内部和谐的状态。

回顾前文中对企业的分析，可以看出，已经确立了企业的组成部分基

① 引自麦特森，伊万舍维奇，《管理与组织行为经典文丛》(中文版)，斯考特，“组织理论：概述与评价”，pp147，机械工业出版社，1999。

本上与斯考特(1961)所指出的系统功能构件对应起来:正式组织(包括物理布局)与运营机制、基本业务流程相对应;个人以及其人格机构、非正式组织与社会资本的内容相对应。不过需要指出的是,到目前为止,本书的讨论还没有涉及现代组织理论中的联系机制(包括角色—期望模式、决策、平衡、沟通),这部分内容将在后文的“企业内部逻辑”中讨论。

除了联系机制之外,前文对企业的分析还欠缺系统观的现代组织理论的两个内容:目的性和开放性。对这两方面的考虑构成了企业模型的另两个组成部分,即愿景与战略和产品—市场组合,并对社会资本的内容(涉及外部利益相关者)作了重要补充。

1. 目的性

Barnard(1938)把企业定义为一种协作体系,是“由两个以上的人为着协作达到一个以上的目的,以特定体系的关系组成的,包括物的、生物的、人的、社会的构成要素的复合体”。[①] 可见,Barnard 把“目的”作为企业存在的根本理由,可称为“存在目的”。

今天谈到企业的“存在目的”,一般从为股东或者更宽范围的利益相关者创造价值的角度作出规定。为了实现它,一方面根据分析主义的逻辑,向下分解为更具体的目的,并寻求实现它的途径,这就是战略,因为按照 Andrews 的定义,它是“公司奋斗的一些终点(目标)与公司为达到它们而寻求的路径(政策)的结合物”。[②]

另一方面,可以寻求建立一个超越它的,且“存在目的”可借由它来达到的目的,这就是愿景。建立这样一个目的的必要性和意义,可由彼德·圣吉在《第五项修炼》中的一段论述来理解:[③]

对当代战略规划批评最尖锐的两位学者,伦敦商学院的哈默尔(Gary Hamel)和密歇根大学的普拉哈拉德(C. K. Prahalad)指出:“虽然战略规划被认为是使组织变得更能掌握未来的方法,但大多数的管理者都承认,在压力较大时,他们的战略规划解决今日的问题,多过创造明日的机会。”典型的战略规划过于强调分析竞争者优/劣势、市场利基与公司资源

① 请见巴纳德,《经理人员的职能》(中文版),pp53,中国社会科学出版社,1997。原版为 1968 年的三十周年版本。

② 请见 Porer,《竞争战略》(中文版),pp4,华夏出版社,1998。

③ 请见彼德·圣吉,《第五项修炼》,上海三联书店,pp242,1996。

等，却无法培育出长程的行动所需要的一种 Hamel 和 Prahalad 所谓的“值得全心追求的目标”。

这个“值得全心追求的目标”就是组织的愿景（Vision）。如此，也就区分开愿景与战略。虽然，愿景与战略可以看作为使命的实现而服务，但就对企业的直接影响而言，愿景与战略的影响要大得多，它们可以决定企业的“个性”，而“存在目的”却不行，因为所有企业的“存在目的”都是一样的，所以，下文在谈到企业目的时，将用更具实质性内容的“愿景与战略”来描述。

愿景与战略有三种类型的作用：一是“灯塔”式的导向作用，为企业提供发展的大方向；二是历史模式的惯性作用，因为一个企业经过一段历史之后，会有一些东西沉淀下来，成为“历史模式”，它与“灯塔”构成一种对立与包容的关系，这主要是指战略。愿景因为所具有的“彼岸”性质①，很难形成“历史模式”；三是凝聚成员与企业之间的关系，激励员工。很显然，在组织层次的愿景与战略的存在与发挥如上两项功能，必然要取得成员的认同。认同程度越高，可以更有效地将成员的精力、态度与所从事的活动“凝聚”起来，从而有助于实现愿景与战略。

2. 开放性

Penrose（1959）、Teece（1982）、Chatterjee& Wernefelt（1991）认为，在企业资源和产品市场之间存在着主从关系（Primal-Dual），即企业从要素市场中获得资源，然后将产品供应到某一市场中。因此，企业的开放性体现在：一是需要从外界获取资源；二是向某些客户或顾客提供需要的产品或服务。

微观经济学已经指出，企业中的一般资源要素，比如机器设备、人力资源、资金和原材料，都有相应的要素市场，这是企业开放性的基础。但是，在很多情况下，这些市场的竞争比较充分，门槛很低，所以它们跟竞争优势关系不大。

资源观所关心的市场是战略要素市场（Barney，1991）。Barney 将其

① “彼岸”是个宗教术语，意指与现实相对应的一种存在，具有超越性。在现代管理学和组织理论中，已经有越来越多具有“彼岸”性质的术语成为核心的概念，比如愿景和下文提到的企业理念等。

定义为，“企业购买或出售执行战略所必需资源的市场”。比如，与低成本战略相应的是市场份额市场，与差异化战略相应的是质量声誉市场等。然而，Dierickx 和 Cool(1989)认为，Barney 所列举的公司声誉等资源具有高度的企业专属特性，是不可交易的，也就不存在战略要素市场，只能内部积累。

我不同意 Dierickx 和 Cool(1989)的说法，因为公司控制权市场(Corporate Control Market)就是一个战略要素市场。公司控制权市场是一个特殊的市场，不同于其他市场的专业性，它的交易对象往往是“一组”资源，或者一个企业，或者企业的一个部门。如 Wernerfelt(1984)所说：“购并提供了一个机会以打包的方式来对一组非市场化的资源(企业被看作一组资源)进行交易，买或者卖。”很多购并就是因为购并方在获得目标所拥有特殊资源——市场份额、某一细分市场的声誉、专利技术等方面的动机驱动下发生的。不过，它有一个不利之处，即它不仅包含想要的资源，还包含不想要的资源。

企业必须通过向某些特定市场提供所需要的产品，才能实现企业愿景和经营目标。因为资源观关注于企业内部，所以忽略了在企业边界上发生的交换，但它是一个现实中企业非常重要的一个方面，因此，必须通过企业模型把它的存在体现出来。我把企业所提供的产品和市场看作一个组合，即产品—市场组合。

2.3 基于资源观的企业模型

如同现代组织理论所揭示的，企业除了构成它的功能构件之外，还需要一些连接机制，如此企业才不是一个“仓库”，而是一个完整的系统。下文利用模型的形式将作为一个系统的企业勾勒出来。这个企业模型包括两个部分：一个是主要表现企业中的功能构件的结构模型，另外一个是旨在描述这些功能构件之间关系的逻辑模型。两者的结合才是一个“完整的”和“活的”企业。这点要注意，因为在后文中从企业到整合的逻辑推演就是基于这种区分和彼此之间的关联。

2.3.1 基于资源观的企业结构模型

在综合了上述基于资源观的企业分析以及从现代组织理论对它的补

充之后，就形成了如图 2-9 所示的基于资源观的企业结构模型。模型的主体包括五个部分，图中的实线指明了所有组成部分之间存在相互的关联：

(1)愿景与战略。愿景与战略是企业之所以存在的依托。值得注意的是，它所具有的三重作用："灯塔"式的导向作用、历史模式的惯性作用以及凝聚员工与企业关系的作用。

(2)基本业务流程。它是如下两部分的有机结合：一部分是企业中最基本的基本资源组合——人力资源、知识、实体资源和财务资源；另一部分就是企业的技术性关系网络，主要包括纵向、横向两部分，它随企业规模、业务种类而呈现出不同的复杂性。

(3)运行机制。如前所述，它是企业中正式的制度和体系，在很大程度上决定了企业的运作方式。包括三部分内容：治理结构（剩余所有权和控制权的配置问题）、管理系统（利用管制制度和中间管理层对企业各种活动进行指导、协调和调整）、人力资源管理（人—工作关系的协调）。

(4)社会资本。它体现了企业的社会性特征，可看作企业中非正式制度的统合。它所包括的主要内容——社会性关系网络、价值观体系和组织语言和代码系统——可理解为四个维度：①结构维度，即非正式制度的整体形式；②关系维度，指的是企业中人与人之间以及企业与其周边利益相关者的关系；③价值观维度，指的是企业各个层面的个体与机构所持有的价值观与行为方式；④组织语言与代码系统，指在企业范围内、部门范围内成员所共享的特定术语的体系。

(5)产品—市场组合。这是企业与其最重要的外部利益相关者——客户之间的一组关系。企业通过生产产品，提供服务来满足某些特定市场的需求，获取利润，维持企业的生存和发展。可以说企业在其余四个部分上所花费的成本、所做的工作都要落足在这里。更进一步的，它是所有其他工作的起点以及效益、效率的最终体现。

此外，模型中还有一个虚框，是与资源组合紧密相连的资源市场，包括公司控制权市场、人力资源市场、资本市场等，企业可以从这些市场中获取所需要的资源，其中最复杂的是公司控制权市场。

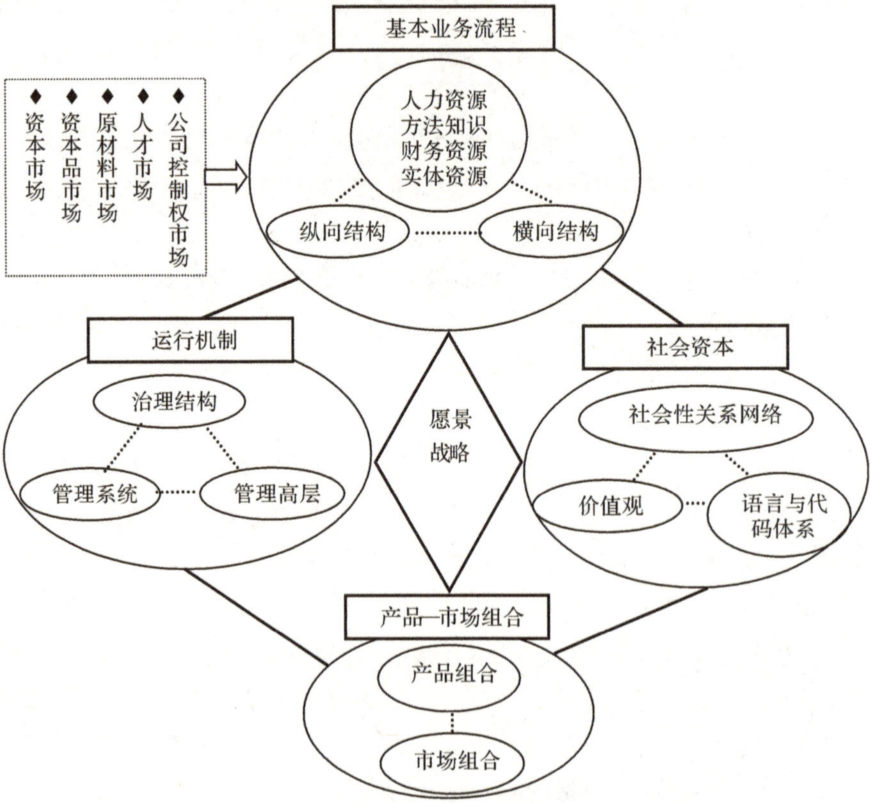

图 2-9　基于资源观的企业结构模式

2.3.2 企业的运营逻辑模型

在分析了企业的构成之后，必然要考虑这个问题：企业如何成为一个整体？换一种问法就是，企业的五个组成部分之间的关系是什么？在根本上，它们是一种互补关系，是围绕“愿景”以及更具体的目标组成的动态的互补关系。

图 2-10 表示出一种从现实抽象出来的，比较理想状态的企业模型中五个部分之间的关系。其中，实箭头表示在企业运营过程中正常的作用方向，而虚箭头表示一种反馈，即根据运营结果而逆向地修正相关的因素。在现实中，并不一定是战略在先，可能是行动在先，而战略在行动中

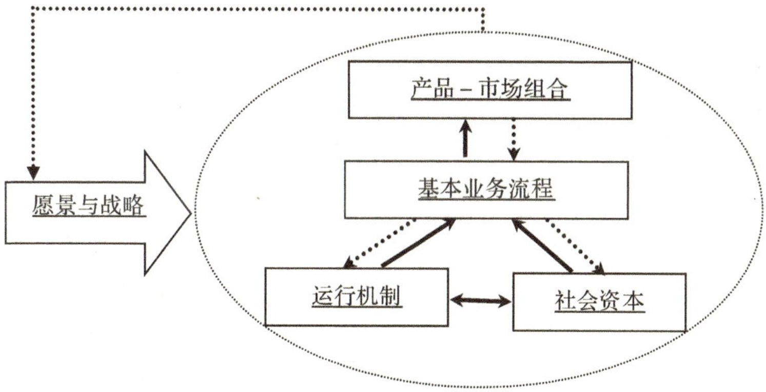

图 2-10　企业的运营逻辑模型

慢慢“浮现”(Emegent)出来。[①]

据前文，愿景与战略对于企业可以看作一种“灯塔”的导向作用、“历史模式”的惯性作用以及“凝聚员工与企业关系”三重作用的混合体，引导和推动着企业沿着一定的方向前进。这个路径既有设计的成分，即企业在大多数时候是有选择的，同时也受到历史路径和外部环境的影响，这对企业的选择构成了约束。

愿景与战略并非是凭空存在，它有具体的内容。首先，企业必须向某些市场提供产品和服务，才能生存，进而发展。任何一种产品和服务都是通过一定的流程生产出来的，这就是企业的基本业务流程。一般来说，不可能所有相关的流程都被包容在一个企业中，企业可以选择哪些自己来做，哪些借助其他的企业来完成。

根据专业化分工的原则，基本业务流程被分解成一连串的任务，并由各个基本资源组合来完成。分工固然带来效率的提高，但同时产生了一种“各自为政”的分离趋势，从而产生出协调的需求。这就是运行机制所需要完成的基本任务，同时，运行机制还要提供基本业务流程所需要的信息（比如产量、质量标准等），以及基本资源组合中的人力资源、方法知识、财务资源和有形资源的有效补充和提高。

在分析运行机制时，我们潜在地把企业看作以任务为中心的组织。

---

① 对于实践中的企业战略发展是什么样子有很多种不同的认识，比如有人认为战略是设计的，有人认为是自然而然发生的，还有的战略是机会驱动，或者外界强加的。

不过，企业还具有社会性组织的一面，它对企业的运作发挥着虽然隐蔽但是强有力的影响。社会性组织的状态可以通过社会资本的水平来衡量。社会资本的水平比较高，意味着人与人之间的团结、相互信任，反之，则是内部斗争比较激烈。

运行机制和社会资本的良性互动是企业良好运转的基石。在积极的状态下，两者相互加强，而反过来，则是互相挤压，企业的“内耗”就很大，肯定会影响企业的正常运作。从较长时期来看，两者的良性互动必然建立在各自都处于一种比较好的状态，一方不佳的状态必然会通过两者的互动而影响另一方。

除了上述正向的关系之外，还有一个因为运行结果的不同而表现出来的逆向反馈。可能有两种情况：如果运行结果良好，那么就会强化原来的形态和关系；如果是消极的，比如产品销售不佳，一方面会对产品—市场组合本身进行调整，比如加强营销、改变市场定位；另一方面要重新审核基本业务流程，进而是运行机制、社会资本和愿景与战略。

对于前一种反馈，没有问题，是维持一种积极的现状。但是对于后一种反馈，则可能出现两种情况，一种情况是，调整比较顺利，使企业进入积极的运行状态；另一种情况是，没有办法调整好，企业就会进入一种消极的运行状态，正如管理学的“水桶原理”所揭示的按照“最短的板子”来运作。

总之，经过正向、逆向的不断调适，企业会在各组成部分之间有可能形成两种状态：一种是相互匹配、彼此增益的关系；另外一种是不匹配、彼此抑制的关系。

3 整合机理模型的建立

本章的主要内容是通过对整合机理的分析来建立一个整合机理模型。在这个过程中,我们将会了解整合的目标、整合的主要内容,以及整合主要内容与整合目标之间的关系。在此之前,我们将从整合创造价值的基本原理出发,建立整合的一般框架,并结合具体条件分析得出整合的四种典型模式,目的是明确本书研究对象,从而明晰整合机理分析的前提。

3.1 整合的一般框架

3.1.1 企业运营的四种典型状态

Porter 在对日本企业的困境分析之后得出一个结论:在激烈竞争的环境中,企业的良好经营绩效依赖两个方面的良好表现:一是战略,二是运营效率。① 运营效率的内容虽然庞杂,但概念还是比较明确的,以一定的价格/质量/服务组合服务于特定的客户群来谋求最大收益。

对于战略的认识非常多元化。② 受 Itami(1983)的启发,我把战略看作两座桥:一座是联系"企业"与"市场"(特定客户群)——的桥,这也是企业运营和考核其运营效率的出发点;另一座是从"现在"到"未来"的桥,它包含了企业的"现在"和"未来",也包含了客户群的"现在"和"未来"。③

---

① 见波特,竹内广高,榊原鞠子,《日本还有竞争力吗》,pp95—138.,中信出版社,2002。

② 这可以通过在明茨伯格、阿尔斯特兰德、兰佩尔在他们合著的《战略历程:纵览战略管理学派》(机械工业出版社,2001)中为我们总结的令人眼花缭乱的"十大战略管理学派"反映出来,这完全可以看作孔茨所说的"管理理论的丛林"的战略管理版。

③ Itami,《经营战略的内在逻辑:看不见的资产动力论》,中国审计出版社,1992。

就前者，战略是一种对客户群的变化所做的跟踪、预测和调整；就后者，要考虑的则是企业从“现在”到“未来”的资源积累路径。对作为“第一座桥”的战略的考察是从战略适应性的角度，对作为“第二座桥”的战略的考察是从战略前瞻性角度。①

对于前瞻性战略和/或适应性战略，如果保持目前的运营水平，往往是无法实现的，也就是往往存在一个缺口，即战略缺口(Strategic Gap)，而购并就是要弥补这一缺口(或者缺口的一部分)的，当然，真正承担弥补战略缺口任务的最终落在了整合上。

当购并成为一个“事实”，并进入整合阶段之后，至少对于整合而言，战略的“前瞻性”就没有了直接的意义，所能够调整的是战略“适应性”的内容。就一个正在运营的企业，战略的适应性是混合性的，既有设计的成分，也有已成为历史的“行为模式”成分。一般来说，战略适应性中的历史成分是通过企业中的其他四个组成部分来体现的，但也有可能存在相互之间的不协调，这不协调的部分与设计成分恰好为整合在战略层面上的调整与控制留下了“空间”。

这样，企业的经营状况就取决于两个方面：一是产品—服务组合、基本业务流程、运行机制和社会资本等组成部分的水平，称为功能水平(Penrose，1959)；二是它们相互之间的匹配程度，以及它们与战略适应性的协调，称为耦合关系。由此，企业运营可以区分为四种典型情况，如图3-1所示。

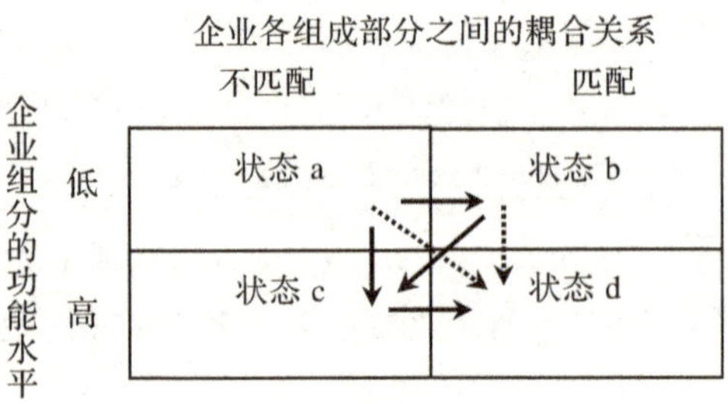

图 3-1　企业的四种经营状况

① 在战略研究文献中，“战略前瞻性”经常被“远见”(Foresight)、“洞察力”(Insight)之类的词所替代。

状态 a:企业的资源匮乏、水平低,而且匹配程度低。这种状态可能在新兴行业的很多企业,或者新建企业,或者是濒临破产、倒闭的企业中出现。如果企业不能迅速地找到改善的方法将其状态提升为其他三种状态,等待它的就是倒闭。不过需要注意的是,转变需要一个过程,有重点,有先后,所以往往会经由状态 b 或者状态 c,迂回地接近最佳状态。

状态 b:虽然企业组分的功能水平比较低,但匹配程度较高。这是一种低水平的维持状态。如果外在因素发生变化,比如竞争更加激烈,那么它的处境就会比较危险。为了改变运营状态,除了直接通向状态 d 的路径,更大的可能是由 b 而 c,先在某一方面,比如关键企业要素上,寻求大的提高,尽管这会打破原有的平衡,而暂时地处于一种不平衡状态。

状态 c:企业的部分组分功能水平比较高,但是匹配上不均衡。这往往是企业在发展过程中很可能出现的情况。Itami 认为这种暂时的不均衡是长期的动态均衡的一部分。它需要做的就是,尽可能弥补其"短板",提高各部分的耦合水平。

状态 d:从内部的角度,这是一种比较完美的状态。但是,外在环境、因素的变化可能会要求它在组分功能水平、互补关系上作出改变,所以它在本质上是一个动态的概念。

对于一个进取心强的企业来说,它希望从较差的状态向较好的状态转变。根据上面的逻辑,转变需要在两个方面下功夫:一是提高特定资源的功能水平,它可能改善各资源要素之间的耦合水平,也可能以加剧耦合水平不匹配为代价突出某一方面的能力;另外则是专门提高耦合水平,一般是通过加强较弱的部分来实现。本书关注的购并在这些方面能提供便利条件,而通过良好的整合可以将这些便利条件转化为实在的价值。

3.1.2 横向购并所具有的独特优势

从资源观角度上分析,在提高企业的经营状况(这里不采用更强势的提法:竞争优势)方面,横向购并具有一些独特的优势,这些优势包括:

1. 战略资源/能力[①]的快速积累是横向购并的优势之一

今天企业的竞争范式中，速度成为很重要的竞争基础。[②] 企业积累资源/能力的速度是其重要内容。有两种积累的方式：一种是 Dierickx 和 Cool(1989)所强调的"内部积累"方式，另外一种就是以购并为代表的"外部成长"方式来获取、控制或者共享某些资源和能力。

购并可以看作在一种特殊的战略要素市场——公司控制权市场中发生的。在公司控制权市场中，名义上交易的对象是股权，实质上是一组独特的、稀缺的资源，比如在某一市场上的声誉、独特的技术等。

2. 更充分利用资源/能力是横向购并的优势之二

在绝大多数情况下，企业所拥有和控制的资源/能力在总体上处于没有被完全运用的状态，Penrose(1959)很早就观察到了这个现象。在如下所列的三种情况下，由一企业对另外一个企业发动横向购并，至少从更充分利用资源/能力的角度看，是合理的。

第一种情况是，在被购并企业，因为某些制度性因素，制约了一些资源/能力正常功能的发挥，比如有弹性的个体能力、机器设备等；第二种情况是在购并企业，因为存在资源/能力之间的某种关系，比如互补关系，一种或几种资源/能力的匮乏影响了别的资源/能力正常功能的发挥，而被购并企业恰好拥有对方所欠缺的资源和能力；第三种情况是，在购并企业中，经过长期积累形成了一些独特的富含知识的资源/能力，比如高层管理团队、商誉、很强的研发、营销能力等，它们可以共享而不损害其原有价值。

对于第一种情况，只有满足两个条件之一，购并才能起到一定作用：①除非购并的目的是输入对方先进的制度和文化；②将某些业务，即基本业务流程，置于被购并企业的经营管理之下，替换原来的制度和文化环境，从而发挥出资源、能力的潜力。

对于第二种情况，横向购并的目的就是引入新的资源/能力，改善企

① 第二章中已经明确指出，资源、知识和能力是企业的组成部分，知识属于资源，而能力(一般是指组合层次的能力)是由具有不同功能的资源组成的，属于不同的层次，所以将资源和能力并列。

② 已经出现了很多与此相关的管理方法，比如 TCM(时间压缩管理)、FCR(快速反应周期)、BPR(业务流程再造)、SE(并行工程)，这些方法是从技术、流程、结构的角度来加快对顾客需求的反应速度。

业内部的协调、匹配程度，改善资源/能力正常功能的发挥程度。这与前文中论及的横向购并加快获取资源/能力的速度有着密切的逻辑联系。换句话说，在强度速度意义的横向购并中，有一部分所获取的资源/能力的目的就是为了改善第二种情况。

对于第三种情况，横向购并是为了获取一个“应用空间”。即，把企业所拥有的有价值的资源/能力转移到被购并企业，或者与被购并企业共享，从而在被购并企业中创造出价值。很多购并属于这种情况。

理论上还有第四种情况，就是与第一种情况相对应的，在购并企业中，因为制度性因素而使企业的资源和能力不能充分发挥功用。如果能够通过购并，引入另外一个企业先进的文化和制度，可改善企业经营状况。但这在实践中非常少见，因为这种购并对于原来的管理层在某种程度上意味着“承认失败”。政治和观念的阻力是其难以发生的主要原因。

3. 超越资源的战略性隔离机制是横向购并的优势之三

当目标资源/能力是一般性的资源/能力时，横向购并、战略联盟和新建的区别还不是很大，但是当目标资源/能力，特别是它们的积累过程具有一些独特的属性时，横向购并的独特地位就显示出来了。这些独特的属性可称为战略性隔离机制（Strategic Isolating Mechanism），主要包括：①因果模糊；②路径依赖；③隐性；④资源之间的相互依赖；⑤时间压缩不经济。它们限制了模仿或者积累的可能性，而且这些很难被别的企业模仿、学习的资源很有可能是竞争优势的源泉（Barney，1991；Dierickx 和 Cool，1989；Black 和 Boal，1994）。

横向购并的独特地位就体现在：一方面，横向购并可以看作是“资源积累过程的内部化”，超越了制度性隔离机制，将目标资源（比如独特的技术、产品），或者目标能力（比如研发、分销等职能能力）直接占为己有，同时可以避免资源积累过程中的不确定性。当然，需要付出整合过程中面临的各种抵制、冲突等不确定性的代价。

另一方面，把促使资源和能力成长的“基础”，即一组“正式和非正式的制度”——运行机制（管理系统等）、社会资本（结构、信任关系、企业文化等）也一并接收，保证了其后资源和能力的活力进一步的提高。然而很多企业在购并时，只关注了目标资源和能力，没有给予运行机制、社会资本这些产生资源和能力的“基础”充分重视，从而使这些资源和能力成为

“短命”的资源和能力。尤其当这些资源是各种存在于个体或者集体身上的方法知识时，更是如此。

3.1.3 整合的一般框架

在购并和整合研究中，人们一般提到的创造价值的方式是利用合并，尤其是实体性合并(Physical Consolidation)，来降低成本或者创造新增价值，前文提到 Porter 对于这样的“有形协同”就青睐有加。实际上，还有另外一种方式，即重组(Restructuring)，与合并强调通过对购并双方进行调整然后“共同”创造价值不同，重组专指通过一些措施(一般是利用领导更换、制度调整等)来改善被购并企业的经营状况。

相对于大量关注合并的文献不同，对于重组的研究要少很多，但这并不意味着它不重要。Easterbrook 和 Jarrel (1984)、Bradley、Desai 和 Kim (1983)根据对所采样本的分析，指出目标企业在其内部保存了大部分收益，也就是这些购并是通过重组实现价值的。[①] 这里要强调的一点是，在实体性合并的背后中的协同原理，同样适用于重组的大多情况。

经过艰苦的整合工作，整合的效果如何呢？这需要一个评价体系。根据对有关研究和实践中的案例的总结，我们认为存在两种主要的评价整合效果的方式：一种当然是反映在业绩的变化上，包括销售额、利润等财务指标和市场占有率、品牌声誉等非财务指标的提升。

另一种方式是通过资本市场的反应来评判的，这里称之为“资本市场价值增加值”，相对应的，上一种方式称之为“商品市场价值增加值”。在英美两国，人们评判一个购并的成败的主要标准是公司市值的变化，即市值增加值(MVA，Market-value Added)。需要注意的是，在很多研究中对购并效果的评价并不等于对整合效果的评价，因为在主流的研究购并的方法——基于事件的研究方法(Event-based Study)中，它计算的是购并宣布情况期间的股票市值变化的累积，即非正常累积收益(Cars)，当时真正的整合还没开始。我国很多上市公司的购并的目的，就是希望通过股票价格变化的有利变化来获取收益，大多数情况下，这是一种非法的操纵。

① Chatterjee, Sources of value in takeovers : Synergy or restructuring — implication for target and bidder firms, Strategic Management Journal, vol3, pp267—286, 1992.

在第二种方式中，还有一个特殊的类型，就是一个公司买下另外一个公司，对其进行重组，然后将整个公司或者某项业务出售给另外一家；或者基本不进行任何重组，而是将购并而得的公司中的一个或者若干个项目、子公司分别卖给"合适的"买主。这种类型的精确描述应该是：通过公司控制权市场(Corporate Control Market)来实现整合的效果。

在图 3-2 中将上述分析综合地表现出来，这就是整合中创造价值的一般框架。这个框架区分为三个阶段：投入、整合过程和输出。

对应于两种整合过程的投入是有差异的。在重组方式中，投入到重组中的，首先是被购并企业，它是重组的对象。最关键的、承担起重组重任的是另外两个投入：一个是外引资源，一般是指从外部引入高层经理来负责整个或者部分整合工作；[①]另一个是内选资源，即在购并企业内部选拔合适的高层经理负责整个整合工作，与外引相比，购并企业可以提供的还包括管理制度、企业文化、新的产品、技术等，也就是说在内选方式中可借助的资源要比外引的方式要多一些，所以在整合中应用的也更多一些。外引更适合于跨行业的混合购并，因为购并企业缺乏合适的人选，可用的资源也不是很多。在有些购并的整合中，外引和内选两种方式是同时被使用的。

对于合并，有两点与重组不同。第一点，投入到合并中的是购并企业和被购并企业双方，而不单是被购并企业；第二点，对于合并，一般都是利用购并企业的高层经理以及其他资源，来主动地承担起寻求和创造的任务，而极少依赖从外部聘用高层经理。

输出阶段，就是整合的工作最终体现在两种方式或者其中之一：业绩的提升或者在资本市场的价值变化。按照正常的逻辑，真正良好的整合效果首先和最终都会体现为企业业绩的增长上，在资本市场或者公司控制权市场中的价值应该以此为基础，但因为两者毕竟不是完全的一方决定另一方的关系，所以，如果有条件，对整合的评价应该是同时这两个方面的。

对于重组来说，整合的效果主要体现在被购并企业身上，或者它的财

① 这相当于前面提到的无形协同，然而用"重组"这一术语能够揭示更多信息，因为无形协同最终要落实到业务层面的重组才能显示其价值的大小，"重组"能反映出这一点，而无形协同就很难反映出来。

务与非财务指标，或者它的资本市场价值；对于协同来说，会体现在购并双方，如果被购并企业的独立核算地位丧失，那么就主要体现在购并企业身上。

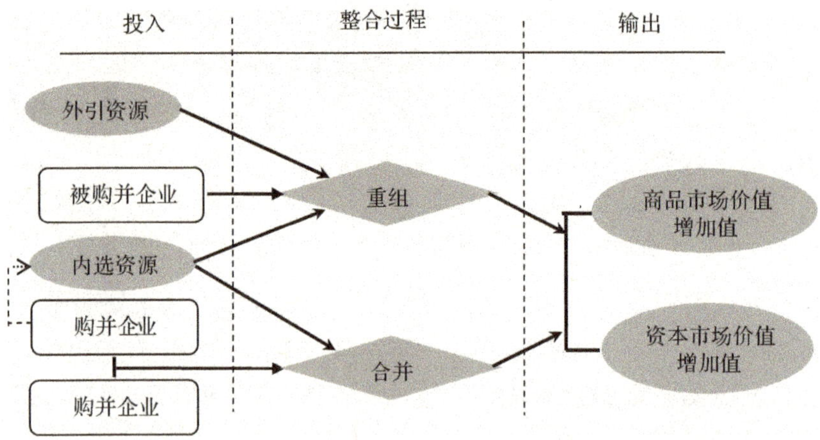

图 3-2　整合创造价值的一般框架

3.1.4 四种典型的整合模式

我们采取了两个维度来分析整合的模式。第一个维度，即整合的一般框架中的价值创造的两种方式；另外一个维度是组织的独立性，这是我们参考 Haspeslagh 和 Jemison(1991)提出的整合模式分类框架而选取的。它的另外一个分类指标是战略依赖性，本文认为其重要意义不如价值创造方式。

对于重组，在整合的一般框架中曾经指出，如果考虑投入，它有两种形式：外引和内选。有意思的是，这恰能够与组织的独立性对应起来。因为根据一般的规律，当购并是跨行业发生的时候，它既倾向于引入外部的经理人来承担整合之责，而且会使被购并企业保持较高的组织独立性；反之，当被购并企业与购并企业处于同一个行业时，但因为可能跨地域或者其他原因，而无法让两个企业完全合并，那么它既会委派自己的经理来负责整合，同时引入己方比较成熟的管理制度、企业文化，那么，该企业的组织独立性也会比较低。所以，根据投入和根据组织独立性，对于重组来说基本上是一致的。

表 3-1 总结了以上分析，共有四种典型的整合模式。

表 3-1 整合的四种模式

		组织独立性	
		独立性高	独立性低
价值创造方式	重组	外源重组	内源重组
	合并	逆向合并	吸收合并

为了更清楚地理解每一种整合模式，可以用对比的方式将两两相邻的模式进行区别：

外源重组和内源重组：区别就在于承担重组重任的是外聘的经理还是购并企业委派的经理。如果是外聘的经理，重组的方案主要是根据他自己的经验，而内选的则更多地将购并企业的管理制度和方式应用到被购并企业之间。

内源重组和吸收合并：虽然在两种情况下，被购并企业的独立性都很低，但内源重组时所利用的购并公司的资源主要属于企业的软性部分，包括管理层的输出、管理制度和企业文化，而吸收合并的时候，更关注的是如何在 Porter 所说的直接活动中通过来降低成本，提高效率，比如生产规模的增大、产品系列的转移和共享、营销和市场销售的合作等。外源重组与逆向合并之间的差别与此非常类似。

逆向合并与吸收合并：两者的合并方向是不同的。吸收合并意味着被购并企业与购并在业务、战略层面上已经融为一体了，而逆向合并则意味着，首先保持被购并企业的独立性，然后将购并企业中相关的部分业务纳入到被购并企业的业务体系中，由其负责经营管理。

这是四种典型的模式，实践中可能有不同类别和程度的各种组合。这并不是问题，毕竟无论是哪种方式，都是为了更好地实现创造价值的目标。当一些前提条件混杂在一起的时候，灵活地采取组合的方式是完全正当的。

如此分析之后，我们就能够结合第一章中对本书研究对象的初步阐述，作出更明确的界定：我们将研究具有三个条件的横向购并中的“吸收合并”整合模式之下的整合机理，即全面整合情况下的整合机理。这三个条件是：①购并企业的总体能力强于被购并企业，这并不意味着，所有的方面都强于对方；②整合的主动权掌握在购并企业中；③采取“吸收合并”

的整合模式。

3.2 整合机理的含义与性质

在绪论中，我们已经了解到整合是由涉及两个企业的一组相关活动构成的过程，目的是创造价值。在本章前文进一步明确研究对象和范畴之后，本书要研究的整合有了更具体的所指，也就是利用两个企业（以购并企业为主）的资源和能力来提升两个企业（以被购并企业为主）的经营状况。此外，在后文讨论了整合的目标之后，“创造价值”将被赋予更具体的内容。

再讨论整合机理的含义。我们相信，成功的整合应该是由一组活动构成的有“秩序”的过程。换言之，成功的整合过程是两个部分的有机组成：一部分是一组活动，对于全面整合而言，它几乎涉及两个企业原所有活动；另一个部分是这个过程中这些活动的展开方式，尤其是它们彼此之间的关系，所呈现的一种秩序。

对于前一部分，称之为整合的基本结构。它更精确的定义是，在全面整合前提下，依对所做工作的分类而抽象出的整合主要活动；对于后一部分，我们称之为整合逻辑，是指依存于基本结构，并将基本结构与特定目标连接起来的因果性关联。它们分别对应的是在绪论中提出的整合机理的三个问题中的后两个。

按照皮亚杰的说法，存在两种结构（结构在含义上相当于这里的基本结构与逻辑的结合），一种是已完成的结构，处于稳定的状态，与外界无信息、物质、能量的交流；另一种是正在形成的或者不断更新的结构。整合中的基本结构（与逻辑一起）显然属于后者。

皮亚杰还指出，“在形成或发展中的结构……运转是形成性的，并不仅仅是改变性”。[①] 这恰好点明了整合所具有的两个相反而相成的性质：破坏和重建。整合的最终目标是“改善企业的经营状况”，即“改变性”，就是利用购并的独特优势，用好的基本结构和逻辑（一般来自购并企业），或者以其为参照，来改造差的基本结构和逻辑（一般是被购并企业）。

但是，这种改变是在一个“破坏”与“重建”的过程中实现的。对整合来

---

① 皮亚杰，《人文科学方法论》，pp190—193，中央编译出版社，2002 年。

说，也就是通过一系列活动，来“破坏”两个企业原来的基本结构和运营逻辑，然后通过“重建”形成新的基本结构和运营逻辑，这里面就蕴涵着“形成性”。

对于整合的基本结构和逻辑来说，“破坏”与“重建”的场合是不同的。整合基本结构的“破坏”与“重建”发生在其组成部分内部，即后文将要给出的五个整合模块中来自双方内容之间。至于整合逻辑的“破坏”与“重建”，则是发生在整合基本结构中各个组成部分之间，也就是五个整合模块之间。

显然，整合的程度越高，“破坏”的程度越大，而需要“重建”的工作越多。在根本上，整合的失败就是由于“破坏”有余而“重建”不足。对于前文规定的全面的整合范畴，事实上是“破坏”与“重建”程度最大的情况。

总而言之，整合起到了一个“枢纽”的作用，经过“破坏”与“重建”，将原来的基本结构和运营逻辑转换为新的基本结构和逻辑。而对整合机理的研究就是为了理解这个“枢纽”作用是如何实现的。图 3-3 表示出这个关系。

一般来说，对两个企业进行整合是在职能部门的层次上，而职能部门也是第二章所建立的企业模型的基本层次，所以在整合过程中，整合中的基本结构和整合逻辑与正常情况下企业的结构和运营逻辑必然是“同构”的，这对于理解下面的内容非常重要。

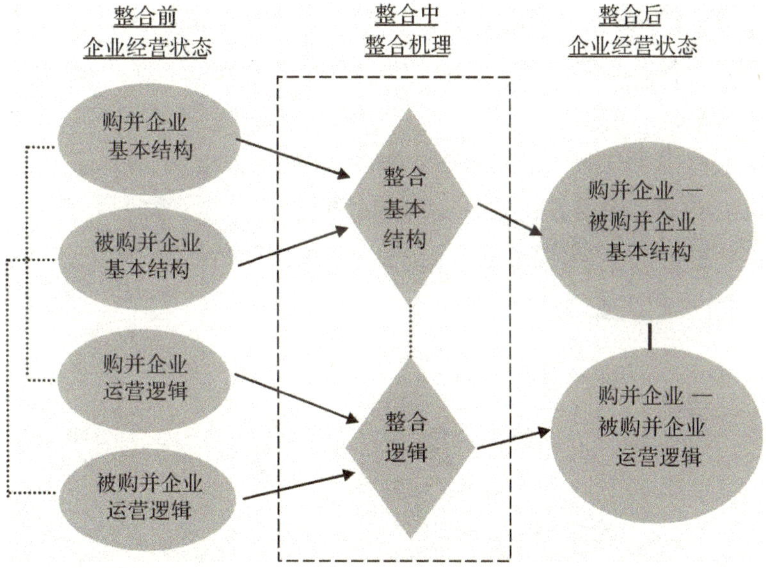

图 3-3　整合的地方与整合机理的含义

3.3 整合的基本结构

利用上一章建立的企业模型，图 3-4 形象地描述出涉及两个企业在基本结构上的关系，即被购并企业“融入”购并企业的全面整合。“融入”只可能发生在相同的组成部分之间，这很容易理解。因此，一个全面的整合会涉及五个方面，如表 3-2 中斜线所示部分。这五个方面就构成了整合的主要对象，在下文中称为“整合模块”。如前文所述，在各个整合模块内部的界面都会发生“破坏”与“重建”。

- 愿景与战略的整合。这涉及对被购并企业的愿景、战略的调整，基本原则是使其与购并企业的愿景、战略协调一致。
- 产品—市场组合的整合。它是围绕着两个企业的产品线以及面向的市场所作的调整，同时涉及从产品到市场的各项活动的共享与分工。
- 基本业务流程的整合。这是整合中资源/能力重组的基础部分。它包括了对基本业务流程内部的调整，以及基本业务流程之间关系的调整。
- 运行机制的整合。这是对整合范围内正式的、制度化的系统、政策、做事方式的变革。运行机制的整合将体现在治理结构（包括管理高层）、管理系统、人力资源政策三个方面。
- 社会资本的创建与整合。这部分是对整合范围内社会性组织的改变。因为社会资本的大部分内容，比如关系维度、价值观维度，是需要花费时间培养起来的，因此用“创建”更适合；同时，社会资本其他的部分，比如组织语言和代码系统，因为已经存在，所以是“整合”。

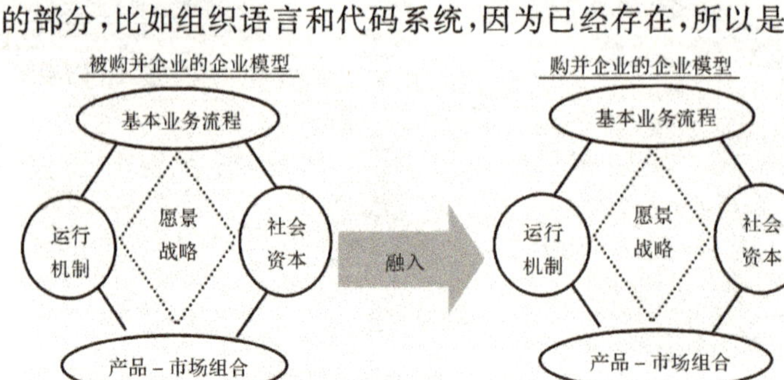

图 3-4 整合基本结构的形式

表 3-2 购并企业与被购并企业的整合

		购并企业				
		愿景与战略	产品—市场组合	基本业务流程	运行机制	社会资本
被购并企业	愿景与战略					
	产品—市场组合					
	基本业务流程					
	运行机制					
	社会资本					

3.4 整合逻辑

3.4.1 整合逻辑的性质

整合逻辑中的“破坏”性体现在，当全面整合时，为了产生新的运营逻辑，必须先打破两个企业旧的运营逻辑(主要是被购并企业)。“破坏”是为了“重建”，而“重建”承担两项任务：一是由此将形成整合后两个企业新的运营逻辑；更重要的是，它将与整合的基本结构一起来达成整合的特定目标。因此，可以说整合逻辑的“重建”有“一箭双雕”的功能。

当然，整合基本结构的“重建”也是“一箭双雕”，与整合逻辑的“一箭双雕”相结合形成的状况有：在最直接的方面，整合的基本结构和逻辑共同实现整合的特定目标；而从较长远来看，是形成未来企业良好经营所依赖的基本结构和运营逻辑。

在前文中曾提出，购并的根本目标是“改善企业经营状况”，但在以往的购并研究中，学者们普遍设定的整合目标是“协同的实现”(这也是本文接受的观点)。其中的关系可理解为：协同实现是达到购并根本目标的手段，但是在整合这个特定的阶段，协同实现却是它的特定目标。事实上，购并本身又是企业战略目标的手段，关于这三个目标之间的关系，将在后文中“愿景与战略整合”部分作出更详细的分析。

也就是说，整合的逻辑所导向的目标就是协同实现，这样我们就得出了关于整合机理的第一个问题(整合的目标是什么?)的答案。但是在下面的分析中我们将看出，协同的实现需要一些条件，或者说支持，所以整合逻辑可以被区分为两部分：基本逻辑（本文称之为“协同逻辑”）和支持逻辑，对应的是协同实现的条件。

3.4.2 整合的基本逻辑

1. 协同的定义与类型

企业管理中的协同概念在 Ansoff（1965）提出来以后，迅速在战略管理研究领域获得越来越多的应用。在 20 世纪 70 年代末、80 年代初，协同被引入购并研究，逐渐形成当时主要的研究范式：战略匹配性（Strategic Fit）——购并效果（Post-merger Performance）的关系。[①]

下面是三种典型的对协同的界定，内容有所不同，侧重点不一：

（1）Ansoff 的定义与分类。Ansoff（1965）根据产品的投资收益率公式，识别出销售协同、运营协同和投资协同三种协同：

- 销售协同：当利用相同的销售渠道、营销队伍和仓储方式时，就会发生销售协同。
- 运营协同：主要来自对日常管理费用的分摊、大批量采购、学习发展的周期的同步性等。
- 投资协同：主要来源于对厂房、机器设备、安装维修以及研发成果的共同利用。

除此之外，Ansoff 认为，还存在公式中没有表达出来的管理协同，它是最有潜力的，也是最难以控制的。

（2）Itami 的定义与分类。Itami（1984）将协同形象化地表述为“搭便车”。他认为协同只来源于隐形资产的共享与传播，比如专门技巧、顾客认知度、著名商标或者是激发员工认同感的企业文化。而由实体资产的共享产生的好处，即组合效应，不如前者可能带来的好处大。Itami 的观点与资源学派的 Penrose（1959）、Teece（1989）的观点是一致的，他们认为，与购并有关的效率提升是由无形资产的跨界溢出来获得的。

（3）Buzzel 和 Gale 的定义与分类。Buzzel 和 Gale（1987）的分析比较合乎一般人的认识，介于 Ansoff 与 Itami 之间。在他们看来，协同是“相

---

① 在有些文献中，也将这个研究范式写作：相关性（Relatedness）——与购并效果（Post-merger Performance）。

对于独立组成部分进行简单汇总形成的业务表现而言的企业群体的业务表现”,与 Kanter(1989)所说的“协同是多元化企业存在的唯一理由”显然是一致的。产生协同的源泉涵盖了实体资产、人力资本与隐形资产,共有四个来源:

- 对资源或业务行为的共享。此时主要依靠规模效应来降低成本。
- 市场营销和研究开发的扩散。这里强调的是企业专业行为产生的知识与技能在组织内部或组织之间的学习与共享。
- 企业相似性。这意味着技术和管理两个层次的知识或技能在组织之间的共享与传播的可能性比较高。
- 对企业形象的共享。

由上可以看出,对于协同的论述是从两个角度来进行的:

一是实现协同所依赖的客体,包括有形的协同,即比较容易观察到,相对也比较容易实现的好处;也有无形的协同,即难以直接观察到,且难以把握和控制的好处。不同的学者对两个方面的价值判断不同。Itami对无形协同的作用最为强调,对其范围也很宽,甚至包括别人很少提及的企业文化。我们认为,这种思路是符合现在战略管理研究趋势的,隐性资源以及它的协同是最重要的。

二是实现协同的方式:转移或者共享。但是,这两者的特点和区别并没有给出来。我们从资源观的角度对这两个概念作了区分。转移和共享的最大区别在于,转移的客体往往是资源和知识,而共享的客体一般是能力。这种区分是建立前文的一个结论之上:资源、知识与能力不是一个层次的概念,能力是资源(包括知识)的组合,显然能力要转移的难度很大,从成本角度考虑,共享更合算,从其作为一个系统所具有的可调适性来看,共享也是完全可能的。

在转移客体中,现阶段最关注的是方法知识,因为它对于改善某一部门、甚至整个业务流程往往具有重要意义,比如将购并方的生产知识、营销知识“教”给被购并企业相应的部门。当然,有形资源比如设备、生产线也可以转移,它们对提高工作效率往往有立竿见影的好处,但从长期来看作用可能不如前者。在大多数情况下,共享指的是取消一方的某一薄弱环节,以较强的另一方的相应职能部门来取代,或者由弱的一方融入强的一方,并由融合后的部门来承担原由双方分别承担的职能。

2. 整合模块的协同性质

前文已经指出，购并双方之间就是一种潜在的协同关系。具体到每一个模块，协同的内容各有不同，这将在后文中分别一一作出详细讨论，这里关心的是协同的性质：

◆ 愿景与战略整合，可以看作一种无形协同，因为一个企业的愿景和战略往往是经过长时间的摸索、成败的磨砺得到的，它包含了对于产业、竞争发展趋势的深入思考，被购并企业共享购并企业的愿景与战略也是一种“搭便车”。

◆ 产品—市场组合整合，兼有有形协同和无形协同。有形协同是指分销渠道、物流设施以及产品在功能层次上的合作潜力，而无形协同涉及产品品牌声誉的共享等。

◆基本业务流程整合，兼有有形协同和无形协同。有形协同一般与共享联系在一起，而无形协同主要是与完成各种任务的方法知识的转移有关。

◆ 运行机制整合，主要是无形协同。先进的运行机制的替代，或者融合，可以促进企业的经营效率的提高。

◆ 社会资本的创建与整合，涉及无形协同，比如好的企业文化输入被购并企业。相较上述几个方面的协同，它的作用是比较隐性的、潜在的，但也是长期的，是更加根本的改善。

总之，任何一个方面的整合都有可能带来协同。但正如 Stahl & Voigt(2008)、Birkinshaw et al. (2000)、Chatterjee(1987)、Jemison 和 Sitkin(1986)所指出的，协同的实现绝非是自动的，而是有条件的。由于这些条件很难把握，人们往往高估了协同的潜力。正如著名跨国家电企业伊莱克斯公司的总裁莱夫·约翰松所说的：“我们已经收购过 100 多家公司，可依然会高估协同效果。因此，作为一条经验法则，它只被我们只争取达到估计效果的一半，而把达到协同效果的成本增加一倍。”①

需要着重指出一点，本文从这里以后的协同，主要指的是“业务协同”，而无形的协同将通过支持逻辑等因素体现出来，目的是更细致地认识“协同”，而不会因用同一个概念来表示而忽略其间的差别和彼此间的关系。

---

① 布利克，厄恩斯特，《协作型竞争》，pp250，中国大百科全书出版社，2000。

3.4.3 整合的支持逻辑

支持逻辑的存在与内容，主要是从协同实现的条件推演而来的。把支持逻辑与基本逻辑放在一起，然后与企业正常经营情况下的运营逻辑对照，很容易发现它与运营逻辑的内容是基本相同的(除了基本逻辑所指向的目标与常态下企业的运营目标不同)，这证明了前文所说整合的逻辑与企业运营逻辑在内容上“同构”的推断。

1. 支持逻辑的存在

在协同实践的调研中发现，人们追求协同实现的目标往往不能完全实现，甚至适得其反，1+1还要小于1。为了了解背后的原因，很多学者进行了理论探索、大量案例调研，慢慢地认识到，如同生产的“迂回方式”一样，协同也并不能借助与其紧密相关的活动而“直接”地实现，它需要支持。

Kanter(1998)、Bartlett和Ghoshall(1998)、Bardaracco(1998)等人对如何实现协同，做了大量研究。下面把他们的研究成果，也就是为了实现协同应该遵循的若干原则(实际上就是协同实现的条件)总结如下：

(1)公司最高领导层必须对发现和实现协同具有信心和决心。这是因为，协同往往是通过改变现有业务单元之间的关系而实现的，这需要克服很多阻力，包括各业务各级管理人员的合作意识、利用权力明里暗里地抵制等，必须依靠更高的权力资源予以克服。

(2)激励团队合作，而不是单纯地依靠个人的表现。大部分协同来源于共享，对于人来说，就是合作的问题，而且是跨部门。虽然高层的推动很有必要，更重要的是员工发自内心的合作意愿，这主要通过设计特殊的以团队行为为对象的激励体制，另外高层本身也需要激励。

(3)公司内部必须拥有完善发达的沟通网络。它包括硬件和软件，比如界面良好、功能强大的内部计算机网络，或者一些特殊的组织安排，比如委员会等，用来帮助交换信息，促进来自不同部门的人，尤其是中高层经理们建立密切的工作甚至私人关系。

(4)创造一个良好的尊重“整体利益”的企业文化环境。Kanter将这种文化称为“后创业型”的文化，其主要特点就是破除传统企业内部沉重的官僚气息，各自为营的利益格局，建立积极寻求合作，追求协同，达成企业总体利益最大化的目标。前面提到的高层推动、激励体制都是朝着这个企业文化努力的推动力量。

以上看法可以构成一个保障协同实现的系统性框架。但是，其中有些原则是很有争议的，比如创造"后创业型"企业文化绝非一朝一夕，一些学者认为大幅度改变更是困难，更实际的做法也许是以创立文化为远期目标，着眼于眼前的业务机会，正如 Campbell 所说，协同的成功是今年经过许多深思熟虑的且目的性极强的努力取得的。实际上，可以时间为轴，将 Campbell 与 Kanter 等人的观点联系起来，两者是短期手段与长期目标之间的关系，这可以作为实现协同的第五个原则：

(5)在长期目标指导下，按照项目驱动型的方式运作。积极寻求各种可能的合作项目，再仔细分析其可行性之后，踏踏实实地、详细地规划实施步骤、资源分配、组织安排等，力争通过良好的效果强化对追求协同的意识和文化的认同。

在图 3-5 中，对将协同实现的条件进一步作出组合与分类。也就是说，在实现协同的条件中，有三个属于运行机制的范畴，一个属于社会资本的范畴，还有一个属于愿景与战略的范畴。它们的作用可总结为：愿景与战略和协同目标联系在一起，为协同实现提供"导向"的作用；运行机制的作用则是三重的，领导、协调和激励；社会资本则是通过改造人的价值观来推动合作。

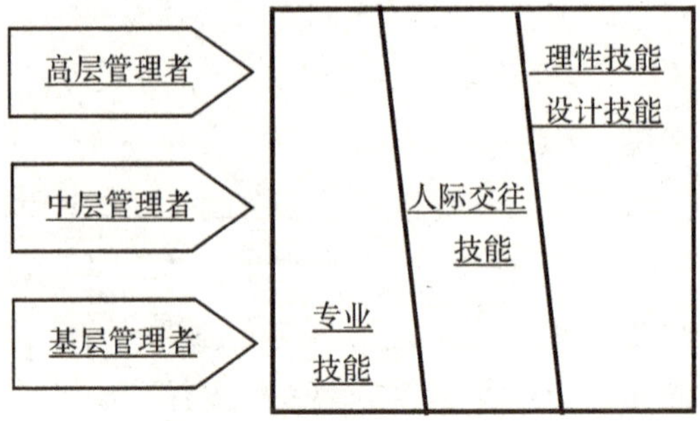

图 3-5　协同实现的条件

回到"整合"这一特殊情境，协同实现条件的创造，将不是"静态"的愿景与战略、运行机制以及社会资本来承担，而是通过"动态"的愿景与战略整合、运行机制整合以及社会资本创建与整合来实现。它们所发挥的作用就体现为若干个“支持逻辑”。

2. 支持逻辑的内容

支持逻辑，顾名思义，指的就是对基本逻辑的顺利展开，并最终为它的目标实现提供特定支持的力量所表现的逻辑。如前所述，它们是通过愿景与战略整合、运行机制整合以及社会资本的创建与整合来实现的，它们的支持涉及多个方面：政治、组织、信息、激励等。

参考图3-5所示的协同实现条件，同时不局限于此——因为第二章所建立的企业模型比起前人的要复杂和全面得多，根据其所关涉的主要内容——本文将其称为“焦点”，可把它们所提供的支持分为三类：与领导有关、与管理系统有关、与利益相关者（主要指被购并企业的员工、客户、供应商、当地政府等）的认同程度有关。据此，支持逻辑可以细分为三个：

- 以“领导”为焦点的支持逻辑1：由运行机制整合中涉及治理结构的部分来承担，尤其是其中的高层管理团队。它的主要功能是通过重组形成在态度和能力上胜任的治理结构，从而对整个整合发挥强有力、有效的领导作用。领导作用体现在：就整合目标、计划等作出决策、为协同提供资源和权威支持、协调各部分整合并排除彼此之间的矛盾。
- 以“管理系统”为焦点的支持逻辑2：由运行机制整合中的管理系统部分来承担，主要功能是建立合理的管理制度以及执行有力的中间管理层，从而让协同的实现活动按照一种期望的规范方式来运作。其作用的发挥主要是通过信息的流动——计划的传达、下情的上达与横向的部门沟通，以及相应的具有矫正行为、态度作用的绩效评估与报酬制度来实现的。
- 以“利益相关者的认同”为焦点的支持逻辑3：由愿景与战略所具有的凝聚员工与企业关系的作用部分、运行机制整合中涉及人力资源管理的部分与社会资本的创建与整合来共同承担。它是通过提供共同的愿景与战略、激励以及价值观的塑造，来调整参与业务协同实现有影响的各个利益相关者对购并企业、整合方式、整合目标的认同程度。

对于愿景与战略和支持逻辑的关系需要作一点说明。第二章曾经指出，愿景与战略具有三重作用：“灯塔”式导向作用、历史模式的惯性作用、凝聚员工与企业的作用。一般来说，第一种作用是最常被人提及和关注的（这在 Kanter 等人的分析中也反映出来），第二种作用则是通过很多实证研究被揭示出来的，[①]然而，就性质而言，只有第三种作用才能成为支持逻辑（支持逻辑 3）的一部分，前两种作用不是支持性的，而分别是指导和限定性的，所以应单列出来。

对"领导"须多说两句。著名领导学家 Kotter 曾说，人们理解的领导有两种：一种是有助于引导和动员人们的行为和/或其思想的过程，另一种则是指处于正式领导职位的一群人。Kotter 认为真正重要的是前一种，而本文则希望"领导"这一词汇能够涵盖这一过程与推动这一过程的那些人。

另外，相比另两个支持逻辑，支持逻辑 3 要复杂一些，软性成分多一些，所以，有必要在接下来的部分重点对其剖析。

3. 以"利益相关者的认同"为焦点的支持逻辑 3

在正常情况下存在的利益相关者会以各种方式影响企业的运作，整合之时，也是他们与企业之间关系面临动态变化之时（主要涉及被购并企业）。因为关系是互动的，所以当利益相关者以某种方式试图改变它与企业的关系时，整合就必然受到影响，这就是支持逻辑 3 存在的理由。

各利益相关者对整合的影响方式是不同的，比如客户决定是否继续购买、供应商和中间商决定是否保持原合作关系、政府决定是否给予优惠政策、金融机构决定是否提供财务支持等，在不同的购并中，利益相关者的相对重要性可能颇有不同。不过，一般说来，最直接，也是最重要的利益相关者是被购并企业的员工，毕竟所有的整合工作是它们来完成的。据此，在下文中讨论的"利益相关者的认同"时，将主要围绕被购并企业的员工，并在适当的地方讨论客户、供应商、中间商、政府等组织对整合的影响。

为分析员工的认同程度对整合的影响，我们重新构造了员工与企业之间关系的结构。也就是，用"员工认同度"作为衡量员工与所在企业之间关系紧密程度的度量指标。用"员工认同度"，而不是通常的"员工满意

① 相关的研究可见：明兹博格、阿尔斯特兰德和兰佩尔，《战略历程：纵览战略管理学派》，机械工业出版社，1/2002。

度”,一方面是因为“认同度”有比“满意度”更细致的分层体系,在后文中将看到这一点;另一方面,也是更重要的原因,就是在整合中有一个双方由陌生到熟悉的过程,这个过程在通常的满意度分析中是没有的,用一般描述最终状态的“满意”这个词无法表示它,而用充满动态韵味的“认同”就比较适合,而且在我们的概念里,可以用“认同”来涵盖“满意”。

员工的认同度可以从两方面获得:从企业获得的利益以及对企业理念的认同程度。对于前者,是员工与其所在企业之间最直接、最基本的关系,是一种关于付出与回报的交易,通常可以看作在人力资源市场上达成的“契约”,我们将其称为“利益契约”。契约期限可长可短,其中部分内容是由法律规定的,更多的内容是由企业人力资源政策决定的。

至于企业理念,我们认为它可以看作企业愿景、战略以及它们背后的核心价值观共同构成的。[①] 那么员工对企业理念的认同,就包含了对愿景、战略与核心价值观的认同。对应利益契约,我们用“心理契约”(Psychological Contracts)这一术语来描述员工对企业的愿景、战略与核心价值观的认同,这是个体层次的。在群体层次上,企业的愿景、战略与核心价值观有其相对独立的存在形式:企业愿景与战略构成了企业的认知模式(Mental Model),而员工群体所秉持核心价值观则表现为企业文化(Enterprise Culture)。

这样使我们看问题的视角更加结构化,也有利于以后的论述以一种更有秩序的方式展开。当然,在性质上,这两种契约是不同的:利益契约是一种交换的契约,跟市场中常见的契约是一样的,而心理契约虽然包含少许的交易成分(比如对核心价值观更认同的员工比较容易得到提升),但在本质上是一种“认同”,近似于“合作”,而非“交易”。

---

① 根据《第五项修炼》(圣吉著,郭进隆译,pp256—257,上海三联书店,1994),企业理念是对关于企业的三个基本问题的解答:第一,企业追寻什么?也就是追寻一个大家希望共同创造的未来景象,即愿景;第二,为何追寻?即企业的使命,它是组织存在的根源,一般涉及为企业的股东、员工、客户、所在社区等利益相关者创造价值;第三,如何追寻?德鲁克和圣吉主要指出的是企业的核心价值观,因为它是一切行动、任务的最高依据和准则。但如我们在第二章“企业的系统属性考察”中指出的,使命还需要依赖于更具体目标与实现途径,即战略。所以我们说,核心价值观与战略一起决定了企业追寻愿景和实现使命的方式。换言之,企业理念可以看作企业愿景、战略以及它们背后的核心价值观共同构成的产物。

如此,企业与它的员工个体之间的关系可以看作两个契约的组合:利益契约和心理契约。无论是利益契约,还是心理契约,并不是一开始就有了,而是经过一个形成过程,而且始终处于动态,不时地修正和调整。这个过程就是员工在组织中的组织经历,愿景、战略以及核心价值观都是通过在组织经历中的决策以及执行工作中展现出来的,因此,它是塑造利益契约和心理契约最直接的力量。

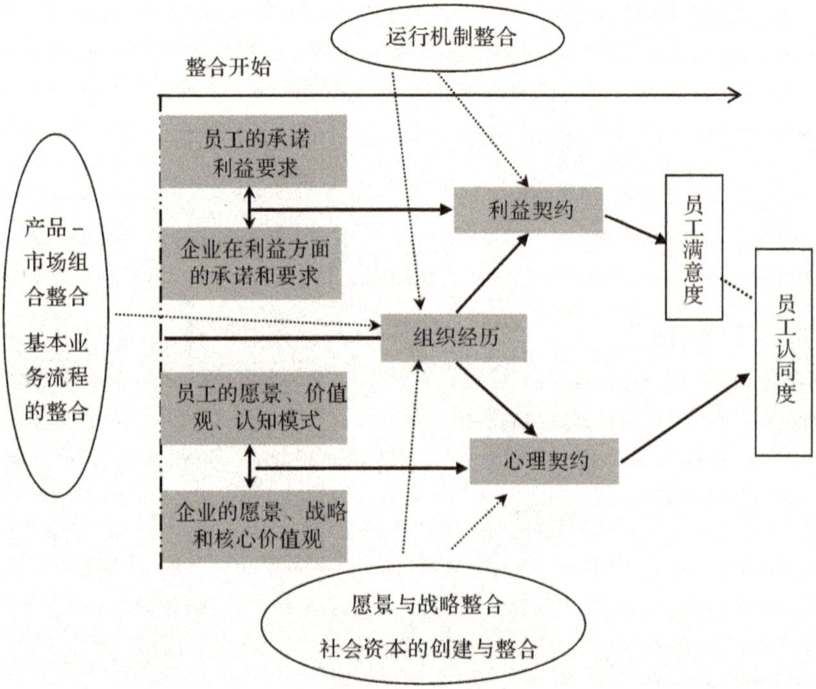

图 3-6 员工满意度的形成机制及整合模块的关系

图 3-6 描述了在整合过程中,借由心理契约和利益契约而形成员工认同度的机制。图中显示了运行机制整合(人力资源政策部分)与利益契约,以及愿景与战略整合、社会资本的创建与整合和心理契约的对应关系。需说明一点,为了尊重和顺承人力资源研究的传统,与利益契约相关的分析,我依然采用"员工满意度"这一术语,而与心理契约相关的,本文用"员工认同度"的术语,这与利益契约、心理契约的性质相契合。

此外值得一提的是,基本逻辑所涉及的两个整合模块——产品—市场组合的整合与基本业务流程整合,对组织经历有着较大影响,这是因为它们的内容是人在组织中的工作，从而间接影响利益契约，尤其是心理契约。但是，这种影响是伴生性的，而不是主动的，所以在分析心理契约时以前面提到的对应关系为主。

员工认同度高对企业有好处，员工会做得更用心、更投入，这是发掘人力资源对企业贡献的必要条件。反过来对员工来说，也是满足其除利益需求之上的更高层次的各种需求。至此，不得不提到 Maslow 的“层次需求定理”。他认为，人的需要是逐层地得到满足的：第一层需求是生理需要；第二层是安全需要；第三层是爱的需要；第四层是尊重需要；第五层是自我实现需要。这个需要层次对于组织中的员工也是适合的。

不过，在整合这一情境中，这个层次需求模型不是特别适合，原因如前文对“认同度”与“满意度”之间区别的分析，我们需要一个动态的模型。此外，Maslow 的层次需求模型没有考虑在不同程度上对应的员工态度和行为，总而言之，对于理解整合中的员工而言，Maslow 的层次需求模型是不充分的。

为此，本文参考了彼得·圣吉的《第五项修炼》(pp252—253)中对愿景认同程度的分析，并结合考虑了“如何转化企业员工对变革的抵制”(程兆谦，中外管理导报，6/2001)一文中的有关论述。建立了一个七层次的“认同—态度(行为)”框架：

- 第一层次：奉献精神(Commitment)：衷心认同(愿景、战略和核心价值观)，并愿意为了实现愿景与战略而作出一定的牺牲，如有必要，在根本上改变原来的结构性规则；
- 第二层次：投入精神(Enrolling)：衷心认同(愿景、战略和核心价值观)，并在先有的规则内，或者稍有改变的情况下，积极主动地工作，来寻求实现企业的愿景与战略；
- 第三层次：真正遵从(Truly Compliance)：对愿景、战略和核心价值观比较认同，同时对利益契约比较满意，按照组织的要求尽可能做，遵从明文规定；
- 第四层次：适度遵从(Moderate Compliance)：对愿景、战略和核心价值观的认同程度一般，对利益契约的满意程度一般，按照职责的要求完成任务，但也不主动；
- 第五层次：勉强遵从(Reluctant Compliance)：对愿景、战略和核心价值观不认同，对利益契约的满意程度一般，马马虎虎地完成工作，只是希望保住“饭碗”；

◆ 第六层次：冷漠(Inhospitality)：对愿景、战略和核心价值观漠不关心，对利益契约持不满意态度，属于混日子型的；

◆ 第七层次：抵制(Resistance)：对愿景、战略和核心价值观不认同，对利益契约也不满意，不想完成本职工作，不听从上级指挥，还有可能做出一些破坏性的事情。

接近程度的认同反映在行为上的差异有时很难辨别，需要稍微长时间以及对某些特定的情境的检验才会慢慢清晰起来。在整合中，可能会遭遇到尤其是被购并企业员工的抵制、冷漠等，如何将其提升到更高的层次就是在愿景与战略整合、运行机制整合、社会资本创建与整合的主要工作了。

在其他利益相关者的认同程度的度量上，从理论上说，完全可以像员工认同度那样做一个等级式的界分。虽然在名目上有所不同，但是在基本结构上应该是一致的，即它们所引发的行为应该是在一个从积极地支持整合到消极地抵制、破坏整合的区域内变化。限于篇幅，我们就不对此专门进行讨论了。

3.5 整合机理模型

3.5.1 整合目标

所有的逻辑都会指向特定的目标，整合逻辑也是如此。对于整合的基本逻辑——协同逻辑而言，目标已经很清楚，即协同实现。这个目标的设定应无疑义，在 Larsson 和 Finkelstein(1999)综合以往购并研究基础上建立的一个集成模型中，就将“协同实现”作为整合的目标。

整合的支持逻辑也有对应的目标：支持逻辑 1 对应的是确立指引整合所有工作的“领导”；支持逻辑 2 则是确立被整合部分正常运作所遵循的“管理系统”；而支持逻辑 3 的目标则是让更多的中层、基层员工以及外部的利益相关者具有较高的认同度，从而表现为积极的工作态度和对整合的支持。在这三个目标中，前两个目标与协同实现是完全相容，而且是支持作用的，但是第三个目标中的主要部分——员工认同度，却与协同实现则很特别：既有兼容一面，又有冲突的一面。

兼容的一面体现在：员工认同度高有利于协同实现目标以及今后企业的运作，这是毋庸置疑的。Birkinshaw 和 Bresman(2000)的研究很有启发意义。他们认为，在整合路径的选择上，如果不考虑员工满意度（相当于“员工认同度”的一部分）的问题，仅仅关注业务，虽然确实也能够实现协同，但是同时会有一些消极后果，比如员工的流失、士气低落。从长期来看，这将非常不利于今后企业的正常运作。

而在短期内，协同实现和员工认同度两个目标很可能是冲突的。比如协同要求效率的提高、工作强度的增大、改变习惯的工作方式，这可能引起一些员工的不满。这时候需要在协同实现和员工认同度两者之间适当地平衡，可以从两个方面来考虑：一是过程和结果的平衡。如果过程是比较痛苦的，要尽量保证出现好的结果，而且员工能够从中分享利益，这样可以抵消过程所带来的消极后果；二是按照员工的重要性有选择地平衡，也就是尽量保留重要员工，尤其是对企业今后发展非常重要的员工。而这种平衡，在较大程度上要依赖沟通来传达和实现。

当然，两个目标必然有主次之分。在大多数情况下，如果由企业经理来选择，协同实现肯定是主目标，而员工认同度是副目标。因为，在本质上，提高员工认同度并不是最终目的，而是希望更高认同程度的员工会促进协同的实现，以及为今后的企业运营作出更大努力。如果处理得好，两个目标之间是一种互相促进的关系，因为协同的实现也会有利于提高员工满意度。

3.5.2 整合机理模型

经过上面的层推递进的分析，不难得出在全面整合的情况下的整合机理模型，如图 3-7 所示。整合中所有的活动都是围绕着“协同实现”这个目标。这些活动构成了整合的基本结构，包括了五个部分：愿景与战略的整合、产品—市场组合的整合、基本业务流程的整合、运行机制的整合以及社会资本的创建与整合。

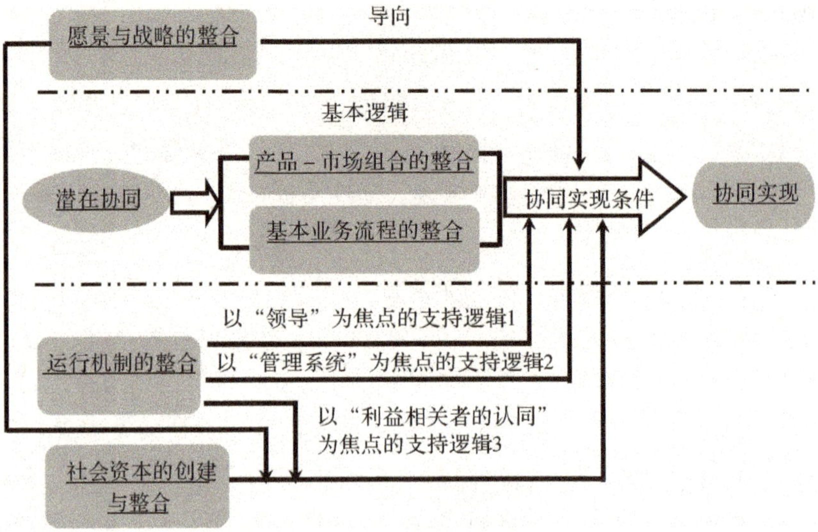

图 3-7　整合机理模型

产品市场组合和基本业务流程的整合是将“潜在协同”转化为“协同实现”这一目标的直接努力，但是它不能单独完成这一任务，而是依赖一组条件。这些条件包括：

◆ 愿景与战略整合对协同实现的导向作用，而它们（主要是战略）在正常情况下所起的历史模式的惯性作用则成为“背景”，也许会冲突，也许会支持导向作用；

◆ 运行机制整合的治理结构部分所提供的支持逻辑 1——通过调整公司的治理结构，尤其是管理高层，为整合提供战略的指导、资源和动力的支持，这是以“领导”为焦点的支持逻辑；

◆ 运行机制整合的管理系统所提供的支持逻辑 2——较为顺畅的信息传播以及绩效评估体系的构建，这是以“管理系统”为焦点的支持逻辑；

◆ 愿景与战略整合（凝聚员工与企业的关系）、运行机制整合（人力资源政策）与社会资本的创建与整合一起构成了支持逻辑 3——通过影响员工个体（心理契约）、群体（企业文化），以及外部利益相关者对于购并企业、整合方式、整合目标的认同程度，来争取它们最大的支持，创造共同努力来实现整合目标的态势。这是以“利益相关者的认同”为焦点的支持逻辑。

根据各个模块的功能，可将它们分为三类模块：

- ◆ 导向性整合模块——愿景与战略整合；
- ◆ 直接性整合模块——产品—市场组合的整合与基本业务流程的整合；
- ◆ 基础性模块——运行机制整合、社会资本的创建与整合模块。

在随后的章节中，将逐一对五个整合模块作尽可能深入的分析，而模型中的逻辑将分散到对所依附的模块的分析中去。分析的意义，一方面是将这个到目前为止还有些概念化的机理模型更加具体，另一方面则希望借助合乎逻辑的分析，反过来支持这个机理模型的合理性。

3.6 愿景与战略的整合

上文已经明晰了愿景与战略的整合在整合中的作用：导向作用以及作为支持逻辑 3 的一部分。从“规划应尽早”的原则来看，愿景与战略的整合，实际上是在基本确定购并交易能够达成的时候就应开始规划了，这可以利用在目标企业评估、谈判阶段所获取的信息来实现。

这部分整合工作的承担者主要是购并企业的领导者以及他们所选择的整合负责人，他们或者组成一个正式的领导机构，比如整合委员会或者整合领导小组，或者仅仅通过会议等工作机制联系在一起。正因为这种关系，愿景与战略整合与支持逻辑 1 纠葛在一起。

3.6.1 愿景的整合

1. 愿景的定义、性质与作用

组织愿景是对企业未来的一种“图景式”或者“戏剧式”的描述，那是企业所追寻的、可接近但永远需要达不到的终极状态。一个好的愿景应该是有吸引力、有挑战性以及有重点和可传播性。[①]

Maslow 在对杰出团体的研究表明，它们最显著的特征就是具有共同的愿景与目的。具体而言，愿景在企业运营中的作用可以概括为两点：第一点，愿景起着一个“灯塔”的导向作用，将引导企业资源/能力运用以及资源/能力积累的方向与重点；第二点，凝聚员工与组织的紧密关系，激发员工的创造精神。它超越了具体的目标，超越了对环境的被动反应，更重要的是来自人们的内心，从而激发出人们不断“破旧迎新”的激情，这股激情的最高境界就是对事业的“奉献”精神。

与后一点相关，Collins 和 Porras 在谈到企业存在的“核心目的”时指出，目的永远不能完全实现这一事实，意味着一个组织永远不能停止变化和进步。他们所说的“核心目的”相当于这里的“愿景”。

2. 愿景的产生机制

愿景与核心价值观等观念性的事物一样，是很难通过“强制”来使员工认同的，在本质上，它来自人的内心。在工作以前，人们大多已经基本形成自己的生活目标和向往的生活（工作）方式，也就是说“个人愿景”已经比较成型。除非它在性质和内容上与组织的愿景兼容，人们才会真正的认同。

如前面提及的 Maslow 对杰出团体的研究，还有 Collins 和 Porras 对 18 家取得长期成功（超过 90 年）的公司的研究所表明的，它们具有共同的愿景（当然还有持久的核心价值观等），也可见达成共同愿景是很少企业能够做到的一件事。彼得·圣吉对愿景非常看重，但他同时指出，建立“共同愿景”是一个充满个人自由、平等互动的过程。这可以从圣吉对愿景形成的论述中得到反映，“组织的愿景是从个人汇聚而成，借着汇集个

---

① 有吸引力：如果提出一个没有吸引力的愿景，那么对于激发人们的热情作用不会很大，而整合过程本身是一个非常消耗人的热情的过程，需要克服很多困难；有挑战性：一个挑战性的愿景意味着企业必须经过很大的努力才可能接近，但就其本质而言，它只能接近而不能完全实现，古语有“取法乎上，仅得其中；取法乎中，仅得其下”的说法，这非常形象地说明了树立一个挑战性目标的意义；有重点和可传播性：愿景可能会涉及企业很多方面，但是一定要找到，并且突出其中最重要的部分。此外，愿景能否被人接受，还受到是否容易解释、理解的影响。

人愿景获得能量和培养奉献精神”。[①]“汇聚”或者“结合”这样的词显然赋予了“个人”以及“个人愿景”主动权和源头的地位。

在另一处，他说：“今天，‘愿景’对公司的领导而言，是个舒心的概念……你会发现大部分愿景是一个人(或一个群体)强加于组织之上的。这样的愿景，顶多博得服从而已，不是真心的追求。”[②]

如此难的一件事，并不意味着大多数企业不能做。无论如何，即使不能达成认同程度很高的组织愿景，尽可能地形成和寻求低一些认同程度的愿景，对于凝聚员工与组织的关系，激励他们也是很有好处的。这是退而求其优。而且，形成愿景时，在等级体系的组织情境中，完全抛开权力的作用也是不太现实的(所以圣吉才推崇专注于内心的“修炼”)，利用等级权力来推动它，引导它，至少在初级阶段也是好的，重要的是要对员工真正认同组织愿景必定根源于“内心”保持足够的注意和警醒，要将其看作一个长期的过程，潜移默化的过程，不可能急就而成。

3. 愿景的整合

Viscio(1999)认为，愿景是整合成功的关键之一，因为它为整个整合工作发挥着导向和激励的作用。如果购并双方都没有愿景，那么也就没有什么愿景的整合。整合的前提当然是两个企业都有自己的愿景。或者一方有，一般是购并企业有，而被购并企业没有，那么，整合就是寻求被购并企业对购并企业愿景的认同。

前文中提到，愿景的性质应该是发自员工内心的认同，很难强迫，而且应该是个长期的过程。但是在整合的短时期内，也并非不能利用等级体系赋予的权威来寻求一些基本的认同，这对于战略整合以及其他整合工作也是有好处的。事实上，谈判阶段就是一个协调双方愿景的过程，可以理解为双方高层管理人员之间的一种沟通，如果谈判的过程与结果比较愉快，那么至少在管理层就愿景已经达成基本的一致。

如果对方的管理层不认同，就比较棘手一些，可能不得不借助于另外一种形式，即以己方的管理人员替换被购并企业原来的管理层，或者某些关键岗位。首先，这样保证了对愿景的认可；第二，他们就成为一个沟通

---

① 请见彼德·圣吉，《第五项修炼》，pp243，上海三联书店，1996。

② 请见彼德·圣吉，《第五项修炼》，pp238，上海三联书店，1996。

的媒介，以及购并公司的代言人，可以更有效率地实施组织内部沟通。但这种方式有一个比较大的负面影响，就是给人一种“占领军”的感觉，可能引起人事上的振荡，高层管理人员、关键技术人员主动跳槽，或者被竞争企业趁势挖走。这在被购并企业的人力资源很重要的情况下，是一个严重的问题，需要慎重对待。

在一般情况下，我们可以考虑从四个阶段来正式推进愿景的整合，从而获得愿景整合方案：

第一阶段，明晰购并企业和被购并企业的愿景。作为主动方的购并企业的愿景应该是比较明晰的、富有感染力而且易于传播的，如此，才能够寻求被购并企业员工的认同。被购并企业可能有，也可能没有愿景，但总有对企业未来的打算。有的话，就要尽可能准确而清晰地描述出来，这可以通过一些调研，从对方的关键人员获取充分的信息。

第二阶段，分析两者的差异，差异包括强度和内容两个方面。当企业的员工对企业的愿景有比较高的认同时，也就是愿景的强度比较高，要改变它就比较困难，反之亦然。所谓内容，也是应在同一行业才能做一些比较。有的企业愿景比较富有挑战性，比如在全国或者世界范围内达到一个比较高的目标，而有的企业则局限于某一地方性市场。内容越是相近，整合或者寻求对方的认同就比较容易。

第三阶段，设计愿景整合方案。几乎在所有的整合研究中，都非常强调沟通，尤其是在购并企业和被购并企业之间关键“界面”上的沟通，比如管理高层、整合委员会、项目小组等。对于沟通，第一要考虑沟通的内容，这是前面两个阶段的分析结果；第二是由谁来向谁沟通，权威性是确定这些要考虑的因素，沟通者的职位越高，其权威性越强，而沟通的对象应以被购并企业的中高层经理为主，这是因为整合初期时间比较紧迫，并且这时的目标是寻求基本的认同；第三是考虑沟通的方式、场所和态度，沟通的效果在很大程度上取决于它。一般企业会选择正式的方式，如会议、简报、文件之类，但是非正式的私人会晤、座谈之类如果运用得当，效果要更好一些。态度的影响比较微妙，居高临下的姿态比较容易引起抗拒，考虑愿景的“发自内心认同”的性质，就很容易理解这一点。

第四阶段，实施并根据评估和反馈来修正方案。没有完美的方案，在实施过程中根据现场的反馈，或者一些简单的评估方式，比如调查等，对方案作出一定的修正。至于实施的时间，应该在交易公布后尽快开始。因为在那个时候，被购并企业员工的情绪波动比较大，应该尽快地明确企业未来的方向，以安抚大家，并发挥其激励作用。

在这个过程中，一般要碰到如何评价被购并企业历史业绩的问题，这尤其为被购并企业的高层管理人员所关注。如果比较消极，那么被购并企业从上到下的员工就会产生比较消极的情绪，但这并非不好，因为它同时会让他们产生一种变革的预期。不过，最好不要纠缠于过去，展望未来更能凝聚和激励员工。

其实，愿景的整合与战略整合，以及后文中将要分析的社会资本中的核心价值观的整合，关系非常紧密，因为它们基本上同属于“企业理念”的内容，都是围绕企业未来目标以及如何达成这些目标为整合所涉及的人们提供一个“导向”，并将原来毫无关系的两方的人员“凝聚”在一起，与“导向”尽可能保持一致。

另外，如同很多学者所提出的，无论是愿景、战略还是核心价值观，仅仅靠宣讲、口头沟通是不够的。俗语说“言传不如身教”，人们更愿意从别人的具体行为中来推测级别较高的经理们的真实想法，所以无论是购并企业委派的高层经理，还是留任的高层经理，他们的行为表现是最强有力的“影响方式”。

3.6.2 战略整合

比较愿景整合，战略整合有更具体的内容，对所有整合工作的指引作用承担主要责任。虽然在 Chandler、Selznick 和 Andrews 之后，对于战略的认识已经深入很多，并呈现出多元化的倾向，如 Mintzberg 总结了共计十个战略流派，但基本上围绕着这样的一个战略含义：它是某些特定目标与实现手段的结合。购并作为一种手段，它与战略的关系将体现为与战略目标的关系，一种多层次的手段—目标的体系，由此可了解战略对购并以及整合的“导向”作用。

1. 整合、购并与企业战略的手段—目标层次体系

第一章中提到过人们对购并阶段的划分，包括四个阶段：战略制订阶段、目标评估与选择阶段、谈判阶段以及交易完成后的整合阶段。这些阶段的划分是以其功能作为依据的，而功能自然是以对特定目标的“贡献”

来衡量的。

在第一阶段中，战略制订的说法实际上有些“教条化”，如果是“制订”，那它对应的正是前面所说的“灯塔”的作用。但根据逻辑渐进主义的观点，很多战略是“浮现”出来的，它作为一种“历史惯性”在发挥作用。这说的是作为主动方的购并企业，也就是往往先有一个战略，然后是战略手段的选择。[①]

一旦选定购并这种方式，就进入第二阶段，即目标的选择和评估。有时选择多，有时选择少，不过应该坚持最基本的一个原则，该目标企业有利于事先确定的战略目标。然后就是谈判阶段，涉及交易结构安排、关键职位、公司形象和标识的处理等重要问题。这个阶段往往由双方高管参加，事实上已经是双方愿景与战略整合的开始，并为一旦购并达成之后的整合工作打下一个或者坚实或者贫乏的基础，这是一个非常关键的阶段，一个好的沟通策略非常重要。

如果谈判成功，就会按照法定程序签署协议，法律意义上的购并程序就完成了，但管理学意义上的购并——整合阶段，才正式开始。一旦购并达成，购并作为一个事件，就像一个“初生婴儿”一样，有了自己的使命和目标，请注意，这个目标不同于在此之前企业的战略目标，可以将前一个目标看作后一个目标的手段。购并的目标就是在前文中交代过的“提高企业的经营状况”。

此外，与其他阶段一样，必须区分出整合阶段的独特功能。将其独立出来的意义，在于清晰地界定“研究对象”的边界。这在很多情况下非常困难，因为整合是最接近购并目标的阶段，整合的目标与购并的目标可以说交织在一起。但是，对于前文已经设定的最基本的购并与整合范畴来看，完全可能独立开来，这个整合目标就是“协同实现”，它应该看作购并目标实现的手段。

---

① 一般来说存在三种战略手段：新建、联盟、购并，三者各有短长，但联盟与购并尤其构成最直接的“竞争”。为了比较两者，我们曾经建立了一个针对两者的路径决策模型，分析在哪些情况下，战略联盟更适合，而在另外哪些情况下，购并更适合。详细分析请见：程兆谦，程军，徐金发．“企业外部成长方式的选择：一个路径决策模型”，《经济理论与经济管理》，6/2000；程兆谦，徐金发．“购并与战略联盟的比较研究”，《决策借鉴》，12/2001。

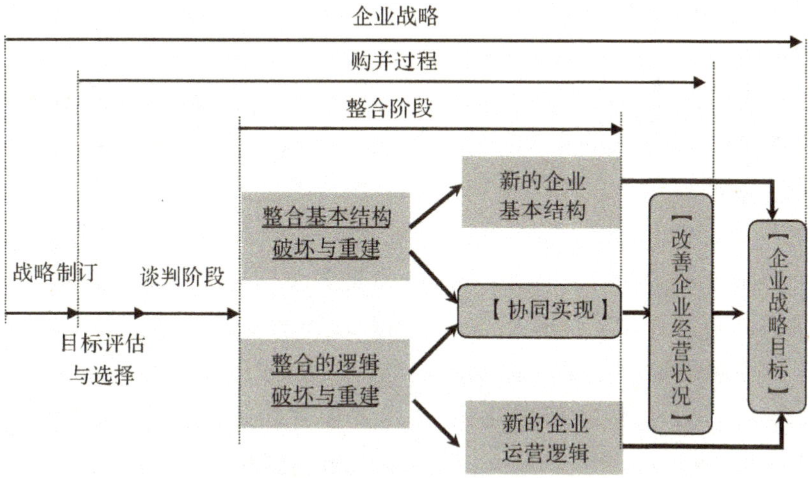

图 3-8 整合、购并与企业战略的手段—目标层次体系

将其独立开来除了研究的方便之外，当然有其逻辑上的合理性：整合目标固然对购并目标的实现有着直接的影响，但绝不是全部。因为很多影响购并最终成功的工作，比如战略制订、目标选择与评估，谈判所确立的交易方式等，都在整合之前成为“过去式”了。此外，还有很多外在的影响因素，比如购并之外的宏观政治、经济形势，行业发展周期、技术变迁以及由竞争对手或者新进入者的各种行为等。因此，整合过程与购并目标之间不是简单的线性和决定性的关系，或者说因果关系，而是一种复杂的、因时因地而变的关系。这也是我们没有将其直接作为整合的目标的根本原因。

图 3-8 将购并及整合与战略之间在目标上的多层次手段—目标关系描述了出来。当然，其中的核心部分是整合，它通过围绕基本结构和逻辑两方面的工作，直接指向“协同实现”这个目标，并为购并目标——改善企业经营状况，以及围绕企业业务发展的战略目标的实现提供支持。

2. 战略整合的内容

根据图 3-8，战略整合首先要考虑的是购并如何实现企业战略的战略缺口。但是它所面对的被购并企业是一个具有“历史性”的组织，所以战略的整合，必须考虑被购并企业业已存在的战略。如何协调购并方的战略与被购并企业的战略传统，是战略整合的第一项内容。只有在考虑了这三方之间的关系之后，才能制订出整合的价值创造规划，这是第二项的内容。

先说第一项内容。在试图整合购并企业的发展战略与被购并企业的战略传统时，绝不能粗暴地以前者代替后者，因为所有的“历史”都是值得尊重和重视的。为了理解战略传统，可能需要借助另外一个概念——主导逻辑——来作进一步的分析。在第一章提到“整合过程中的问题”中有一个问题就是，整合现实情况与企业主导逻辑的可能矛盾。战略的历史模式即是企业主导逻辑的一部分。主导逻辑的形成基础来自两方面：①企业的管理传统，即“指导核心业务成功的企业文化和历史实践”(Bartlett 和 Ghoshal，1989)；②环境因素，比如管理高层成员的背景和经验、行业当前的管理时尚等。因此，主导逻辑既有管理传统决定的稳定性，也有环境因素决定的开放性和适应性。

购并就形成了一个可能改变企业主导逻辑的环境，因为购并不仅仅是企业内部所拥有的资源和能力的购并，而且是两者所经营环境之间的购并。为此，较好地完成战略整合的第一项内容，不仅要考虑购并企业的发展战略和被购并企业的战略，而且要考虑双方的经营环境，尤其是所面对的市场环境。实际上，这是一个将企业双方及其环境纳入同一个框架进行的“战略适应性”的分析，这与本章一开始的分析是相合的。①

环境因素表面上看客观性很强，但如同管理学者对组织的“认知模型”(Cognitive Model 或者 Mental Model)的研究所揭示的，它往往具有很强的主观色彩，即可由企业的决策者遵循自己的习惯和偏好作出“选择”。基本上分为两类：或者将被购并企业的环境与自己的环境视为同一个环境，即以己为主；或者将被购并企业的环境视为一个相对独立的环境，以他为主。

与上类似，战略传统的处理也有两类：一类是以自己的战略传统为主，吸收和改造被购并企业的战略传统；另一类则是以被购并企业的战略传统为主，将部分购并企业的战略传统融入其中。如此，战略整合将出现四种形态，如图 3-9 所示：

① 在 3.1.1“企业运营的四种典型状态”中，我们就强调了，当购并成为一个“事实”之后，战略的含义就体现为“适应性”，而不是“前瞻性”。

战略传统	环境因素：环境同一	环境因素：环境独立
以己为主	Ⅰ 同化型	Ⅱ 扩张型
以他为主	Ⅲ 共生型	Ⅳ 独立型

图 3-9　战略整合的类型

- ◆ Ⅰ：同化型，即将被购并企业完全纳入自己的战略体系中。
- ◆ Ⅱ：扩张型，承认被购并企业所面对市场的独特性，但认为自己的战略传统能够适应它，一般也会考虑融合企业原来的部分做法。
- ◆ Ⅲ：共生型，也就是虽然认为两个企业面临的环境是一样的，但是被购并企业的战略传统有独到而可取之处，从而融合成一个“多元化”的战略体系。
- ◆ Ⅳ：独立性，这基本上就承认了被购并企业的经营是比较成功的，而不对其做较大程度的整合。

对于本章研究的“吸收合并”整合模式来讲，最可能的情况是第Ⅱ种——扩张型，其次是第Ⅰ，其他两种不太可能。这首先从购并企业强于被购并企业，又处于同一行业来看，是合情合理的；另一方面，这也是因为掌控整合主动权的购并企业的领导者对自己的战略比较熟悉，也比较自信，而对于对方的不太熟悉，而且又往往因对方业绩、规模逊于自己，所以在主观上就认为自己的战略可以为被购并企业带来帮助。在大多情况下，是因为后者决定了采用前两种方式。

但一些购并失败案例表明，这种“以我为主”的方式，有时候过于武断。尤其当事实证明被购并企业的环境有其独特性时，更是如此。德鲁克的“购并成功五法则”中提到“购并企业必须尊重被购并企业的业务活动”，[①]也包含了这层意思。在第Ⅲ、Ⅳ种情况中，被购并企业及其环境相对比较受到“尊重”，这至少表明了一种理性的态度。

① 引自威斯通，郑光，侯格，《兼并、重组与公司控制》，pp544—545，经济科学出版社，1998。

总之，我们强调的是一种理性的态度，尊重客观的情况，尽量避免主观臆断。那么，就需要对购并双方的战略传统、外部的环境作一客观、全面的分析。如此分析之后，就应该把战略整合的类型确定下来。

3. 整合的价值创造规划[①]

确定整合的价值创造规划，要点在于确定三点：整合目标（即拟实现的协同）、整合重点和整合活动的协调。这项工作非常重要，是将购并目标转化为整合目标和具体的整合活动的基础工作，它应该由专门设立的“整合委员会”或者“整合领导小组”来承担——其成员来自购并双方的高层经理，必要时可外聘经理以及管理咨询顾问。一般来说，它可以通过如下过程来完成：

第一步，对被购并企业进行 SWOT 分析。目的是通过这样的分析，来了解被购并企业所面临的最大的机会/威胁，以及内部最强或者最弱的部分（可按照第二章建立的企业模型提供的框架）。其中尤其重要的是分析之后发现的“瓶颈”，比如最弱的部分/最大的机会，或者最弱的部分/最大的威胁等。

第二步，通过与被购并企业的比较，分析购并企业所能提供的资源/能力。购并之后，购并与被购并企业的关系就已经是公司总部与子公司（也即母子公司）之间关系的看法。这种关系的真正确立，并不能仅仅依靠股权以及组织结构来确认，还需要被购并企业的上至总经理下至普通员工对这种关系的“认同”，即公司总部应该具有为下属子公司提供支持比如资源/能力的能力。[②]

在前面“整合的支持逻辑”部分，曾经提出被购并企业的员工对战略的认同是整个认同感的一部分。而战略的认同感与业绩的提升有直接的关系，而业绩的提升必定要借助购并企业所提供的资源和能力。我们在定义整合的时候，已经很明确地说明了要“利用尤其是购并企业的资源和

① “整合的价值创造规划”不同于一般所说的“整合计划”，后者是更具体的，考虑了人选和时间的可执行操作方案，而前者是一个从价值创造角度的基本框架。

② 这在管理实践中是一个很重要的问题，即母公司或者公司总部的“合法性”问题。母子公司的确认，当然首先是法律意义上的，但这还不够，还需要理性和情感的认同所赋予的“合法性”，否则，会出现子公司不认真遵从母公司/公司总部的安排、配合上面的工作——即使表面上是遵从和配合的。

能力”。

分析框架遵从已建立的企业模型，应将之在每个组成部分之下进一步细化，但需要对其与被购并企业的资源和能力作个比较，只有购并企业有更好的资源和能力，才有可能帮助对方。比较的标准和执行应该尽量客观，可由双方经理来共同参与，或者请专业咨询公司作出第三方的分析。经过这个过程，对双方的资源和能力情况就有了确切的了解。

第三步，确定整合的目标与重点。在了解了企业的最大机会/威胁/优势/劣势，尤其是企业经营的“瓶颈”；在第二步工作后，了解了购并双方在资源能力的优劣比较。两项工作的结合，就可以得出整合的重点，比较理想的情况是购并企业有足够的资源/能力正好来克服被购并企业的“瓶颈”。所谓克服，一般是“共享”和“转移”两种形式，这在随后的整合模块中将有更具体的描述。

第四步，构建整合活动的协调机制。整合重点只是一个方面，在整合机理模型中已经清楚地表明，所有的整合活动之间是一种“系统性”的关联。在前文设定的整合情况下(即全面整合)，整合的重点必然是基本模块，即产品—市场组合整合或者是基本业务流程的整合的部分内容。那么，在大的方面，整合机理模型已经以“基本逻辑”和“支持逻辑”的方式描述了它们与其他整合模块的关系。

第五步，考察整个整合活动的经济分析，即从成本—收益的角度对整合作个大致的估算。根据前文的“整合创造价值的一般框架”，在收益上，应该体现为业绩(财务和非财务指标)，或者资本市场价值的变化上。至于成本方面，一般考虑的是收购价格，当然，可以进一步细致地分析，这取决于研究目标和资料的可得性。

案例 3-1　H 公司对于 K 公司购并后的整合计划与点评

2002 年 8 月 31 日，浙江某著名企业 H 公司收购了 K 公司 2847.22 万股股份，占公司总股本的 29%，成为 K 公司的第一大股东，由此掌握其控制权。在购并的调研与谈判阶段(Due Dilligence)，H 公司曾经组织了由投资、战略、业务和财务等各个职能部门的专业人员，多次到 K 公司进行细致的调研，对其经营状况有了大致了解。基本判断时，K 公司资金充裕，产品良好，但是管理上比较粗放，缺乏进取心，尤其表现在营销管理水平很薄弱，使得企业近几年发展停滞，局限为一个地方性企业。

在入主大局基本确定之后，针对发现的弱点，特别招聘在医药行业内有丰富经验、专长于营销的高级经理人员（担任过总经理或者营销主管）。招聘结果非常理想，组成了一个以原贵州神奇总经理（担任K公司总经理）和另外两个也具有在国内著名医药企业担任主管市场和营销的经理人（分别担任K公司的营销副总和市场副总）为主要成员的整合领导小组。

这个领导小组在前期调研和实地调研的基础上，构建了一个新的企业战略框架，包括两个部分：首先，根据企业的资源基础与传统优势，初步确立了K公司的战略定位，即以发展天然药物为主；第二，以提升市场营销能力为突破口和龙头，带动企业上一个台阶。在营销方面，围绕全年营销目标改革营销体系，进行全方位整合营销，力争尽快突破K公司的营销瓶颈。市场方面，一方面加大力度进行政府攻关，突破K公司现有主要药品品种在国家医药政策方面的限制；另一方面根据K公司的现状，选择部分优势产品作为重点，制订2003年市场计划。

因为整合重点切中要害，目标管理系统得到强化，经过一个季度的努力，主要的财务指标取得了非常大的增长（与上年同期相比）：销售收入增长14%；资金回笼增长24.56%；主营业务利润增长38.6%；净利润增长34.21%。

整合效果可谓很好，然而在这之后，一些深层的问题开始显现，比如管理制度问题、各部门的协调、中层管理人员的职业素质等等，对这些问题的处理甚至引发了在整合中利益受损的一方借助媒体力量对购并企业进行公开批评的激烈冲突事件。这些问题是深层的，与企业传统有着直接联系，进一步整合是必要的（激烈冲突的出现，增强了整合的必要性，同时要求更高水平的措施），否则，不仅长足发展面临困难，而且已有的效果还难以巩固。

这正好支持了在这一章建立的整合机理模型中所显示的各个组成部分的系统性：H公司对K公司的整合可看作产品—市场组合整合与业务流程整合的一部分，它的确可以带来直接的效果，但要充分地发挥，就必须依赖其他整合模块的工作，由后者通过发挥“支持逻辑”的作用来支持它。

4 产品—市场组合的整合与基本业务流程的整合

在前一章，我们得出了愿景和战略整合的方案，尤其是整合的价值创造规划，从而为其他整合确定了指导性框架。在一般情况下，价值创造规划中的整合重点是产品—市场组合与基本业务流程相关的整合。这正是本章要讨论的内容。

4.1 基本模块的内容与性质

在整合机理模型中已经交代，产品—市场组合的整合、基本业务流程的整合与整合拟实现的目标——协同实现——有着直接的关系，因此它们被称为整合的"基本模块"，而且这种直接关系被定义为整合的基本逻辑——协同逻辑。由此，这两个基本模块的内容和性质也被规定下来。

就整合内容而言，就是在两个企业所分别拥有的产品—市场组合以及基本业务流程之间寻求和实现协同。就性质而言，它们是一个"破坏与重建"过程。寻求协同以及破坏与创建的更具体对象，是企业中的活动以及活动构成的结构与流程。

我们将活动看作企业的基本组成部分，它是由基本资源组合与它需要完成的任务组成，而基本资源组合包括人力资源、实体资源、财务资源和方法知识。活动与活动之间的关系首先构成了各种各样的流程，但在一般企业中，遵循等级控制和部门专业化原则，这些流程中的活动往往又被组织成一种或者多种结构，于是流程和结构交织在一起。因此，无论从"协同"的内容还是从"破坏与重建"的性质来看，都会涉及这样几个方面：基本资源组合、流程与结构。

另外一个需要讨论的问题是这两个基本整合模块之间的关系。它们的关系是由企业正常运营状态下产品—市场组合与基本业务流程之间的关系决定的，而这种关系与两者在企业的位置和作用有关：产品—市场组合是企业与所在环境的一种结构性关系，在这个结构中彼此交换物流、资金流和信息流，一方面，这些“流”进入企业的基本业务流程，使其正常运转；另一方面，也仰赖基本业务流程的正常运转才使得这个交换结构存在和扩张。

由此，我们得出两者的关系：前者“引导”后者，后者“支持”前者。在根本上，这是由企业的系统开放性决定的。为了叙述和理解上的方便，我们将基本业务流程中与产品—市场组合关系最为直接的“营销流程”放到产品—市场组合的整合部分一起分析。

4.2 产品—市场组合的整合

每个企业都有自己的产品—市场组合，包括企业制造的所有产品以及相对应的在其中销售的各个市场。购并双方均是如此。如果对两个企业的产品—市场组合及其流程和结构进行调整，可能实现几种不同的协同。不过在更进一步分析之前，首先需要对产品、产品组合以及市场、市场组合作出比较精确的定义。

4.2.1 基本定义

1. 产品与产品组合

从管理学角度，Drucker 认为，“企业存在的唯一理由就是为客户创造价值”。创造价值的载体就是企业所提供的产品及相关的服务。产品并不会因为功能——核心价值——相同而没有差异，因为产品有更丰富的含义。在营销学中，产品的划分有多种形式，有的学者比如科特勒将产品划分为五个层次，还有的划分为三个层次。其共有的特点是将围绕着产品所提供的服务也归置于“产品”内。

这里我们采用三层次的概念，即核心层、形式层、延伸层，其中第三层次实际上是支持产品—市场组合的流程的内容，这正是作为企业组成部分的产品—市场组合与基本业务流程“交接”的部分，不过在下文的分析中，我们要从不同的角度考虑这同一部分，所以在表述上区分开两者是必要的。[①] 产品在这三个层次上的综合表现，就是产品的质量。Garvin 曾经提出了产品质量的八个维度（尤其适合于制造业的产品），这对于我们深入理解产品的三个层次很有帮助，而且这些质量维度与产品三个层次的对应关系也是比较明显的。[②]

所谓产品组合，就是一个企业生产和销售的全部产品的结构，它通常由几条产品线组成。而所谓产品线，就是由密切相关的满足同类需求的产品项目组成的。产品线可从深和宽两个角度来考察。深，意味着虽然核心层相同但形式层、延伸层上有所差异的产品比较多；宽，则意味着企业所生产的在核心层上有差异的产品比较多，比如同时生产冰箱、空调、音响设备等。

2. 市场与市场组合

科特勒认为，“从根本上说，市场是由有需要的人和购买力构成”。不过，如 Maslow 等人的研究说明，人的需要是多层次的，所以我们认为可能更精确的表述是：市场是由人们特定的需要和购买力构成。由此，理解市场需要考虑三个方面：人的特性、需要特性和购买力。

现代企业非常注重目标市场的选择，也就是对整个市场根据与人的特性、需要特性以及购买力有关的指标（包括人口统计指标、顾客所在地理区域、购买行为、方式等）来划分市场。有的企业面临的市场比较多，为了同时享受专业化的好处，企业多选择事业部制，比如产品事业部或者区域事业部，由不同的事业部对不同的目标市场提供专业化的服务。有的企业面临的市场比较少，那么企业的组织结构相对也会比较简单。

---

① 第一层：核心层，指的是产品所能提供的满足购买者基本效用和利益的功能。顾客购买某种产品并不是为了获得产品本身，而是为了满足某种需要。例如，顾客购买洗衣机，主要目的是希望它把衣物等清洗干净；第二层：形式层，指的是企业向市场提供的实体的外观。产品的外观指产品出现在市场时的面貌。它有五个标志：质量、特征、式样、商标和包装。产品的形式是购买者选择的主要根据，对产品的销售有着重要影响；第三层：延伸层，指的是客户购买产品时所得到的附加利益，是产品的核心层、形式层的延伸。延伸层的内容包括：企业提供的送货、安装、运输以及出现故障时的服务。换一种说法，延伸层指的就是客户在购买产品时期望享受到的售前、售中和售后服务。

② 他以汽车为例列举了几个质量要素：性能（Performance）、特色（Feature）、可靠性（Reliablity）、达标度（Conformance）、耐久性（Durability）、服务便捷性（Serviceability）、美感性（Aethetics）；感受质量（Perceived Quality）。

正如第二章关于企业的目的性分析所暗示的，产品组合与市场组合之间有着密切的对应关系，如果将两者分离开看，就割裂了企业与所面向市场之间的基础性关系，这就是产品—市场组合，图 4-1 大致地表示出可能的对应关系。

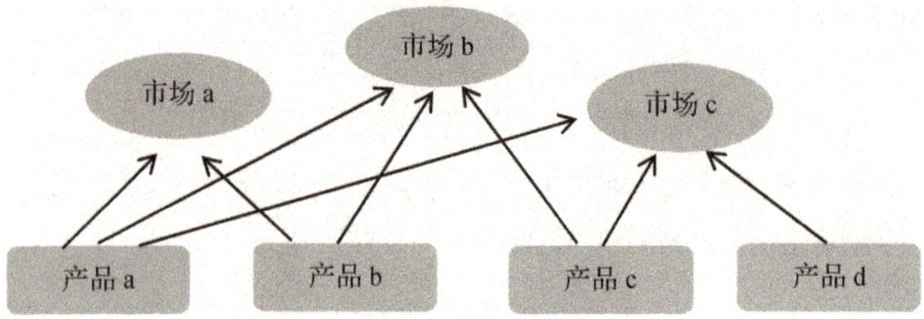

图 4-1 企业的产品—市场组合

3. 营销流程与组织结构

企业的产品提供给市场是借助于一系列的活动，这些活动构成了产品—市场组合的流程，称为“营销流程”。一个典型的营销流程如图 4-2 所示。它不是一个单一的流程，而是由若干流程组成的。有直接联系企业与市场之间的基本流程，用以处理物流、资金流和信息流，这些就是基本流程，一般有五个，其中两个的方向是从市场到企业，另外三个方向是从企业到市场：

◆ 订单流程，客户向企业下订单以及企业处理订单的流程。

◆ 回款管理流程，即客户的付款以及企业的应收账款管理（这与支持流程的信用管理直接相关）。

◆ 库存和分销管理流程，即一个是企业在处理订单或者订单生产完成之后通过库存管理、发货和分销网络将所需要的产品传递给客户。

◆ 营销传播流程，包括企业的品牌管理、公共关系的处理、推销活动等。

◆ 售后服务流程，即为客户提供的产品维护、更新、调换等售后的服务。

还有一些流程，它们的作用是通过为营销经理提供决策信息来“支持”直接的流程，主要有两个：市场研究流程，即市场的监测和专题与趋势研究等活动;顾客管理流程,包括客户基本数据与信用水平的管理等活动。

在大多数情况下,每个流程的运行会根据历史形成的成文和不成文规范来运行,即惯例。只有当出现例外问题或者与其他流程协调存在问题时,由营销经理或者其助理人员来处理。营销流程并不是封闭运行的,一般存在两类接口:一是与其他职能部门(比如财务部门)的协调以及向上一级部门和经理负责;另一个是与基本业务流程的接口,彼此之间有物流的联系,还有更重要的信息沟通。

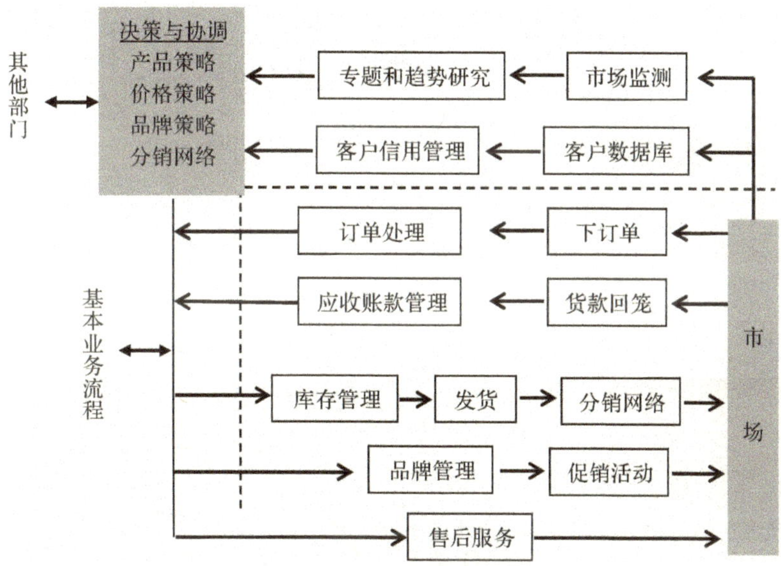

图 4-2　企业的营销流程

当企业的产品—市场组合比较复杂时,将有可能并存几条如上的典型流程,而且相互之间的关系交叉、重叠颇多。一般来说,会通过一定的结构将这些流程重新组织一下,这就是与产品—市场组合有关的组织结构。

4.2.2 产品—市场组合的整合框架

实际上,在战略管理中非常重视企业的产品组合与市场组合的关系,这可以追溯到 Ansoff 的产品—市场矩阵,虽然它有些简化,但依然是一个很好的分析框架。在 Ansoff 的产品—市场矩阵基础上,再考虑如图 4-

1 所示的产品—市场组合，我们建立了一个在购并双方的产品组合—市场组合之间寻求协同的整合框架，如图 4-3 所示。

由这个整合框架，可以进一步推导出由此可能获得的协同。图中箭头的头尾所在与指向，代表了有可能实现协同的三个路径：

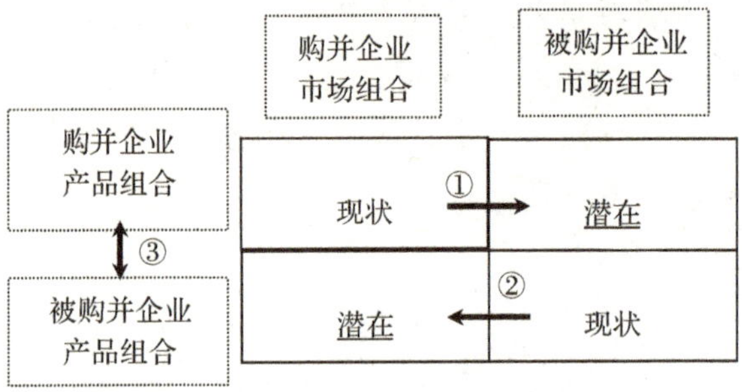

图 4-3　产品—市场组合的整合框架

第一种情况：购并企业产品组合——被购并企业市场组合。也就是说，以购并企业的产品组合，或者其中的某些产品，进入被购并企业原来所服务的某些市场。这里隐含的前提条件有：①购并企业的产品组合中有被购并企业产品组合中没有的产品；②被购并企业所面对的市场是购并企业想要进入的市场。这种情况比较契合市场扩张型的购并。

第二种情况：被购并企业产品组合——购并企业市场组合。这类似于上一种情况，只是换了一个方向。实践中，完全可能出现这样一种情况，就是购并企业的某些产品进入被购并企业的营销网络，而被购并企业的某些产品进入购并企业的营销网络，实现在仓储、物流、分销、市场推广、服务和品牌的交叉共享。这就是交叉销售，一种比较充分地实现协同的方式。

第三种情况：购并企业产品组合——被购并企业产品组合。上文曾经指出，产品分为三个层次：核心层、形式层、延伸层。如果针对购并企业和被购并企业的某些产品，在这些层次上建立关联，或者共享，或者彼此借鉴一些有特点的东西，应该会产生一些新增的利益。

(1)核心层的协同。据一些案例调查，核心层的协同主要有两种形式：引进新的产品技术改造某一种产品，这种产品技术往往是来自另外一方。比如运用购并企业的智能技术来提高被购并企业某些产品的智能化水平；通过两种产品的“杂交”来创造出新的、多功能产品。它充分利用了两种产品的功能属性，当然，要成功，还需要前期的市场调研和后期的市场推广等大量工作。

(2)形式层的协同。形式层的要素比较多，所以这个层次的可能的协同内容就比较多样、复杂，包括：①功能部件统一安排，或者选用相同供货商，提高和稳定质量，同时在购买时可以获得优惠，如果自制的话，可能统一采用自制的，从制造环节的规模经济中获益；②可以从差异化角度，对双方产品在特征、式样、包装相互借鉴，强化和扩张产品的某些差异，或者统一特征、式样和包装，从而降低成本，也可以从中选择、组合；③共享产品品牌，产品品牌是一个企业在客户、供应商、中间商等对其形象认识的综合，如果原来比较弱的产品品牌替换为较强的品牌，那么会在采购、分销以及提高对顾客吸引力带来立竿见影的好处。不过，要留住客户，还必须在产品的其他方面作出充分的努力。

(3)延伸层的协同。延伸层的内容就是售前、售中和售后服务，因此，协同源泉来自这三个方面：售前协同，指的是在市场推广、品牌塑造等方面，在适当的场合下，同时推销双方不同的产品品牌。如果双方品牌已经统一，那就比较简单了；售中协同，指的是在仓储、物流、销售渠道、送货、安装上的协调一致；售后协同，售后服务指的是在当产品出现故障时，企业或其委托单位作出的一系列反应和行动。如果双方产品原来的售后服务体系作些调整，更合理布局，并且向较高水平的服务体系靠拢的话，那么售后服务的效率和效益会有一定提高。

表面看起来，延伸层的协同与前两种的产品—市场的协同在内容上相差无几，重叠很多，但它们之间存在一个很大的区别在于：延伸层的协同注重的是通过共享来降低成本的，而产品—市场的协同的出发点是为了抓住更多的机会。

在案例4.1中，通过对美国惠普与康柏合并之后中国区公司在产品—市场组合的整合的情况——已经发生、正在发生或者规划——的描述，帮助我们在更具体的层面上理解上文给出的整合框架。

案例4-1　HP-康柏合并后的产品—市场组合的整合

在接连取得美国联邦贸易委员会(FTC)、欧盟和双方股东的批准之后，美国HP公司和康柏公司于2002年5月7日正式合并，成立新公司，即新 HP 公司。合并后的整合工作也正式展开，在这里我们介绍的是它在产品—市场组合的整合方面的框架：

首先，在产品品牌方面。据公司全球营运长（COO）温克勒介绍，康柏的品牌保留下来，和 HP 一样作为消费零售品牌。康柏品牌的目标可能会瞄准家庭办公室市场；而 HP 则卖给游戏和家庭娱乐用户。

第二，在产品线上，因为有较多重叠，调整的力度也比较大。在商用个人电脑和商用笔记产品只使用康柏的牌子，HP 品牌消失。消费类产品康柏和 HP 的品牌共同存在，而在其他方面则完全使用 HP 的品牌。比如，在合并后的产品线将舍弃原本 HP 的 Jornada 掌上型电脑，全力支援康柏的 iPAQ；而使用英特尔芯片的 HP 服务器系列也将退位，转攻康柏服务器。康柏的 Unix 操作系统元件则将被 HP 的 HPUX 取代。

新 HP 中国区总裁兼企业系统集团总裁孙振耀举了个例子：在合并前 HP 公司使用的 PC 服务器叫 Net Server 这个平台，康柏用的是 Proliant 的平台。从全球角度来看，Proliant 市场占有率是比较高的，但是在中国 Net server 一直是保持第一的位置。合并以后，我们按照全球的战略，必须把这个平台转换到 Proliant 这个平台上，把 Net server 平台移到比较次要的位置，就是放在低端的产品上面。

第三，在市场方面，双方有重叠的部分，也就是原来相互竞争地位的市场，包括个人电脑市场、服务器市场等方面的强势各有所在；也有互补的市场，这可以从行业角度看，比如在行业客户中，原来 HP 在电信、金融行业比较强，而康柏在政府、电力行业比较强，也可以从地域看，在某些区域市场 HP 强一些，而在另外一些区域市场则是康柏强一些。这大概是大陆（以及香港）和台湾整合的结果不同——大陆以原惠普为主，而台湾则以原康柏为主——的根本原因。

第四，渠道整合，这是比较困难的整合工作，尤其在信息产品（个人电脑）方面。合并之前，两者的渠道差别是比较大的。在以往，惠普的销售模式基本是分销，然后是二级代理；而康柏则分为"AD"和"RD"两种，其中 AD 类似于惠普的分销，但又不完全相同，最大区别是，它仅仅是一个简单的物流公司，只有仓库和资金，甚至连销售人员都没有。

对于销售渠道整合，惠普和康柏的打算是，要在中国地区迅速推广直销加渠道销售的"混合渠道"销售模式。直销主要针对少数大客户，其他绝大多数依然采用惠普传统的大分销策略。至于双方的原代理商谁能进入最终的代理体系，采用的是“赛马相马”的策略，即要看该代理商的出货量、对销售价格的掌控能力。这个竞争很激烈，据了解，在合并以后，全国100多家原属两家公司的经销商将被淘汰一半以上。显然，在这种模式下，原惠普的代理商会因为以往经验的积累而处于比较有利的地位。

整合中还面对很多具体问题，比如因为高层忙于交接而忽视了对市场的反应——据康柏公司代理商仲达公司说，合并之前公司每月康柏笔记本出货量在500台左右，而合并后销售量则逐渐下降了一半，很多时候连200台都卖不到，还有法律上的很多问题，原来签订的合同在法律上生效的时间不一样，截止的日期不一样，付款条件不一样，所做的渠道支持的活动及政策也不一样，诸如此类。渠道真正的整合完成，可能要两三年之后。

4.2.3 整合成功的四个基础

Clarke 和 Brennan(1990)也曾经对企业作出一个抽象描述，将它划分为四种组合：产品市场组合、资源组合、客户组合与技术组合。他们的观点是，当企业寻求多元化时，务必在这四种组合中尽可能多地同时实现协同，才能使得多元化的努力有较大可能获得成功。

这同样适用于在整合的成功努力，下面将要论述的产品—市场组合整合成功的四个基础，它们分别是基本业务流程和社会资本的内容。如果能够结合案例4-1中介绍的情况，将有助于理解这四个基础。

1. 流程的重组

首先，流程的重组指的是营销流程的重组。实现产品—市场组合整合框架的三种情况，都需要对营销流程进行重组，包括两个支持流程和五个基本流程。所涉及内容很多，因此有必要作出一个规划，目标是建立一个拟实现的流程状态。拟实现的流程状态比现在的流程状态的优势，可从顾客和成本两个角度来考虑。也就是说，流程重组最核心的问题是，如何通过顾客和成本两个角度的平衡来寻求建立一个更好的流程状态。

就顾客而言，他们关注的是如前文 Garvin 提出的服务的便捷性，或者如产品延伸层所包括的售前、售中和售后的服务。在整合的情境中，成本主要是通过协同来实现的：或者通过人力资源的交流和培训、方法知识的扩散等来改善流程中的某些活动本身；或者通过活动的共享来降低成本、改善效率，共享既可以发生在基本流程中，也可以是对支持流程的共享。对于某些活动的改善也借助活动之间的相互依赖关系而优化整个流程的运行状态。

一般存在进一步优化的空间，既能提高对顾客的服务水平，又能降低成本，但在更多的时候，两者之间可能存在冲突，需要进行平衡。如何平衡则需要考虑竞争者的情况。其实，在整个流程的规划过程中，同样可以参考和学习行业内领先企业的流程组织方式，这是标杆管理的一部分(Benchmark Management)。

可考虑从如下步骤入手，建立一个优化的流程状态：

- 组织双方人员，通过文档资料或者调研，描述和梳理双方现有的流程。
- 识别关键流程。所谓关键流程，是从顾客的角度来确定的，哪个对保持老顾客、争取新顾客有着重要影响，哪个就是关键流程。当然，关键流程不止一个。
- 流程效率的评估，从而确定处于瓶颈状态的关键流程。流程效率是指，通过流程的物流、信息流的处理速度，一般以时间单位计量。尤其值得关注的是那些流程效率低的关键流程，如果恰好另一方的效率比较高，那么改善余地就比较大。
- 简化和合并流程。到这里，就要规划拟实现的流程状态了。我们认为，需要从顾客和效率成本两个角度来考虑，如果有冲突则考虑如何平衡它们。

此处是为了分析的方便，将营销流程单列出来，实际上，它与基本业务流程的其他部分之间存在密切的物流、信息流、资金流的关联，因此，单方面、局部的变动所能取得的效果必定受到局限。所以，在对营销流程优化重组的时候，必须考虑它与基本业务流程其他部分之间的协调性和系统性。

2. 营销组织结构的调整

营销流程的优化往往会涉及组织结构的调整。它可以为营销流程的调整创造条件，并通过结构化的方式使之固化下来。此外，营销组织结构调整还有另外一个任务，即寻求在企业自身的运行方式与市场的需求之间寻求一种结构性的匹配，从而保证产品—市场组合的效率和有效性。

最通常的方式是将购并双方的营销部门合并起来。这样做，一方面是因为购并方常有的心理定势：如果没有变化，就不可能提高，也就不能创造协同；另一方面则是保持一致性的控制要求。但实际上，这样做是有风险的，因为它带来很大的不确定性，尤其对被购并企业的员工来说如此，它有可能引发关键员工的跳槽、因为怠慢而使得顾客离去等。此外，它有可能损害对潜在的非成本性的协同机会的把握，也就是如上文提到的在两个企业的产品组合与市场组合之间创造新的产品、新的销售机会。重要人物的出走、组织结构的松散、气氛的消极，都没有办法让人打起抓住机会——这是一项创新性的工作——所必需的激情与投入。

为此，对是否将两者的营销组合合并需要慎重评估，表 4-1 是由 Bekier 和 Shelton 针对营销组织的合并而列出了若干关键问题（并以两个案例为例），这会帮助我们全面地认识这一问题。如果一旦合并，就一定要尽快制订和执行计划，尽早完成。

表 4-1 双方营销结构合并的检核表①

双方营销机构应该合并吗?		
关键问题	案例 A: 两家制药公司的合并	案例 B: 两家建筑材料公司的合并
1. 如何合并，是否总的销售策略以及各自的销售策略能够得到更好的执行?	是：两家公司出售相似的产品，并有相似的长期销售策略和目标	是：两家公司业务相同，并都希望通过规模经济消减成本，来实现长期的销售目标
2. 在潜在顾客群方面，两者是否有较大的重叠?	是：两家公司针对的是当地或者地区性医院的医生	是：他们面对相似的客户
3. 是否两家公司在当前向同一顾客群营销产品?	否：虽然两者的顾客群中都有医生，但是他们属于不同的专业	是：两家公司针对客户的产品线都很宽，而且有共同的部分

① 翻译自：Bekier 和 Sheltion，Keeping your sales force after the merger，Mckinsey quarterly，exihibit 1 ，pp111，4/2002.

续 表

双方营销机构应该合并吗?		
4.是否这些产品需要相似的销售技巧?	是:这些产品都需要销售人员非常了解技术和产品的信息	是:销售人员只需要基本的产品信息
5.这些销售机构接触同样类型或者同样等级的购买决策者?	是:都由医生决策	是:都是由建筑承包商的业主来决定
6.顾客能够基本接受购并(包括对销售机构的合并)?	否:顾客曾经深受供应商购并之苦(因为合并后机构的销售人员往往不熟悉合并后很宽的产品线)	是:"一站式"购买的客户关心的是产品的品牌,而不是公司归谁所有
结论:	否	是

3.基本资源组合的支持

流程的重组能否成功依赖是否有足够的资源以及它们之间的匹配关系如何。无论是营销流程,还是其他的流程,都是如此。因此,整合中需要考察两个企业的资源状况,即"基本资源组合",它们是流程重组成功的基础。如果某些资源比较贫乏,则可考虑引入、培育或者再度购并等方式。

"人"毫无疑问是基本资源组合中最重要的,但不是唯一的,至少同样重要的还有人力资源、知识(信息、方法知识等)、财务资源以及实体资源之间的匹配关系,更确切地说,是它们围绕着任务而呈现的匹配关系。

4.顾客与中间商的认同

整合工作很繁杂,经理们的时间和精力又比较有限,又往往涉及权力和利益格局的调整,所以在大多整合中,经理们容易犯一个错误:眼光向内,从而必然会忽略对外部环境尤其是顾客的关注。这是一个严重的错误,要知道所有的整合工作是否有效在很大程度上由顾客是否"认同"来评判。所以对整合来说,顾客是一个"不在场"、但非常重要的角色。

而产品—市场组合的地位又很特殊,它是联系企业与顾客的接口,是建立、保持并提升与顾客良好关系的必经之途。如果在对它整合时,忽略了对顾客的关注,忽略考虑顾客的反应,将直接导致顾客的流失、营收降低、市场地位的下降。

那么，如何避免这种情况呢？销售队伍（Sales Forces）是关键，他们与顾客有着直接的接触，其态度和行为对留住顾客至关重要。2001 年 10 月到 2002 年 4 月，上海贝尔和阿尔卡特在合并新公司成立的细节尚在讨论之时，双方的一线销售人员就开始密切合作，共同打单。此举带动了双方各业务层面的良性融合，确定了新公司的统一标识和宣传口径，并提前打消了客户对新公司未来服务的顾虑。

在 Heskett、Jones 等人提出的服务利润链模型（Service-Profit Chain）中，就反映了这种关系。Bekier 和 Shelton 认为，成功的购并企业会给予营销队伍慷慨的待遇——那种在正常收入之外的额外报酬——和承诺，尤其在整合之初，应该有一个详细的内部沟通计划，向销售人员解释购并何以发生、将要带来的好处是什么，这一方面是稳定销售队伍的情绪，避免重要人员的跳槽；另一方面这有助于帮助他们完成一个重要的任务：向顾客“推销”购并，让他们接受购并，保持对公司的信心。①

即使完成这些工作，也并非万事大吉，不能指望销售人员自己解决所有问题，如果能够建立一个明确的领导机构来帮助他们处理好与顾客的关系以及竞争对手可能发动的攻击，那是最好的。这种领导机构因为面临的是短期的、急迫的任务，就像一场战役一样，所以 Bekier 和 Shelton 将其称为“作战指挥室”（war-room）。这个作战指挥室由来自双方的优秀经理和销售人员组成，并被赋予较高的权威和决策的权力，与高层有直接的交流。

现在的销售体系中，一般需要借助各种形式的中间商。在今天竞争日趋激烈的市场中，如何获得与中间商之间的合作是非常重要的，因为中间商在相当程度上控制着企业与顾客之间的界面，所以取得中间商的认同和支持也非常重要。

在整合成功的四个基础中，第一、二、三个属于基本业务流程的内容，第四个则属于社会资本的内容，因此，更深入地理解它们，需要关注后文中相应部分进一步地、更详细地分析。

---

① 据美世咨询公司中国区总裁郭鑫介绍，很多欧美公司在合并期，为了防止销售的下滑，通常采用临时的奖金计划。即在原有的奖金基础之上，按照销售额的比例，增加一定的额度。郭鑫说：“一般而言，合并期间被收购的公司销售额会受到影响，呈现出下降的趋势。”见《IT 经理世界》，16/2003。

4.3 基本业务流程的整合

去除营销流程，在基本业务流程中剩下的就是“内部经营流程”。因此，在这一部分，我们将主要围绕它来讨论与其整合有关的几个基本问题。如本章第一节所分析的，基本模块的整合必定涉及基本资源组合、流程与组织结构三部分。

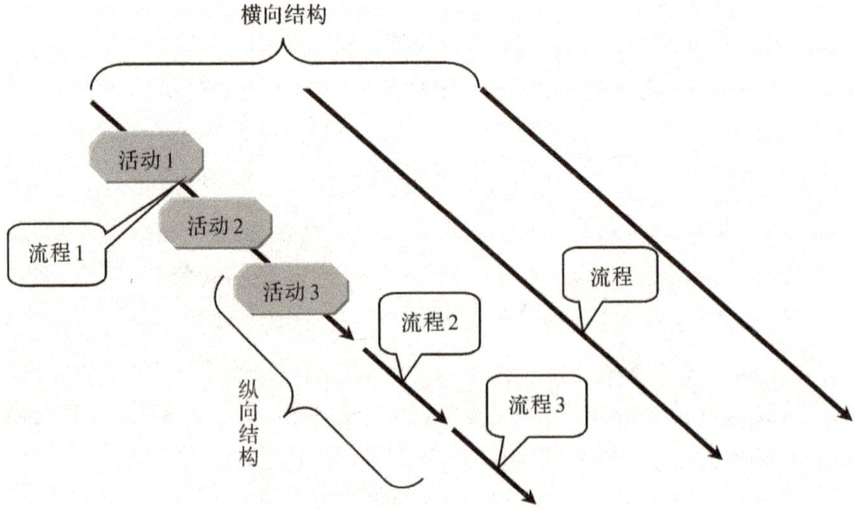

图 4-4　企业中的活动、流程与结构

图 4-4 表示出在一个多元化企业中它们彼此之间的关系：基本资源组合与其所指向的工作任务构成了企业中大大小小的“活动”，这些活动因其工作任务之间的纵向技术性关联而形成流程，而组织结构指的就是多个流程之间的关系，包括协调在纵向上流程之间关系的纵向结构和协调横向上流程之间关系的横向结构。

基本业务流程的整合，涉及购并双方的基本业务流程，主要目标是寻求协同的机会，并设法实现它。由于基本业务流程已经被细分，所以它与协同的关系也应更深化一步。在整合购并双方基本业务流程的过程中可能实现的协同包括：

基本资源组合的改善。通过两种主要的方式来实现：①更新已有的基本资源组合，也就是改善组合中资源要素，尤其是知识，比如研发、营销等部门，转移和共享专业技巧、诀窍等知识。②共享，即以双方相较更好的基本资源组合,替换原来另一方的基本资源组合。前者主要是无形协同,后者是有形协同。

流程的优化、重组。流程的优化是基础:参照更有效率的一方,来改善另外一方相应的流程,或者通过共享某流程来提升流程效率。

组织结构的优化、重组。组织结构的优化和重组的作用在于为流程的优化提供条件,并使得优化后的流程固定下来。

4.4 基本资源组合的改善

所谓基本资源组合,指的是企业中的人力资源、知识、实体资源和财务资源等资源围绕着工作任务而构成的一种组合,其中知识处于核心地位,如图 4-5 所示。因为对企业来说,基本资源组合最基本的存在场所是各个部门,因此,我们就主要在部门层次上展开分析。

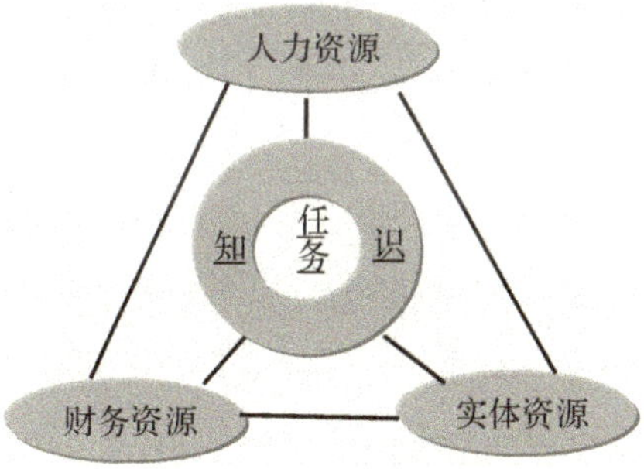

图 4-5 基本资源组合

基本资源组合的改善可以通过两种途径,一种是通过改善组合中的基本资源要素,尤其是处于核心地位的知识;另外一种方式就是通过对组合整体替换,即共享水平更高的资源组合,来提升其整体水平。

4.4.1 知识的转移

由于知识的核心地位,提高知识的水平对于改善资源组合的能力具有举足轻重的地位。在整合情境中,借助知识的转移来提高一方和双方知识水平具有独特的地位。这样做,有利于更充分地利用双方拥有的知识,尤其是已经证明非常好的方法知识。

1. 知识转移的定义与过程

(1)定义

知识转移是一个很难定义的概念。首先,关于知识的定义有宽有窄,这点在第二章的相关论述中已经有所显示。在这里,我们指的是企业内积累的帮助人们更稳定和更有效率完成任务的技巧和专业技能,即方法性知识(Know-how)。这些方法性知识中,有些是显性的,比如工艺技术、操作规范;有些是隐性的,是难以用语言、文字表达出来的,但两种知识都是由集体拥有的。至于蕴藏在个体的知识,比如个体经验,是在通过提高人力资源水平来改善基本资源组合的部分中讨论的内容。

转移的定义也很模糊,主要是因为在知识转移和创造新的知识之间没有明确的区别。如同 Zander 和 Kogut(1995)观察到的,"接受知识需要被迫投入大量的资源去吸收、适应和改进原来的技术。改进和进一步的开发经常是知识转移过程的不可分割的组成部分"。据此,Zander 和 Kogut(1995)认为,成功的知识转移意味着转移的结果是接受方积累了或吸收了新知识。

在整合中,知识转移的方向一般是从购并企业的某个或某些部门向被购并企业的某个和某些部门转移特定的知识,有时候,方向也可能反过来,或者两者兼而有之。无论哪一种,都应该立足于创造新的价值。

2. 整合中的知识转移模型

为了建立整合过程中的知识转移过程的模型,我们综合考虑了:①以信息为客体的组织沟通模式。知识和信息虽然在本质上是不同的,但是在传输上有很多相似的地方(Gupta,Govindarajan,2000);②知识的特性。很多知识所具有的隐性特征,使得任何人或单位获取知识必须经过一个学习的过程,这点不同于信息。

图 4-6 表示出整合中知识转移的模型,这个模型分为三个阶段:

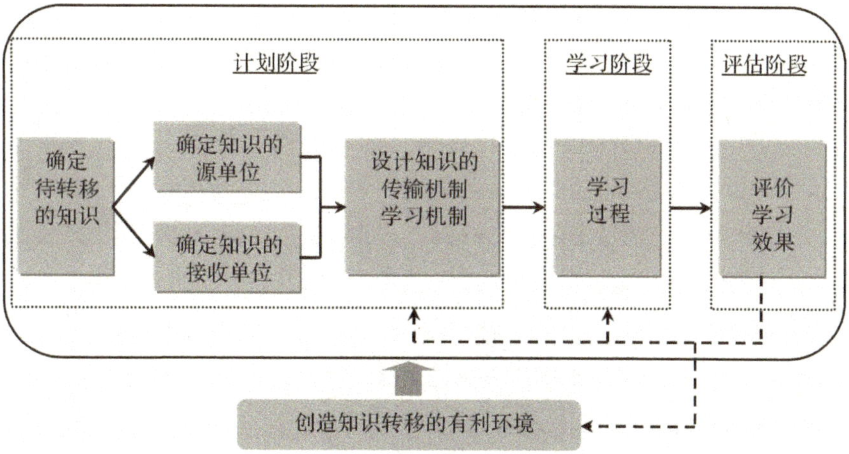

图 4-6 整合中的知识转移模型

第一阶段:计划阶段。首先,确定待转移的知识。根据前文给出的知识的定义,它应该是企业内的——一般是部门内积累——方法性知识(Know-how),具体包括:显性的、由集体拥有的知识,比如工艺技术、操作规范,这可能是很多同类企业都拥有的知识;隐性的、由集体拥有的知识,比如在生产实践中总结的独特的做法、方法和程序,这往往是企业独有的,也是知识转移的重点对象。

可以说,每个部门都拥有自己的显性知识、隐性知识,那么选择哪些部门参与到知识转移中呢?这也是在整合的价值创造规划中需要解决的问题,更具体地说,是随处于基本业务流程中的部门。

接着,确定知识的源单位和接收单位。确定知识转移的源单位和接收单位主要根据部门间(即源单位与目标单位)的相似性。一般说来,知识转移发生在同类部门之间,比如购并双方的生产部门、销售部门之间,也有可能是不同的部门,但是一方拥有另一方所需要的知识,比如研发部门和生产部门之间。

相似性包含两层含义,首先,是指工作任务及所须知识的相似性。相似知识的差异是转移的前提,而知识的相似是接收方吸收能力的基础。另一方面,相似性指的是两个或更多的个体之间在某些社会性质上的相似性,比如教育背景、信仰、社会地位等等。其之所以重要,如 Rogers 描述的:“当相互作用的个体拥有共同的意识、可以相互理解的语言并在个性和社会属性上相似的时候，关于新想法的交流会有更多的收获，比如获得新知识、形成新的看法以及行为的改变。”在购并的情境中，第二层含义很难保障，这恰恰是社会资本的创建与整合所要解决的问题。

然后，设计传输机制和学习机制。此时的任务就是根据待转移知识的性质来确定合适的传输和学习机制。前文曾经指出，存在两种传输机制，一是利用编码系统把待转移的知识用语言、文字、图像等形式表示出来；二是利用一起工作的方式，“教”给对方。前文还进一步指出，由集体拥有的、显性的知识适于第一种类型的传输渠道，快捷、成本低；而由集体拥有的、隐性的知识适于第二种类型的传输渠道，效果更有保障。

与两种传输机制相对应，也存在两种类型的学习机制，一“教”一“学”构成了一个紧密联系的过程。这个过程与组织沟通有很多共同之处，因此可以借用沟通理论中古典方法和人际关系学派的方法对两种不同类型的沟通过程作出描述。

第一种传输机制和学习机制具有以下几个特点：

- 沟通的方向以单向为主，由输出方的员工向接受方的员工，反向的沟通主要是为了更清楚、更明确地理解沟通内容；
- 沟通内容是以工作为主，此处指被转移的知识；
- 沟通渠道以书面为主，面对面的情况不是很多；
- 沟通类型是比较正式的。

第二种传输机制和学习机制具有的特点如下所示：

- 沟通的方向中双向的比重大为增加，反向的沟通中除了更清楚、更明确的目标之外，还有探讨、疑问性质的；
- 沟通内容兼有工作和社会的内容，即除了知识，还有很多社会性交往，目的是培养相互的理解、信任和感情联系，满足人们较高层次的需求，虽然与知识不直接相关，但非常有利于知识的转移；
- 沟通渠道以面对面为主；
- 沟通类型既有正式的，比如会议；也有非正式的，比如私下讨论。

第二阶段：学习阶段。这是知识转移能否成功的关键。如果学习的效率、效果不佳，那么要么成本过高，要么转移彻底失败。学习过程是知识内在化的一个过程，只有在经过从应用到反馈再到修正的过程才能说是真正地完成了学习的目标。

依知识的特点，有两种性质的学习过程。一般情况下是单环学习(Single-Loop Learning)，这适合于所学习的知识较为显性化、简单；还有一种更复杂的过程就是双环学习(Double-Loop Learning)，当所学知识非常隐性化、理解比较困难的时候，只有经过双环的学习，才能够理解并创造性地将知识应用到实际工作中。

在这个阶段需要大量沟通，通常包括几个月时间的传递与接受的大量互动(Szulanski，1996)。有关国际研究项目的证据表明，合并部门之间的持续沟通与高水平的互惠知识转移之间有密切联系(Ghoshal，1986；Ridderstrate，1997)。Cohen 和 Levinthal(1990)也提出类似观点，他们用"吸收能力"来描述接受方应用新知识的能力，并指出，沟通是开发这种能力的重要前提条件。

第三阶段:评估阶段。也就是对学习的进度、效果以及成本作出评估，寻找并分析差距、问题。这些差距和问题背后的原因可能很复杂，但不外乎如下几个方面，相应的调整、修正也据此而行：

首先，要判断学习过程是否有问题。比如学习的积极性、沟通是否有障碍、双方是否相互尊重等等。

接着，传输机制和学习机制的设计是否存在问题。如果所转移的知识与传输机制、学习机制不匹配，效果就会很差，尤其是以第一种方式来转移比较复杂的、隐性的集体知识。

再接着，知识的接收单位的吸收能力可能比较弱，Cohen 和 Levinthal(1990)认为企业的吸收受能力是企业原来拥有的相关知识水平的函数，具体包括企业个体的基本技能与技巧、组织内部可用于共同交流的技术语言、已掌握的最新科技发展知识。无论哪一种相关知识都是需要时间来积累的。

然后，要评估待转移知识的选择是否恰当。这主要涉及知识的柔性(Fungibility)。有些学者认为有些知识是专用的，即只适用于本部门，这要在确定待转移知识时予以慎重考虑其可能性。

最后一点，也是最重要的一点，即要去分析、评判知识转移的条件、环境是否到位。在很多研究中发现，并不是知识转移本身有什么问题，而是在此之前的准备工作没有做到位，这正是下文要分析的。

3.知识转移的成功条件

在综合考虑了组织内的知识转移(Gupta 和 Govindarajan,2000)、战略联盟中的知识转移(Simonin,1999)之后,得到了影响知识转移过程的主要因素,也是成功地转移知识需要满足的条件:

(1)知识源单位和知识接收单位有较强的期望。

价值期望理论认为,参与知识转移的团体必须相信彼此的互动、交换和组合一定会带来价值,知识的转移才有可能。在与整合过程相似的情境—战略联盟中,Hamel(1991)发现对学习和创造新知识的渴望和接受程度是影响战略联盟中知识转移的重要因素。

与期望相反,在很多部门经理中存在“非在此发明”情结(Not Invented Here),也就是对外来知识的抗拒心理。它的产生有两个主要原因:第一,自负—防御心理。有些经理千方百计地拒绝或否认任何可能表明别人比自己做得更好的信息。第二,组织内的权力斗争,有些经理希望通过控制有用的知识,不让别的有竞争关系的部门分享它,以保持对它们的优势。建立被购并企业的期望,必须设法消除或压制 NIH 情结。

(2)知识源单位与知识接收单位之间存在联接。

跨国公司和多部门企业的有关研究表明,并非所有的部门之间存在连接机制。可以想象,如果两个部门之间素无往来,就不存在传输渠道,亦即沟通渠道,知识转移的可能性也就无从谈起了。所以,在潜在的知识转移双方存在连接关系是一个必要前提。它决定了从一方到另一方存在传输渠道的可能性和丰富程度。

有两类联接机制:一种是正式的一体化机制,Galbraith(1973)、Nadler 和 Tusheman(1987)识别出存在于组织内部门之间的一些关键的正式结构机制,比如联络职位、任务小组和永久委员会等。部门之间的联系机制越多,相互沟通的密度就会越高,也就意味着传输渠道越丰富。还有一种是非正式机制,即公司的社会机制。它指的是那些有助于影响员工相互熟悉程度、个人间紧密关系、不同部门员工的相互认知的一致性。员工之间的相互熟悉和亲密关系有助于沟通的开放性,而且 Daft 和 Lengel(1986)指出,个人以及更公开的沟通会增强传输渠道的丰富性。

(3)促进合作的氛围和制度。

即使存在转移知识的机会,而且人们期望通过知识转移创造出新的价值,还需要来自组织上层的强有力领导和恰当的激励。两者的目标就是为了形成一个良好的、促进合作的氛围。只有这样才能推动有合作可能的部门克服困难,投入到转移中。Quinn(1996)发现,为了刺激运用新的电子网络(可以看作吸收和应用新的知识),必须改变原来的企业文化和激励制度。Szulanski(1996)认为,缺乏激励会阻碍在企业内最佳做法(Best Practice)的转移。

(4)知识接收单位具有较强的吸收能力。

尽管Szulanski(1996)认为,缺乏激励会阻碍在企业内最佳实践的转移,然而进一步的研究发现,更重要的障碍来自吸收和应用新知识的能力。Cohen和Levinthal(1990)认为,识别出新的知识和信息的价值、吸收和运用它都是组织学习和创新的重要因素。这些能力,称为吸收能力,依赖于已有的相关知识的多少。而且认为,吸收能力并不存在于任何单个人身上,关键在于很多单个能力拼接的网络,与Spender(1996)的集体知识的讨论很接近。

4. 知识转移与其他整合模块的关系

知识的有效转移需要依赖四个条件,那么在整合过程中如何创造这些有利的条件呢?回顾第三章的分析会发现,知识转移的四个条件与整合机理模型中的其他模块——愿景与战略整合、社会资本创建与整合、运行机制整合,以及基本业务流程整合中的结构重组有着密切的联系,图4-7表示出这些相对应的关系。

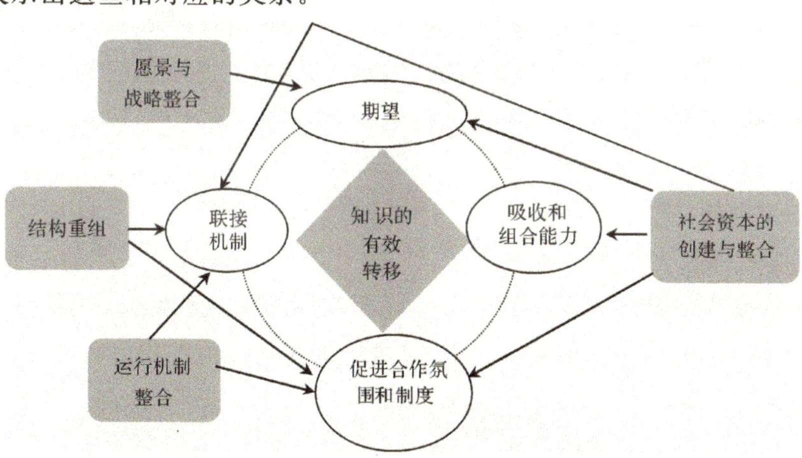

图4-7 知识转移的条件与其他整合模块的关系

(1)愿景与战略整合引领双方的期望,社会资本奠定双方期望的价值观基础。

在论述整合机理初级模型时,我们就指出了愿景与战略整合的导向性作用。此时,对于建立和提升双方对通过知识转移来创造价值的期望,它同样发挥着导向、引领的作用。首先,有效的愿景与战略整合结果之一是为双方描绘了一个美好的愿景,以及实现它的路径,它吸引着来自两边的人们一起为之奋斗。另外,它分解为具体的目标,对各个部门构成了很大的压力,促使其通过各种方式来实现负有挑战性的目标,包括知识的转移。还有,愿景与战略的整合必然要包括促使双方融为一体的愿望,不论融合的程度多大,知识所具有的特殊的性质:共享并不能减弱其原来的经济价值,使得对于它的共享、传播都应该是其中的重要内容。

社会资本中的社会性关系网络——信任关系是双方形成期望的基础。Misztal(1996)认为,信任不仅能够拓宽人们转移知识的接口,还可以提高对通过转移创造价值的期望。当人们相互信任程度比较高时,人们更乐意去冒险(Nahapiet,1996;Ring 和 Van deVen,1992)。这就代表人们愿意实验性地组合不同的信息。Boisot(1995)特别强调了在高度不确定和模糊的环境下,人与人之间、部门与部门之间的高度信任在转移和创造知识的过程中的重要作用。

另外值得关注的是,信任与合作中之间的互动关系:信任"润滑"了合作,合作孕育了信任。这可能会产生合作的规范,提高了人们投入到社会交换中的意愿(Putnam,1993)。从这点说,集体信任成了"期望资产"的一种有效形式(Knez 和 Camerer,1994)。期望资产是组织成员能够依赖以解决合作和协调中的问题(Kramer,Brewer,和 Hanna,1996)。

(2)借助结构重组、社会资本的创建与整合来建立部门之间的正式和非正式联接。

基础业务流程整合的结构重组的主要内容,就是建立一个好的纵向、横向和垂直结构。其主要原则之一,就是这样的结构应该有利于部门之间的合作(此处特指知识的共享),尤其是原属于购并双方的相对应部门,比如销售部门和销售部门,以及有纵向关联的部门,比如研发部门和生产部门。

本章第一节中的协同实现的研究结论指出,来自高层的支持是协同实现的必要条件之一。知识转移也是如此。因此,运行机制中对治理结构、高层管理的调整应该将有利于推动知识转移考虑在内。此外，还应该在管理系统中作些组织安排，比如设立委员会、协调小组等。它们可能是长久的，也可能是临时的，存在一段时间后撤销。这要视知识转移的复杂程度、进度如何。上述这些内容都属于运行机制整合的内容。

前面两个方面都属于正式的一体化机制内容，而社会资本的创建与整合是建立非正式一体化机制——公司的社会机制的主要力量。在公司的社会机制中，核心要素是整体的意识，是购并双方的相互认同并融合为一个整体的意识。与此相关的工作涉及社会资本的社会性关系网络的建立、双方企业文化的整合。对于前者，是一个从无到有的创建过程，对于后者，可能是一体化，由优势的一方取代另一方，也可能是双方共存，但必须建立在彼此尊重的基础上，避免双方的敌意。

(3)运行机制作为一组正式的制度，是促进合作氛围最直接的工具，而社会资本的企业文化，发挥的则是间接而持久的作用。

首先，如果能够通过结构重组把知识转移所涉及的部门置于统一领导之下，就有可能获得推动合作的上层行政资源，它在克服转移中来自行政权力的障碍上具有不可替代的作用。

管理系统中的评估与报酬系统也很重要。企业内传统的评估与报酬系统的评估对象往往是员工个体、部门，评估的指标着重短时间跨度(月、旬、季、年)的效果，这显然不适应涉及两个部门以上的合作行为，比如知识转移，同时对这类行为的时间跨度也比较长，效果不是特别容易判断。因此，针对类似于知识转移的活动，有必要设计出特定的评估与报酬系统。

社会资本中的企业文化也有可能成为创造有利于合作的氛围贡献力量。如果购并双方企业文化一致，而且都是强调集体利益的，那么双方的部门合作至少在价值观层面就有了一个坚实的基础。或者，双方文化有差异，但是尊重彼此，而且形成了“一个整体”的意识，仍然有利于知识转移。除此之外，双方文化发生冲突，彼此不尊重，再去讨论甚至推动知识转移效果肯定是非常糟糕的。

(4)社会资本中的组织语言与代码系统整合有利于提高吸收能力。

前文指出，Cohen 和 Levinthal(1990)认为，知识接收单位的吸收能力依赖于已有的相关知识的多少。换句话说，相关知识的储备是吸收能力的基础，但从吸收的过程角度来看，它是一个学习的过程，如果学习的效率比较高,吸收的效果就会比较好。根据前文的分析,无论是书面、面对面,还是一起工作,沟通构成了其中的主要内容。如果沟通双方的语言体系不一致,沟通会比较费时费力,反之效率较高。组织的语言体系是社会资本的组成部分,社会资本的创建与整合目的之一就是通过整合购并双方的原有语言体系,形成一个双方都能理解的语言体系,这对于提高知识接收单位的吸收能力是大有好处的。

从有效推进知识转移的角度考虑,应该在其他整合的工作创造了一个良好的环境和各种有利条件之后,再去推动知识转移。所以在时间上,知识转移应该在这些整合之后,至少是这些整合中与创造环境和条件紧密相关的内容之后。

首先,愿景与战略整合应该是最先开始的,因为它是其他整合工作的方向性指导。而且,同属于基本业务流程整合的结构重组也应该在知识转移之前完成。好的结构重组应该有利于知识的转移。

运行机制整合是一项基础性的工作,不过它所包含的各项内容也不是同步进行的,治理结构、高层管理应该在一开始就迅速调整完毕,管理系统的调整速度也比较快,但惯例的形成需要花费时间。

社会资本创建与整合同样是一项基础性的工作,而且从图 4-4 看出,它对于知识转移的影响是最宽泛的,涉及所有的条件,但是它的一个突出特点是所有的内容都需要花费时间,既是如此,更是从一开始就要着手工作,尤其是信任关系,这是基础中的基础。

4.3.2 其他资源要素的改善

除了知识,基本资源组合还包括人力资源、实体资源和财务资源。所以,除了通过知识转移来提高基本资源组合的水平之外,还可以通过改善和提高人力资源、实体资源和财务资源的方式。其中,实体资源的改善比较容易,主要是更新或者调换厂房、设备,这与流程和结构的重组有直接关系。而人力资源和财务资源有一定难度,需要予以特别关注。

1. 人力资源

人力资源是个体能力的组合,而个体能力的核心就是个体知识,这与上文中知识转移中讨论的集体拥有的知识是不同的。但是它们之间有着紧密关系,集体知识的效果依赖于其内化为个体知识的程度,如果个体不拥有相应的知识,集体知识的潜力就难以全面发挥。

- 在个体知识方面,人力资源水平的提升主要依赖于三种途径,实践中一般会结合起来。
- 培训。一般是占用在工余或者部分工作时间,借助企业拥有的或者外部的培训体系,由专职培训教师或者有经验的员工来更新员工的知识、技能。显性的、易于表述的知识比较适合这种方式。
- 用中学、干中学。当某些知识比较难以描述时,必须借助从应用到反馈,然后再修正的方式来掌握它。知识真正的内在化必须经历这一阶段。
- 人员交流,主要是从购并企业抽调一批优秀员工,进入被购并企业各个部门,让他们作为骨干,起到"传帮带"的作用。这是效果最快的,但是同样涉及员工的抵制问题,所以在挑选员工时要注意其处理人际关系的能力,并在进入前对他们进行针对性的培训。也可以从被购并企业中将一些员工"交流"到购并企业相应的工作岗位,使其逐渐熟悉和掌握更好的工作方式,然后在适当的时机再"交流"回去,发挥其"传帮带"的作用。

2. 财务资源

在整合的情境下,主要通过财务协同来提高财务资源的水平。虽然Ansoff(1965)没有提到财务协同,但是后来由 Lewellen(1971)、Higgins 和 Schall(1977)以及 Majluf(1984)等提出和丰富,成为购并研究的一个重要假说。

财务协同所能带来的好处体现在部门层次、公司层次上。在部门层次上,因为双方财务系统的整合,资金的统一调度,各个部门可能获得更充分、更快速的资金支持。当然,这必须建立在某一方的资金比较充裕、超过正常业务需求的前提条件之下。

在公司层次上,财务协同可能带来的好处更多一些:①如果一方财务资源资金充裕的话,就可以借助更大范围内的调剂,把过剩的财务资源和投资机会结合起来。②降低融资成本。一方面是因为内部的调剂,降低了原来财务资源稀缺一方的融资成本。另一方面,企业购并后的至少在表面上,可以提高企业的借贷信用水平,降低破产风险。还有,"债务的互相担保"有利于保护债权人的利益,进一步融资会比较容易(Hings 和

Schall，1975）。

并非财务协同的所有可能都能实现，但是，有一些还是比较有把握实现的，比如财务资源在购并后企业范围内统筹使用。为了实现财务协同，应该采取的措施包括：①协调预算系统；②协调财务部门的管理。这不是说一定把所有的财务管理职能统一起来，这里主要指的是现金流的管理。

4.5 流程与组织结构的优化重组

改善基本资源组合除了针对其中单个资源之外，还可以借助另外一种方式——共享。这就涉及流程的重组，这也是流程优化重组的主要内容之一。按照业务流程再造（BPR）的理论，流程的优化与重组有更宽泛的内容，其一般的方式在本章第二节中的“流程的优化”中已经论及，但在整合这种特殊情境下，共享有着独特的重要地位。

流程调整也必定影响组织结构的调整。组织结构可看作企业的任务结构与权威结构的复合。任务结构是遵循协调的需要和控制幅度的原理而对流程的“再组织”，而权威结构则是通过给予实现其协调功能的权力。组织结构的优化与调整，一方面是为了保证流程优化的实现和固化，另一方面则是作为处理企业与所处环境之间关系的一种反应结构，根据对耦理论（Contigency Theory），组织结构的变迁主要是因外部环境的变化。

4.5.1 共享[①]

为了达到共享的目的，必须通过流程的重组，即把一个部门（一般是被购并企业的）裁撤，并最终并入另一个具有同样职能的部门（一般是购并企业的），同时任务也随之移交给它。共享不仅在于原来两个平行流程共享某一活动带来的好处，一般称为横向协同，还可能会通过改善纵向的流程效率而为企业带来好处，我们称为纵向协同。

1. 共享与横向协同

对共享可以置于 Porter 的竞争战略框架内进行分析，因为这能够提供比较全面的分析角度，即一方面关注成本，另一方面关注差异化的能力。

---

① 这一部分参考了 Porer 的《竞争优势》的有关论述。

(1)成本方面

一般认为它的主要好处是由此享受到更多的规模经济性、范围经济性。规模经济和范围经济是不同的，前者指的是单一产品的数量增加，后者指的是超过一种产品的数量增加。规模经济性和范围经济性体现为成本的降低，其经济学根源主要有两个：

◆ 块状固定成本的分摊。所谓块状(Block)，指的是在企业的采购、研发、生产等职能活动中，很多资源的成本、活动的费用存在一个最低值，而且资源水平、活动水平的提高，以及相应成本的提高是跨越式的，而不是连续的。这就意味着在某一级别中的成本是既定的，增加活动的规模，可以使平均成本降下来。

◆ 市场力的增强。最明显地体现在于采购环节，采购数量的庞大意味着在交易中讨价还价地位的增强，对价格的影响力会越来越大。

当企业奉行低成本战略时，以降低成本为目标的共享的战略意义最为显著。不过这里有个前提，就是只有当价值活动现在或者将来在运营成本或资产中占有重大比重时，才能通过共享对整体成本状况产生实质性的影响。具体地说，如果一项价值活动的成本是由规模效益、生产能力的利用模式等因素决定的话，共享就可能通过固定成本的分担带来成本的降低。如果价值活动的成本对学习曲线比较敏感的话，共享带来的更大活动规模会增加学习的效率。

(2)差异化战略的情况

共享以两种方式影响差异化：一是通过增加一个活动的独特性来增强差异化程度；二是降低实现差异化的成本。

共享活动既可能属于购并企业，也可以看作购并企业对被购并企业的支持，而被购并企业的类似活动被取代或并进来，以海信为例，被购并的企业与集团其他下属的企业共享集团公司的技术开发中心。共享活动也有可能属于被购并企业，而且很可能正是由于被购并企业在这个活动上拥有独特的能力才被购并的。

2.共享与纵向协同

纵向协同的基础在于资源(资产)的互补性，这在第二章中的资源间相互关系中已经作了探讨。在互补性的关系中，以共享的形式改善其中一项资源或活动，就同时释放了价值链中其他资源、活动的能量，提高效率和效果。尤其当这种资源和活动是关键或者瓶颈所在的时候,共享可以看作一种杠杆。总之,通过共享可以提高流程的效率水平。

对于流程效率的关注是目前主要管理思想的核心,比如准时制造系统(JIT)、业务流程再造(BPR)、供应链管理(SCM)等。当然,它们对流程效率关注的重点还是不同的,准时制造系统主要针对制造领域,业务流程再造的范围更宽一些,不仅包括生产第一线,还包括公司的所有职能部门以及职能部门之间,而供应链管理的范围最为宽广,不仅包括企业内,还包括与其纵向价值链相联系的供应商、分销商,甚至延伸到客户企业内部。

根据这些思想,我们认为,在基本业务流程整合中的纵向协同,一般会以三种利益之一或者某种综合作为目标:①提高成本效率,主要是制造部门;②加强与供应商的协调;③以对客户需求的反应速度和质量水平为标准的客户满意度提高。

3. 共享的成本

虽然共享能够带来很多好处,但是它并非有百利而无一害,伴随它会有一些成本,主要是三类:

- 协调成本。由于共享而要求共享活动满足两个以上的相联结部门的要求,必然需要在共享活动与这些部门以及这些部门之间进行大量的协调工作,随参与共享的部门增多,协调量呈级数增加。
- 妥协成本。这是因为共享活动的运行方式不会是完全适应某一相关部门的需求,而是按照尽量同时满足两个以上相关部门需求之间的折中方式运行,除了会造成直接成本外,很大部分属于机会成本,即相对于最佳运行方式的损失。与前一种成本不同,它更多地由相联结业务部门来承担。
- 刚性成本。这里指的是如果相联结部门想要改变产品、流程的时候可能会受到与其他部门共享所带来的刚性约束,调整会比单独使用该活动要困难,它主要有两种表现形式:一是对竞争变化的反应方面存在潜在困难,比如难以对竞争对手作出迅速及时的反应;二是退出壁垒,从没有竞争优势的行业中退出,可能会损害与该业务单元共享该活动的其他业务单元。

因此在整合准备共享某些价值活动时,不仅要考虑共享对成本和差异化的好处,还要考虑到刚才论及的三种成本,这意味着在进行购并目标选择和整合中要慎重而系统地考虑协同问题。

4.5.2 结构重组

一般认为，组织结构的整体设计需要考虑三个部分：必要的活动、报告关系以及部门的组合。其中，必要的活动构成了前文分析的流程；所谓报告关系，通常也称命令链，通过一组相互连接的命令链将组织中所有的人连接起来，由此构成了组织结构中所蕴含的权威结构；部门组合的方法包括职能组合、产品事业部组合、区域性组合或者以上集中组合的某种综合。

经过流程的重组，已经大致确定了整合之后拟实现的流程状态，那么，组织结构调整主要考虑报告关系以及部门的组合方式。虽然，在技术上确定报告关系很容易，但在整合这种特殊的情境下，因为涉及两个企业已经存在的权威结构的调整，在政治上非常敏感。对这部分内容更详细地分析将放在下一章有关运行机制整合中的人力资源政策的部分。

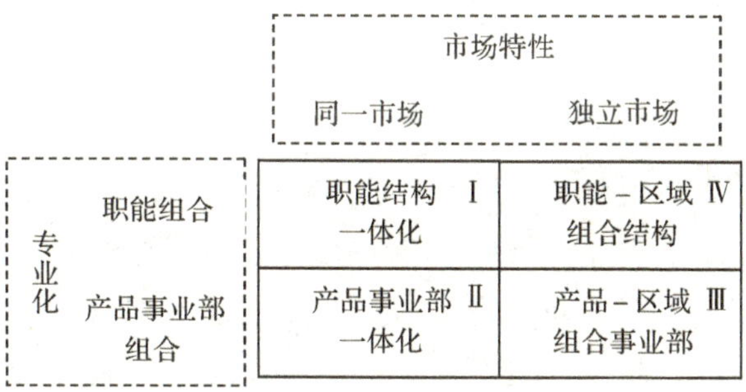

图 4-9　产品—市场组合的组织结构整合框架

在这里我们将主要讨论在整合中部门组合方式。上文列出的部门组合方式可以从所基于的视角作出区分：一是从专业化的角度，包括职能组合（活动的专业化）、产品事业部组合（产品的专业化）；二是从市场的角度，区域性组合的重要性是随着顾客需求的歧异化而增加的。我们沿用在第二章“战略整合”中关于环境因素的区分方法，将市场特性区分为“同一市场”和“独立市场”。

图 4-9 描述了在考虑专业化和市场特性两个维度的基础上给出的部门组合方式，一共有四种：

Ⅰ：职能结构一体化。当两个企业都是职能结构的时候，同时所在的市场又可以看作同样的，那么就可以将两个职能结构合并成一个。

Ⅱ:产品事业部一体化。若购并企业的产品—市场组合的结构是事业部,而被购并企业的结构是产品事业部或者职能制,同时两个企业所在的市场都是一样的,那么两个组织结构可以将被购并企业的结构对口地融合进入购并企业的产品事业部结构之中。

Ⅲ:职能—区域组合结构。若被购并企业的市场有其独特性时,可以考虑在合并双方的职能结构时,将区域的因素考虑进来,比如设立专门的人或者部门来负责当地的营销工作。

Ⅳ:产品—区域事业部组合结构。类似于第三种情况,只是双方往往都是事业部的组织结构,那么可以考虑有专门服务于当地市场的事业部。

当被购并企业的组织结构是职能结构时,则应选择对应的产品事业部,然后在其权威结构之下,设立面向当地的部门,这就比较介于第三、第四种情况之间了。事实上,可能存在更多种复杂多样的情况,那么,在进行部门组合的设计时可参考并糅合两种或者更多种的组合方式。

表 4-2 列举了国内外几家著名购并案例中的结构重组,基本覆盖了如图所示的四种情况。需要指出的是,HP 与康柏合并这一案例暴露出“产品—区域组合事业部”这一概念的不足,因为惠普在进行市场划分时主要不是按照区域(但一定会考虑这一点,并在组织结构中反映出来),而是根据客户本身的属性。这并不是致命的问题,因为这里只是给出一个思考的框架,具体实施时,可以考虑营销学中对市场区隔的更细致的分析。托管模式,是一个很有意思的话题,它反映出跨国公司组织结构的复杂性。

表 4-2　结构重组的若干案例

序号	时间	购并企业	被购并企业	结构重组的模式	内容
1	7/1995	海尔集团	红星电器(原) 海尔洗衣机有限公司(后)	职能结构一体化	撤销 34 个处室,成立销售部、财务部、制造部、技术质量部、综合部和科研所,实行“五部一所”管理。实际上是按海尔组织结构重组红星电器组织结构,并由集团职能部门直线指挥。

续 表

序号	时间	购并企业	被购并企业	结构重组的模式	内容
2	3/1997	海尔集团	顺德爱德(原) 顺德海尔(后)	产品事业部一体化	顺德爱德归入海尔的洗衣机事业部,组织结构按照以上对口的原则设置。
3	1991	娃哈哈	杭州罐头厂(原)不再是一个独立法人	职能结构一体化	娃哈哈的11个职能部门和原杭罐厂的35个部门合并为2室10部。
4	9/2001	惠普	康柏(原)	产品—区域组合事业部	原来两家所有的部门,按照新的客户划分标准——企业客户、全球客户、商用客户——划分为四大集团——企业系统集团(ESG)、专业与支持服务集团(HPS)、信息产品集团(PSG)以及打印及成像集团(IPG),同时在四个集团之间建立托管模式(Hosting Model)。
5	5/2002	中国电信(北方十省部分)、中国网通(原)、中国吉通重组为中国网络通信集团公司		产品—区域组合事业部	中国网通要变成三家控股公司,它们是网通北方、网通南方、网通国际。
6	10/1994	海信集团	与辽宁金风集团(部分资产)合资成立辽宁海信电子有限公司	职能—区域组合结构	委派总经理、财务经理与生产厂长,职能部门与集团公司对口,销售工作面向东北市场。

5 运行机制的整合

本章的主要内容是分析运行机制的整合，它是构成支持逻辑 1、2、3 的主要内容。运行机制整合的重要性是毋庸置疑的。

5.1 运行机制整合的定义、内容与性质

运行机制就是存在于企业中的一组正式制度和体系，它基本决定了企业的日常运作方式。[①] 对它的形成与功能有两种认识：一种是认为它是一个反应体系，是适应性的，对来自各个方向的信息作出处理与传播，即使有决策，也是如 Drucker 曾说过的“对各种适应的方法之间有着一种选择”。另一种则认为它是企业创造性和活力的源泉，塑造企业，同时影响企业的生存和发展环境。

在目标确定和战略稳定的情况下，运行机制在宏观上表现为适应于该目标和战略的“适应性”，但即使在此前提下，也有一定的自由空间。购并之后的运行机制整合面临的就是这样的情况：愿景与战略的整合已经确定了整合的框架，产品—市场组合与基本业务流程的整合提供了实现业务协同的直接源泉，而运行机制整合与其他整合一起，其功能就是在大的框架指引下，为业务协同的实现创造条件。

运行机制包括：治理结构（剩余所有权和控制权的配置问题）、管理系

---

① 根据 Nelson 和 Winter(1982)，企业的经营历史一直在经历一种“惯例化”(Routinizating)的过程，结果是在企业及其下属的各个部门、岗位慢慢形成了一些做事的成规，称为“惯例”，是它在当前决定了企业的运行方式。就其源头而言，既有企业的正式制度，又有非正式制度。我们基本认同这种理论，但是如果围绕“惯例”分析是很困难的，因为它是一个复合产物，所以，我们还是根据其源头，从运行机制（正式制度）和社会资本（非正式制度）这两个方面分析。这样做，一是在基本把握问题的前提下研究比较方便，更重要的是，这里强调的是面对“未来”的改变，而不仅仅是“当前”。

统(信息在组织中向上、向下、横向的流动与处理)、人力资源管理(人—工作关系的协调以及提供激励)。自然的,运行机制整合的内容也是围绕这三部分:

治理结构的调整。调整后的治理结构(包括高层管理团队)的主要功能是提供整合工作的组织基础,并由这个组织就整合目标、计划等作出决策,为协同提供资源和政治支持,协调和排除各部分整合之间的矛盾。它是实现支持逻辑 1 的重要组成部分。

管理系统的整合。管理系统整合的目的是提供业务协同所需要的计划信息、下情的上达以及横向的部门沟通,另外的一个重要功能是,通过建立绩效考核指标,来监控和调整企业各方面的运行状况。它构成的是支持逻辑 2 的全部内容。

人力资源政策的整合。它的整合,实际上是员工利益契约的重构,从而影响他们的工作形式、情绪和态度。其目的是通过利益关系来加强员工对企业(购并和被购并企业)、整合工作的认同感,能够积极地投入其中,而不是抵制、离开甚至破坏。它是支持逻辑 3 的一部分。

5.2 治理结构的调整

5.2.1 治理结构的定义与性质

广义上,我们认为治理结构是调整企业多方利益关系的一种制度安排。公司治理结构的内容与所有权有着直接的联系,因为经营权就是从所有权中分离出来并让渡给经理层的。对所有权的研究很多,目前被广为接受也是本文认同的是 Grossman 和 Hart(1986)对所有权的定义:"所有权是剩余索取权和控制权。"而张维迎(1995)对公司治理结构的定义:"公司治理结构就是剩余索取权和控制权的制度安排。"

剩余索取权中的"剩余",是指当把企业看作"一组契约"之后,在契约中未做明确归属的经营产出。在会计上,大致相当于自由现金流量,即纯利润再加上折旧。那么,剩余索取权就是对这部分利润的分配的影响力。分配给不同的人,就表现为不同的形式:给股东就是股息,分配给企业经理与其他员工的就是分红,还有可作为留存收益留在企业内部。剩余索取权在谁那里更大,对利润的分配影响就更大一些。

控制权的内容少有更精细的研究，我认为它主要指这三个权力：提案权，提出事关企业发展战略的方案的权力；决策权，对各方案评估、筛选并作出最终决策的权力；监督权，对拥有提案权、决策的个人和团体是否尽职以及是否能力足够的评估与赏罚权力。

公司治理结构处理的是各方关系，那么关系的性质对于公司治理结构是一个非常重要的影响因素。在我看来，存在两种性质的关系：一种是竞争性的、对抗性的，直接的原因是各方的利益存在差异，大股东、小股东、经理、债权人都有自己独特的利益诉求；另一种关系是合作性的，即各方之间共同的利益基础，否则也不可能走到一起来。

对应两种关系，就存在两种典型的治理方式，并表现为不同的经营目的。如果竞争性、对抗性关系占主导，企业就被看作股东赚钱的“工具”，可以买卖，也可以分拆或者重组，企业经营的目的是“股东利益最大化”。如果合作性关系占主导，企业的经营就会同时照顾包括股东、债权人、员工、供应商以及顾客的利益，也正因为这种“合作性”，才使得企业具有独立存在的合理性，这样，企业的经营目的在表述上往往是“利益相关者利益的均衡”，或相当的“公司价值最大化”。

图 5-1 总结了上述的分析，据此可对公司治理结构作些典型分析。简单而言，英美式的治理结构是偏于竞争性的，而德日式的治理结构是偏于合作性的。这是处于深层的不同治理理念的结果，并表现为不同的结构形式：不同的机构设置、各机构的代表组成以及控制权的配置。不能简单地说哪一种方式更好，只有当与环境结合在一起考虑时，才能说是否“恰当”。

	剩余索取权	控制权
竞争性	分红和股息政策	控制权分立
合作性	留存收益	控制权共享

图 5-1　公司治理结构的分析矩阵

竞争性的基础在于流动性强的资本市场和经理人市场，竞争是要付出成本的，这个成本需要更优资源组合方式来抵偿。其中最重要的一对竞争关系是股东和经理层，两者之间冲突的根源是“股东至上主义”的治理理念和美国源远流长的“企业家精神”。[①] 至于强调合作性的德日治理结构，其支撑环境是稳定的股权结构以及注重多方长远利益的治理理念。前者可能的不利情况是，利益出现尖锐冲突，一方对另一方利益的严重剥夺；后者可能的不利情况是，整个结构的僵化。

在中国，公司治理结构还很不完善，尤其是内部人控制、大股东侵害小股东从而导致的纷争很多。被购并，对一个企业来说是涉及多方利益格局调整的重大事件，所以往往引起各方的强烈反应，尤其在缺乏程序理性的不规范的制度框架下，这些反应造成的破坏往往是很大的。

如果因为管理层或者其他股东的反对而使得购并没有成功，也就罢了，此时购并企业的损失主要是已经做出的投入，包括资金、人力和时间等，一般较小，比如雀巢公司对云南蝶泉的失败收购、华建电子对济南百货的失败收购。但是，如果强行进入，付出的代价将很可能表现为“内耗”，购并企业可能会陷入一个“泥潭”，这样的副作用更大。这样的例子很多，比如在 1998 年金鱼、东宝、乘风和华美的合并，最后导致东宝的大部分高层、中层以及技术骨干离开，另创竞争企业。

5.2.2 治理结构调整的核心原则

在一些购并中，被购并企业的股权全数由购并企业收购，甚至取消法人资格，那么就不存在公司治理结构的调整问题。只有当除了在控制权中占有主导优势的购并企业之外还有其他股东时，才会考虑这个问题。

治理结构调整的目的是构建一个领导整合工作以及整合完成后企业正常运营的领导机构，所以，我们说治理结构调整是为整个整合确立“领导”。在程序上，治理结构的调整比较简单，有法可依、有章可循。而且，如何调整很大程度在谈判阶段就基本上确定了。调整的底线是保留最后的决策权，能够相机进行干预，并且随着整合力度的加大，对控制权掌握的要求越高。

---

① 欲详细了解这一提法，请见程兆谦，“美国公司治理危机：两种意识形态的畸形关系”，《环球企业家》，5/2003。

尽管如此，这里依然还是讨论一下治理结构调整的核心原则，这非常重要。根据前面对治理结构的矩阵分析，考虑整合对双方合作的需要，我们认为治理结构调整要坚持的核心原则是：抑制竞争性关系，谋求建立稳固的合作性关系。合作的动力可能来自共同利益的存在以及对企业愿景与战略的认同。

合作的重点对象视不同的情况而定。股权比例相近的或者利益一致的股东、管理层或者工会（在工会实力强大的国家），还有“不在场”的利益相关者——地方政府、供应商等，都有较大的影响力。评估、选择之后确立合作的优先顺序与组合。一个稳定的合作格局，有利于整合工作以及整合完成之后的企业经营。下面专门分析一下最重要的利益相关者——管理高层以及政府问题。

5.2.3 管理高层的流失与调整

1. 一般分析框架

员工流失是抵制整合的一种显性表现形式，尤其值得关注的是被购并企业高层经理的流失。在第一章中曾经引用 Hayes（1979）和 Walsh（1988）的研究说明购并对经理流失的影响是非常巨大的，近来 Krug 在《哈佛商业评论》上的一篇文章中说：“在购并后至少 9 年内，经理跳槽率仍是正常水平的 2 倍。”①

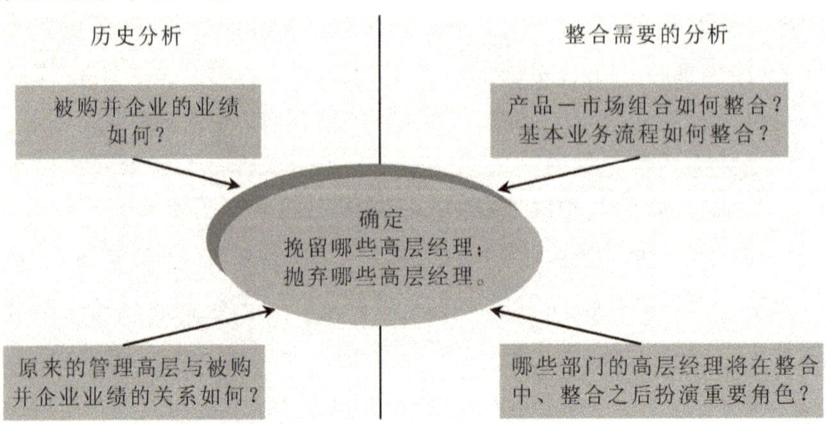

图 5-2　被购并企业管理高层的评判框架

① Krug，“经理人为何不断出逃？”，《哈佛商业评论》（中文版），pp11，4/2003。

一般都认为高层经理的去或留会对被购并企业的业绩产生较大的影响，但对于影响的好坏则有不同的看法。分歧的关键在于如何看待这些高层经理与购并的关系。因此应该根据不同的情况，对被购并企业的管理高层进行不同程度的重组，大致可以分为：完全取而代之，部分调整，完全保留。如何从中选择，需要解决在思考框图 5-2 中的问题之后才能作出。

框图分为两个部分。左边是历史的分析，目的是评估原管理高层的能力。它包括两个步骤，首先分析被购并企业的历史业绩，不仅包括其财务表现，还要考虑其在市场营销、产品开发、内部管理等方面的表现。这实际上是购并前期的工作内容之一，一般需要会计师和咨询专家的帮助。然后分析管理高层对于历史业绩的影响。因为管理高层并不是唯一影响因素，所以分析比较困难。一般选择同行业、类似资源状况的企业作为参考，做横向比较。如果管理高层有着明显的积极作用，那么解雇他们或者他们主动离去就会带来比较大的损失和风险。如果作用不明显，或者更是起到坏的作用，可以将它们列入"黑名单"。但问题在于，两者的关系比较很难一下子分析清楚，比较保险的做法就是留出一段时间考察、评估，再做决定。

右边一栏是分析整合的需要（事实上，可扩展为包括整合后企业经营的需要）。如果说历史分析是回首过去，那么整合需要的分析是面向现在，甚至未来。首先，需要了解整合的基本结构，即两个企业的产品—市场组合如何调整，基本业务流程如何调整。如果购并双方在这两方面重叠程度很高，那么，对被购并企业原高层经理的需求程度就比较低，因为它很容易在自己的企业中找到适合的经理。如果重叠程度不高，存在较大的差异，甚至是互补的，那么，原来的高层经理就比较重要了。

能力水平 \ 整合的需要程度	很高	不需要
优秀	千方百计地挽留	为其选择别的职位，尽量挽留
很差	临时雇用或另就它位	主动辞退或任其离职而去

图 5-3 被购并企业管理高层的评判框架

在完成历史分析和整合需要分析之后，可以得出一个关于被购并企业原管理高层成员的比较粗的分类，如图 5-3 所示。当管理者的历史表现和整合对其的需要程度是一致的时候，即很优秀也很需要，很差同时也不需要，很好处理，前者极力挽留，后者任其离去。但是当两者不是很一致的时候，就比较麻烦，比如优秀但不是很需要，一方面看能不能安排别的职位，让其留下来，很多高层经理往往不能接受这个安排，就离开了。还有一种不一致的情况是，水平很差但是在整合时需要得到他的配合，比如需要他提供很关键的但非书面的信息，也就是他拥有独特的组织资本。一般可以利用短期的合约(报酬较高)来度过这段整合时期。

除了这些技术性的分析之外，还需要考察这些高层管理者的个性和价值倾向。如果在购并之后依然保持独立性，这个问题还不是很大。如果需要在管理制度、产品—市场组合以及基本业务流程等方面做较大程度的整合，那么其个性是否具有足够的灵活性、价值观是否与购并企业一致就比较重要，不过这部分内容将在下一章中予以讨论。

原来高层经理被保留或不被保留，谁被保留，谁不被保留，传达出很强烈的信号，也就是 Pfeffer 强调的“象征意义”。首先，如果全部撤换，特别是最高领导被取而代之，就说明购并企业对于被购并企业的经营现状是不满意的，而且也不相信他们能够改变过来。这是一个很强烈的会发生很大变革的信号。反之，如果保留，尤其是保留最高领导，说明被购并企业的独立性和连续性会比较强。

再则，谁被保留和谁不被保留代表了购并企业选择人才的取向，是看重业务能力、经验、声誉，还是人际关系能力。对其所代表的部门意义则比较复杂。有的时候，保留意味着不重要；有的时候，是说明对它的满意。其实，对于高层经理的讨论同样适用于其他购并企业认为必不可少的人才，比如关键的技术专家等。在下文的“整合中的人力资源政策”中，将从一个更宽泛的层面(包含对所有的员工)作出分析。

2. 中国的情况

根据我们掌握的材料，中国目前阶段的购并企业很多都会马上撤掉原来的企业领导，委派自己的经理，尤其是总经理、财务经理、营销经理这三个职位。这种幅度与国外认为很高的 1 年内 26%、5 年内累计达到 60%左右相比要高得多。可从两类主要购并考察：

(1)战略性购并

中国现阶段几乎所有的购并都会涉及政府,但是有一类主要是从战略考虑而发生的。一般是某一企业从区域性扩张为全国性企业所采取的扩张措施,相关性比较强而且是大企业吃掉小企业。这比较符合本书的研究对象。因为相关性比较强,所以购并企业自己了解该业务的高层管理人员比较富裕,能够委派自己的人,并作为一种人才培养机制发挥作用。另外,大多购并是强的企业购并弱的甚至是负债累累的企业。正是因为其以前经营业绩不好,由于同是一个行业的,往往会将经营业绩不佳归咎于经营者,所以将替换经营者作为提高经营业绩的必然措施。

他们非常重视委派能力强的经理去整合被购并企业,比如海信在购并辽宁金风的时候派去了五个人,担任总经理的是一位担任过生产厂长、做过五年营销业绩卓著的女性,主管辽宁海信生产的副总经理原来担任海信的大屏幕彩电生产厂长,主管技术的人选原来是技术副厂长,担任财务总监和市场营销的负责人都在专业上具有良好的历史表现。

对于这类购并,另外一个考虑就是解决代理问题。中国企业普遍存在严重的委托代理问题,成本很高,当然可以通过设立制度、审计等方式来予以缓解,但最有效的方式莫过于派遣自己了解的人,这相对于完全陌生的原来的高层经理总要好一点。这也是在很多企业经理缺乏职业道德、不信任气氛浓厚大背景下的一个比较保险的选择。

至于替换高层经理后对企业业绩的影响,因为公开的资料以及我们的调研资料主要是成功的案例,所以不太可能作出精确的回答。在这些成功案例中一般都更换了企业的领导者,而且确实提高了企业的业绩,以辽宁海信为例,仅仅几个月,海信在东北市场的占有率从原来的5%上升到20%。但是也有一些案例,比如河南神马集团在购并了上海金泰帘子布厂之后,派去了三个经理,全面掌管该厂的经营、生产和财务,但业绩几乎没有任何改变。由此可见,这个问题很复杂,要全面而深入研究中国企业购并问题还需要更详细、更全面的资料。

(2)非战略性购并。

主要是那种由地方政府或者部委运用行政权力,强行使一个企业不情愿地购并另一个企业。虽然,政府一般会比较关注企业高级经理的调整,力求稳定,但是整合过程中必然出现如 Schweiger、Csiszar 和 Napier

(1994)所说的政治维度的问题,原来的以及新生成的政治派系之间的争斗会非常激烈,随后几年的人员调整也是很可观的。

还有一类购并,就是与上市公司的重组有关的购并,因为它们的目的旨在证券市场,而不是业务如何,所以这些经理的调整,与非战略性购并的调整不是我们所关心的中心问题。

5.2.4 与政府关系的协调

实际上,如第三章提到,政府属于外部利益相关者,它对整合的影响属于支持逻辑 3 的内容。不过,因为在我国企业的购并中(涉及国有企业),政府往往对管理高层作强有力的安排,所以把政府对整合的影响放在这里论述。而要清楚政府对整合的影响,须先搞清楚它在购并中扮演的角色。

1. 政府在中国购并中的角色[①]

大量的中国企业购并涉及国有资产、国有企业之间的购并,外资和民间资本对国有企业的购并。尤其在前一种,政府的影响是相当大,这里就主要针对这种情况作个简单分析,了解政府所扮演的角色。

政府在国有企业购并中的角色有如下特征:

第一,极不尊重程序理性。程序理性是指对于由公司法以及公司章程所规定决策程序的尊重。就购并来说,公认的程序是:战略制订阶段、目标选择阶段、谈判阶段和整合阶段。在这个过程中,股东大会、董事会和高层经理各在其位,各尽其责。在逻辑上,“程序理性”在先,为随后“实质理性”的展开建立一个合理的基础结构。但是,在我国发生的很多购并,各级政府往往极不尊重程序理性,独揽大权,而决策程序以及股东大会、董事会和高层管理层等形同虚设,以自己的意志决定购并的结果。这与欧美等对程序理性的尊重形成鲜明对照。

在正常情况下,如果一个购并不能走完全程,也就是没成,这是一件好事,因为这说明在这个过程中揭示出了导致交易失败的“信息”,从而避免了损失。反观我国很多政府主导型的购并,可以说极度蔑视“程序”,先

① 欲对这一问题深入了解,请参见:程兆谦,“理性的缺失与错位:评政府主导型购并”,《中国经济导报》,7/8/2003。

定了结果，也就是肯定要一个企业购并另外一个甚至几个企业，然后在这个大前提下去谈。失去了战略制订、目标选择的主动权，管理层的所有精力几乎都集中在讨价还价上，主要是与政府谈，或者由政府协调有关机构一起谈，比如银行。整合被给予的关注可想而知，因为本来就没打算在这个阶段去创造所谓的“协同”，而且整合的过程又变成了无休无止与政府的谈判过程。

第二，实质理性比较缺乏。对于购并来说，实质理性是指遵从企业购并的规律，也就是从企业利益的角度出发，审慎、尽职地对购并的目标、方式与整合作出分析，并据此决策。大量的购并研究都是围绕如何提高购并效果展开研究。即使如此，如在第一章所说，购并依然是一个失败率非常高、风险很大的企业行为。

而在政府主导的购并中，因为政府的目标与企业不同，它在评估购并时的着眼点不同，自然地与企业评估一个购并的方法存在冲突。事实上，也不可能要求它对购并的规律——实质理性——有很多的知识，这些知识必须通过在市场上的摸爬滚打，并经过不断的试错过程（Trial-Error）才能获得。这更极大地增加了购并的风险。

第三，其所担当的“角色”以及相应的心态往往是这样变化的：政府先是主动来做这件事，然后被裹胁，最后无可奈何。杭州市家电行业的金鱼、乘风、东宝、华美的合并，以及山东省的机械制造几家企业的合并，无一例外都经历了这样一个过程。

2. 与政府协调

以上谈到的是政府所起到的负作用，但在某些特别情况下，它确实可能为一些优势企业的扩张带来机会，提高效率，甚至降低成本。尤其是涉及敏感的国有企业、跨行业和跨省份购并时，政府是绕不开的，而且在合适的沟通之下可以为企业带来好处。

与政府的协调，实际上是一个艰苦的谈判过程：谋求它的支持，而又使它尽量不直接干涉企业的整合及以后的经营，当然需要企业作出一些让步、承诺。总之，经过谈判（主要是整合前阶段），形成一个有利于自己并糅合当地政府利益的格局：保持对企业的控制权，以适度的代价来换取政府的支持与合作。

5.3 管理系统的整合

企业的管理系统中最重要的是三个部分：中间管理层、IT系统和绩效评估体系。对于中间管理层，在整合中作出考虑是毋庸置疑的，但往往在思考方式上存在偏见。IT系统整合在国内还是个比较新鲜的话题，但其重要性随着企业信息化程度的提高而提高，我们会借助国外的一些研究来展开对其需要考虑的主要问题的分析。绩效评估的重要性在于，它是引导企业员工、各个部门达成企业目标的重要工具。尤其是一个好的绩效评估体系，能够将企业的各个部门的力量凝聚在几个重要的目标之上。

5.3.1 中间管理层的调整

Kotter曾经努力区分“管理”和“领导”，按其定义，中间管理层无疑主要承担的是“管理”角色，而高层则更需要成为“领导”。因此，虽然中间管理者往往负责一个部门，有一定的“自由裁量权”，但在基本性质上属于执行机构，也就是执行管理高层制订的政策并具体化下来。此外，它们还是信息的上达机构，将自己所负责部门的任务执行情况向上汇报。

在位置上，中间管理层位于组织内信息沟通网络的中心，但作用远远不是“中心”。在一些运行机制不良的企业，他们只是信息的传达者，将高层的命令转换成部门计划，指导部门的运作。在下面碰到问题时，也往往不承担解决的责任，而是上交给高层决策。一方面延缓了决策的效率，而且大大占用了高层的时间。中间管理层的恰当定位是，应该成为组织内决策的“分中心”，承担大部分常规的决策任务，而不是上交。

中间管理层还有一个重要作用，它是组织资本的主要载体。罗森(1972)和普雷斯科特和菲瑟尔(1980)提出了对组织资本的最为详细的论述。第一种类型的组织资本体现在个别雇员身上的企业专属信息，被称为“由雇员体现的信息”。当雇员逐渐熟悉企业所特有的生产安排、管理和控制机制，并且熟悉企业其他雇员的技能、知识程度和工作责任时，就会获得这种信息。第二种和第三种类型的组织资本也许可以被称为协作效应。也就是说，在这种条件下，信息的作用是帮助企业在其内部组织有效地管理小组和生产小组。第二种类型的组织资本包括关于雇员特点的信息，它使得企业可以在工人和工作之间进行有效的组合、由具有特殊天赋和技巧的人来更好地完成一些工作。

因为中间管理层与基层工人和一线管理人员接触最多，所以，与他们相关的信息将由中间管理层不断获取、分析和记忆，因此，他们是组织资本的主要载体之一。如果过度削减中间管理层，也就意味着组织资本的流失。缺乏这些组织资本，将损害对基本业务活动整合所需要的信息基础。

由上分析，我们认为对中间管理层的调整要考虑两个方面：

一是调整中间管理层的作用，使其发挥组织沟通网络的中心以及组织决策分中心的作用。这是从规范的角度的判断。当然，在更具体的情况下，购并企业自己对中间管理层的定位将极大地影响对被购并企业的中间管理层的调整方式，但应该考虑这个规范性原则。

另一方面，应该考虑中间管理层作为组织资本的主要载体的作用。它为产品—市场组合整合、基本业务流程整合的信息基础。让它们积极主动地参与这些整合，将十分有利于整合的效率和效果。

5.3.2 IT 系统的整合

由于 BPR、CRM 和 ERP 在企业的广泛运用，企业的 IT 系统已经成为企业运行机制的重要组成部分。但如同 Savage 在《第五代管理》中指出：IT 系统发挥其功能受到组织环境的制约。所以，迄今为止它的主要角色依然是作为企业的沟通系统来发挥作用。各个企业的 IT 系统往往具有一定程度的独特性，这也构成了整合中一个重要问题，即 IT 系统的整合。

IT 系统整合在整合中的作用越来越大：首先是因为它在企业日常运作上的作用越来越大，而且在整合过程中也能发挥独特的作用，比如建立一个整合良好的信息基础系统帮助实现双方独特技术、最佳做法或者其他知识的共享和传播，这对很多高科技企业来说更是至关重要。另外一点，它可以作为削减成本的重要途径。在今天通过合理规划，削减或不去投资昂贵的资产，比如硬件、软件、网络和员工，来节约费用则成为主要选择之一。

1. IT 系统整合的内容

应该从一开始就建立一个强有力的计划制订小组。其成员不仅要包括 IT 部门的最高领导、得力的经理和专家，而且应该包括近来公司的最高领导成员，尤其是 IT 整合对购并的成功有重要意义的时候。在交易完成前主要做好三方面的工作：

首先，对本企业 IT 系统的所有相关信息进行搜集整理，包括技术战略、基础设施、运行状况、管理系统等，同时，利用各种可能的渠道去获得已确定的目标企业的相关信息，按照相似的框架进行组织，当然要等到时机出来之后方能获得更详细、更确切的信息。表 5-1 将需要的主要信息列示了出来。[①]

第二，IT 经理们将会进行高水平的评估以识别与通讯基础设施、故障恢复计划、契约关系和主要的公司系统相关的财务和商业风险，评估着重于规模和可靠性，评估内容还应包括与技术水平和能力相关的风险。最后一点是，选择 IT 系统整合模式。与此同时，也就确定了最终所希望达到的 IT 系统运行状态。

表 5-1　计划所需信息列表

工作场所的类型（比如总部、各分支机构、生产基地、服务中心）、地理位置及每个场所的工作人数。	已有及正在实施的主要的通讯基础项目；网络运行和支持中心、网络的管理系统。
数据通讯设备的类型，比如 LAN/WAN，更具体的还有 hub、路由器、防火墙等。	成本模型——按照服务类型、设备成本、维护、员工费用等划分的远程通讯的费用细目。
网络的连接情况，包括多少人使用、权限、网络内容等。	所有合同及内容，包括远程通讯、设备、维护、下包、咨询专家等。
远程通讯服务，比如 800、呼叫中心、因特网、帧中继等，远程数据接入系统以及服务供应商。	关于两家公司的战略和标准所记载的例外情况。
网络协议、路由协议、网络操作系统等。	记录依赖于通讯基础设施的灾难恢复系统。
标准的桌面系统环境，比如 Windows、NT、Unix 或其他；TCP/IP 地址系统和抵制范围；个人拨号方案。	两家公司所有的重要业务应用程序；相关的各种流程和程序，包括更新管理、问题报告、实施、运行支持以及供应商管理。

① 资料来源：Sharon A. Mertz，An IT View of Acquisition Planning，www.KPMG.com，February 17，1999.

2. IT 系统整合模式及选择

IT 系统整合计划的最重要工作之一就是选择 IT 系统整合的模式，从而确定整个整合计划的方向。在 Graham(1999)看来，共有四种整合模式：共生；吸收合并；支持最好；转型。

如果购并的战略内涵是要保持两个组织的独立性，共生途径就是恰当选择，具体情况比如两个组织在不同的行业或者地理距离遥远。这种方式的风险相对较低，因为整合程度最小。此时，两个早已存在的 IT 部门将都被保留，彼此之间的相互依赖程度很小。在购并之后，整合主要是在两个组织之间的建立有限程度的界面。然而，因为没有利用规模经济及其他成本削减，可能带来较高的 IT 系统运营成本。这是个普遍问题。据美国《Information Week》的调查，几乎 20% 的受访者称他们的核心系统在购并之后没有进行任何整合。比如，在花旗银行与旅行者集团的合并中，IT 系统整合也不是初期阶段的优先考虑工作之一。

如果试图从 IT 系统整合中降低成本，或者形成一个统一平台，吸收合并就比较好。在这种方式中，占主导地位的 IT 部门会在全面的整合与合并程序之后得以保留，而对另一方进行改造。如果缩小系统的规模，重心将会迅速地转移。如果规模扩大，存在的系统需要迅速地覆盖增加的业务。这点对于金融机构来说很重要，IT 系统的整合被认为是实现银行目标的关键要素——增加回报和降低成本。

支持最佳的途径适合于购并的战略内涵是为了通过组织间协同来获得收益的情况。当然前提条件是，两个 IT 部门必须在它们的组织框架上互容，这在大公司之间的合并并不多见。运用这种方式，协同通过增量调整来实现。如果存在不互容的情况，那么就会在不匹配及调整期间发生较大成本。

转型方法通常包含了安装完全新的计算平台和 IT 基础设施。由于时间约束以及迅速创造价值的要求，它很少在第一步就采用。它通常可以作为两步走的购并计划的第二步。一旦购并结束，新的组织会对合并的 IT 部门进行转型。瑞士的 Novartis 公司，是在 1996 年之后购并了 Sandoz 制药公司和 Ciba-Geigy 制药公司形成的。它采用两步走的方案来整合应用软件层。首先，公司通过挑选看起来最适合所做工作的那些，将现有系统合并。现在，Novartis 的 IS 小组正在计划建立支持合并后公司的新系统。

在整合的复杂性上，共生方式最简单，只是在界面建立上做些有限工作；支持最佳的方式由于其前提条件比较苛刻，而且从本质上讲，它可以理解为共生与转型的混合体；如上所述，转型很少在整合一开始就采用，如此看来，吸收合并最复杂。

有很多因素会影响整合模式的选择，比如两者IT系统、企业文化、地理因素、组织结构等差异以及财务实力等。但是，最主要的原因在于IT系统整合的战略地位，可以用 Haspeslagh 和 Jemison(1986)的四种整合模式来描述，两者之间的倾向性关系如图5-4所示：

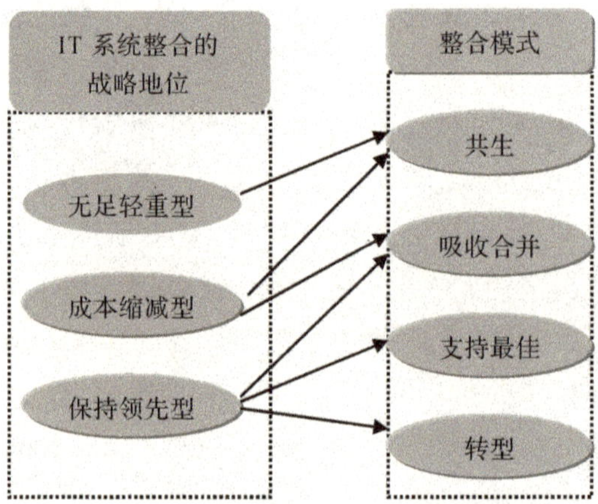

图 5-4　IT 系统战略地位对整合模式的倾向性选择

5.3.3 绩效评估体系的整合

在功能上，绩效评估体系起到的是一个规训作用，事前引导，事后作出评价。无论是企业的短期还是长期经营活动，它的重要性都是不容低估的。因为整合本身兼具短期——实现协同，以及长期——为企业未来的发展建立良好的结构和逻辑，所以，在设计整合期间的绩效评估体系时亦要兼顾两者。

另外一对要兼顾的关系，是购并企业与被购并企业原有的绩效评估体系。即使是在同一行业(横向购并)，一般也存在较大差别。也许被购并企业的员工会对此尤为敏感。我们用下图来表示出设计绩效评估体系需要作出的权衡——在短期与长期目标之间，以及重组——在购并企业与被购并企业原有的绩效评估体系之间。

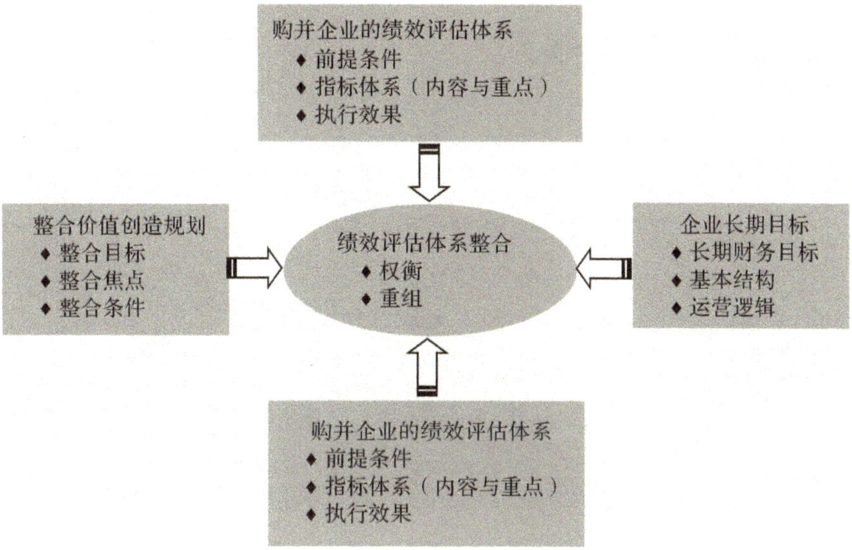

图 5-5 绩效评估体系的整合框架

对于整合期间的目标，它包括在战略整合之后得出的价值创造规划中；对于长期的目标，我们认为它既反映在长期的财务目标，更应该体现在企业的基本结构和运营逻辑的改善上。而对于购并双方原有的绩效评估体系，首先要思考它们建立之时所依据的前提条件(比如什么是“好”的绩效评估体系)，描述指标体系的内容和重点，同时趁此机会对各自执行的效果作一个评估，力图使得新的绩效评估体系与原体系有较大程度的兼容。

根据如此框架而得出的结果，可能是一个“复合性”的绩效评估体系：在保持大的框架的稳定性前提下，根据整合的进展而作出适应性的调整。毕竟，在根本上，它是一个发挥目标指引作用并实现目标的工具：目标变，它则变，目标持续，它则稳定。

5.4 整合中的人力资源政策

在经营常态下，企业的人力资源政策主要解决四个方面的问题(比尔，斯佩特克，劳伦斯等，1998)：员工流动管理、绩效评估与报酬系统设计、工作系统设计、雇员影响力[①②]。

在本质上，人力资源政策是对员工与企业之间关系的确立、维护和强化，目的是尽量使双方都满意：对员工来说是"员工满意度"，对企业来说是"业绩"。这种关系实际上就是一种契约关系，即在第三章中定义的"利益契约"。利益契约是员工与企业之间交易关系的最直接体现，它是由企业的评估与报酬系统、工作系统的设计、员工流动管理来决定的。

此外，在员工与企业之间还存在另一种契约——心理契约，不同于利益契约的显性化，它是一组比较隐性的契约，主要是从人与人之间的互动关系、价值观和认知模式的角度来考察。整合中所有有关人的问题，都可以纳入员工与企业的两种契约的框架中讨论。

5.4.2 整合中的员工抵制

在整合中，首先碰到的与人有关的问题就是"员工抵制"问题。这是非常普遍的，而且对于提高员工满意度以及员工认同度的努力来说是一个很强的破坏力量。我们可以通过 Kearney 的一项调查——样本为 1998—1999 年全球的 115 宗巨型购并——来看看员工的反应的重要意义。如图 5-6 所示，购并后的业绩表现与员工情绪的变化有着非常明显

① 员工流动管理。员工流动分为流入，比如新员工、空降部队；流出，比如离职、辞退；以及企业内部流动，比如升迁、岗位调动等，这是将人力资源政策与企业战略要求匹配起来的关键环节；绩效评估与报酬系统设计。系统的设计应该兼顾内部与外部报酬，两者对于提高员工与企业之间的利益契约年度有着不同的作用，前者主要从组织经历发生作用，而后者则与企业内外公平紧密联系；工作系统设计。所谓工作系统是工作任务、技术、管理方式、人事政策和实践的复合体，它决定了工作的组织和设计、员工的工作态度和完成工作的方式。目前的趋势是增强员工在工作过程的参与程度、工作内容的丰富化，并强调团队技术在各个层次工作系统的运用；它与其他三个方面有着千丝万缕的联系，都是在最高管理层对员工的价值的态度和认识指导下形成的。在"以人为本"的管理哲学指导下，工作系统、报酬系统的设计都需要结合考虑员工在其中有一定的发言权，并在员工流动中发挥主动影响。

② 在管理学中，绩效评估体系一般归为人力资源政策的范畴之中。这与我们在这里把它"同时"划归入沟通体系之中并不矛盾：在沟通体系中，我们注重的是关于目标的信息的传达和最终的实现，而在人力资源政策中，我们主要考察报酬系统的另一面，即它对员工个体的态度和行为的影响，即利益契约的影响。

的正相关关系①。

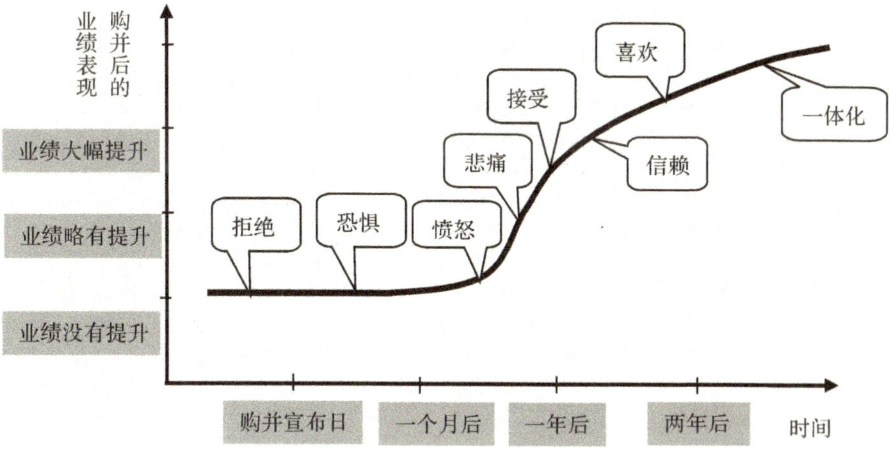

图 5-6 员工情绪随整合时间与业绩变化的波动曲线

这也再次回应了在第一章中我们引用的 Haspeslaph 和 Jemison (1991)的说法,"……交易协议签署之时,并不是事情的终结,而恰恰是真正的开始。这点是很多参与过实践的经理有深刻的体会……",这提醒我们对于"人"的问题一定要给予足够的重视。

一个新员工在进入一家企业时,一般有一个适应过程,主动或被动地作出某些改变。整合中,被购并企业员工的这种感觉要更加强烈,往往引发员工"抵制"的情绪反应。诱致因素包括不确定感、因为文化冲突导致的"敌意"和"严重的不舒适感",以及 Gaddis(1987)所说的"比较地位"等。②

不过,如同组织变革一样,不可能所有的员工都对整合有抵制心理。一些更喜欢变化或者原来权力安排的失意者的态度会比较积极,将其看作改善自己境遇的机会,而另外一些更安于现状或者原来权力安排的受

① 此图源引自在 AT. Kearney 工作的 Hebeck、KrogerTram 在 2000 年写的一篇文章,After mergers: Seven rules for successful post-merger integration,中的 Fig2。

② 我们假定普通员工流失的原因与经理流失的原因是相似的,所以,详细了解可参见第一章的"整合研究的总结"—"整合的因素分析"中的"高层经理的流失"。

益者则害怕变化，破坏自己的既得利益。[①]

(1)对整合持积极态度的员工

图 5-7 表示出了对整合持积极态度的员工的情感变化曲线。在获悉自己的公司被购并时，他们一开始比较惊讶，但随之视之为改变自己以及组织状况的机遇。由于建立在不充分的信息基础之上，所以这是一种“盲目的乐观”。但是，随着整合的逐步展开，他们可能会发现整合方向、整合经理的能力、做事方式与自己原来想象的并不相同，部分甚至完全相反，于是他们就有了悲观的情绪，即获得一定信息之后的知性悲观，认为整合不会给他们带来任何好处，别的一开始就抵制整合的人更是如此，这个时候是整合期间企业内部气氛最为沉重和微妙的时刻。

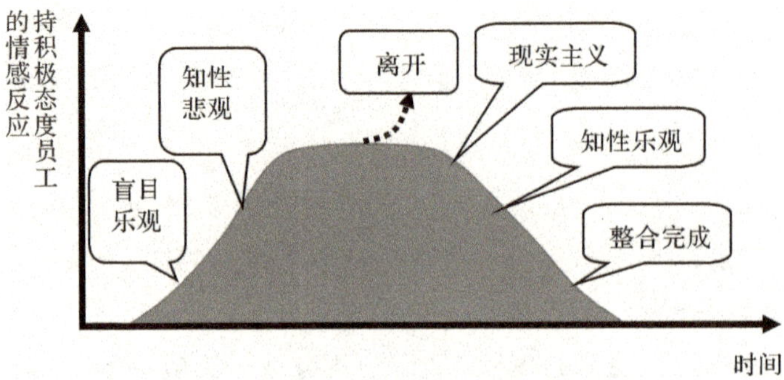

图 5-7　对整合持积极态度的员工的情绪变化曲线

如果这种情况处理不好、疏导无方，就可能导致部分积极员工离开公司，他们引起的负面效应比原本就消极的员工要大得多。如果处理得好，最重要的是整合的积极效果逐渐显现，企业各个层面的情况都开始发生好转，就进入了现实主义阶段，整合支持者们情绪开始稳定下来，对整合开始持一种客观的积极态度。企业内氛围逐渐朝着良性方向转变，员工情绪开始稳定，尤其积极分子的热情更是被激发出来，投身到各项工作之中，并且成为影响其他员工的积极“因子”，精心设计的整合项目迅速取得成果强化了这一趋势，员工们对购并企业逐渐认同，并对被购并企业的未来持有越来越乐观的情绪。这个势头如果保持良好，就会推动整合达到

① Marshall,Conner, Another Reason Why Companies Resist Change, Booz, Allen & Hamilton,1/1996.

胜利的终点。

(2)对整合持消极态度的员工

图 5-8 表示的是持消极态度的员工对变革的态度曲线。与图 5-9 相对照,会发现持消极态度的员工的情感变化幅度大、频率高,而且大部分时间里处于一个较高的情感反应强度。

首先,当这些员工听到被购并的时候非常的震惊,自己的平静生活被打破了。也不知道购并方对自己会如何安排,根据以往很多购并的传闻,购并往往意味着大量员工被解雇,因此,他们是焦灼不安的,急于打听各种消息,但是往往没有很明确的官方消息。于是,一些人一方面开始准备简历,联系工作;另一方面,以一种"听之任之"的消极态度看待整合和参与到整合中来。

可能要不了多久,整合就会展开,宣布要改变职位、报酬结构,以及价值观与行为方式。这更加引起了他们的不满和愤怒,表现出或明或暗的抵制行为,明的比如发牢骚、离职,暗的比如消极怠工、积极寻找企业外部其他职位。他们还会回忆起以前的"幸福时光",心里的想法是"我们干得好好的,凭什么要我们改变",尤其是在以前的做事方式下如鱼得水的高级经理们,更是产生一种"比较地位"情结:与以前比、与购并方同级别的经理比、与别的企业的同级别经理比,心理更加不平衡。

此时,企业内部的气氛逐渐达到抵制情绪的最高点。一些抵制情绪最严重的员工,尤其是关键的管理和技术人才离开公司,而留下来的员工士气低沉、无心工作,这不仅影响企业在过渡期的正常运作,而且为整合带来巨大的额外成本,比如招聘和培训关键岗位的员工、离职费用等。

整合面临着巨大的挑战,部分工作陷入停顿,于是各级员工开始与购并方派来的经理讨价还价,希望改变的程度小一点,保留原有的各项制度和组织结构等等,总之尽可能地按照原样不动。决定讨价还价结果的主动权还是掌握在购并方的手里,根据过程及结果,可能会出现两种情况:

一种情况是小心地控制这个过程。尽管存在很大阻力,整合在很大程度上被实施了,员工们终于认识到改变是不可避免的,进而由于整合为个人带来了好处,他们就慢慢地接受了改变,个人情绪以及组织内的氛围会慢慢地稳定下来。

还有一种情况,讨价还价过程比较激烈,双方都为此付出了惨痛的代价。部分员工可能离开了,因各种原因未能取得利益的员工内心依然反对整合,非常消极对待工作和参与整合的各项计划,如此不和谐的关系最终导致整个购并的失败。

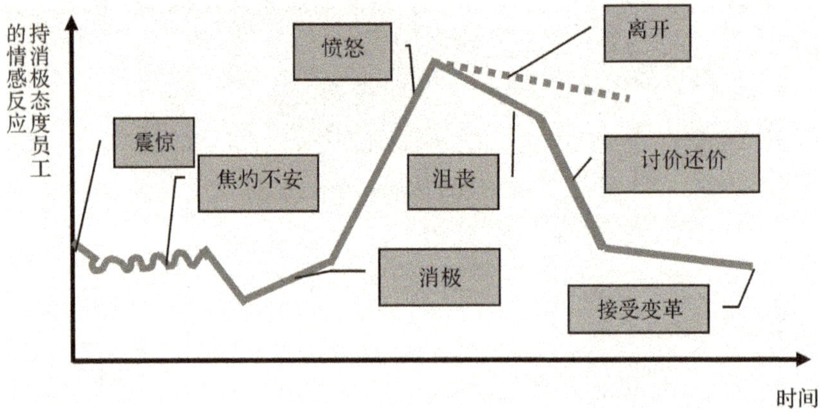

图 5-8　对整合持消极态度的员工情绪变化图

从上述情况看,虽然情绪都有变化,但是显然消极态度的员工的情绪波动更大,更不坚决,所以,如何发现、组织和利用持积极态度的员工,就成为工作展开的一个"基础"。要保护他们的积极性,并努力让更多的人加入这个"基础"中来,到了一定程度,就形成一种趋势和氛围,整合工作就比较容易展开了。

具体的方法包括:信息搜集,了解员工动态;对员工进行分类,发现积极的员工,尤其是那些既积极又关键的经理和技术人才;制订多层次的沟通计划,包括针对积极或者消极员工的专门的沟通计划;及时同时有艺术性地实施。①

虽说这些方法有一定效果,但员工抵制问题在本质上是一个系统问题。因为在前文,我曾经把员工与企业之间的关系看作利益契约和心理契约的结合。那么,对员工抵制的解决,必然要伴随着两个契约的重构,也就是要从重构中来解决这个问题。如果当前碰到激烈的抵制反应,可以采取直接的措施,但是真正地解决它需要一个自然而系统的过程。

---

① 对于员工的分类,可以结合这一节的"积极"和"消极"与下一节中的"不可替代"和"可替代",得出四类主要的员工:积极的不可替代类、积极的可替代类、消极的不可替代类、消极的可替代类。当然也可用别的分类标准,这主要看分类的目的。

5.4.1 利益契约的重组

1. 利益契约的定义与形成机制

如前所说，利益契约是存在于员工和企业之间的以利益交换为内容的契约。对一个员工来说，他最看重的是两点，一是物质回报，二是职业发展或者说个人目标的实现，这些是企业应该提供的，或者是承诺的。作为交换，他必须付出，按照一定的要求完成企业所安排的任务，而且他的个人目标和职业发展必须与企业的发展目标相一致。但是，很显然无法在一开始就把所有的内容规定下来，也不能保证双方都按照事先承诺的去做，所以，更重要的是员工的组织经历，它是塑造员工利益契约的关键力量。

由此，我们就了解了一个员工的利益契约的内容，它包含两部分：一是员工个人目标与组织目标和承诺的契合关系；员工在经过一系列投入——回报循环构成的组织经历之后，与所在企业形成的利益关系。利益契约的核心是员工的满意度。如果员工对自己的投入和回报之比，或者职业发展情况很满意，就意味着员工的满意度较高，反之，满意度较低，利益契约就有破裂的危险。

为了清楚地认识利益契约，我们必须深入了解它的形成机制，图 5-9 描述了利益契约的形成机制：

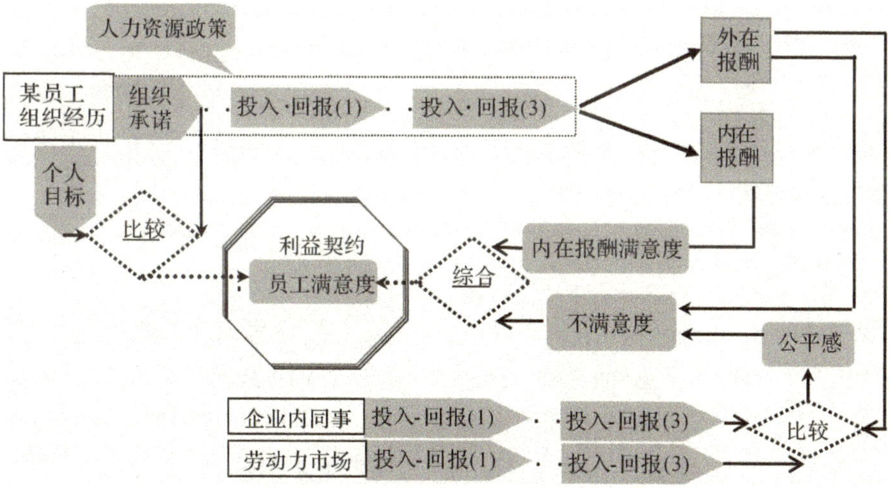

图 5-9 利益契约的形成机制

如图所示，利益契约的核心——员工满意度的高低取决于两个线路的输入。在有些情况下，它与员工判断的个人目标与组织目标和承诺之间的契合性。有些类型的企业比如高科技初创企业的员工，可能现在的报酬、工作环境并不好，但是未来的美好前景吸引他们留下来奋斗。我们可以作个简单的判断：以目标和承诺的契合为基础的利益契约在成长潜力高的企业会比较普遍和合理。

在大多数情况下，员工的满意程度是由组织经历产生的内在报酬满意度、不满意度综合作用的结果。根据 Hertzberg 的理论，员工认同度主要来自工作过程中的内在满意度，而外在报酬以及公平感属于环境因素，做得好也只会让员工感到"不满意"，但做得不好会损害员工认同度。内在满意度则是因员工在工作过程中体验的成就感、胜任感，以及个人成长而产生的，而影响不满意度的因素主要是外在报酬和员工感受到的公平感。

员工的组织经历主要受人力资源政策的影响。评估与报酬体系是以比较显性的形式规定了员工的投入与回报，基本上决定了员工获得的外在报酬的结构与大小，而人力资源政策中的工作体系设计、流动性管理则在很大程度上影响了内在报酬。

2. 利益契约的性质

利益契约的性质可以用两个指标来描述：强度和一致性。其中，强度关注的是单个员工的利益契约，而一致性则是不同员工的利益契约之间的异同。

(1)强度，它指的是员工与所在企业之间的利益契约的牢固程度。强度高低是由人力资源政策来决定的，包括：①工作要求与能力的匹配程度；②工作丰富性与参与程度；③员工对评估与报酬中参与程度；④职业发展培训。强度越高，利益契约越牢固，员工个人与企业在感情上越亲密，它的外在表现是员工积极主动的工作态度、低流失率。反之，则员工积极性不高、效率低下，流失率高，尤其是企业所需要的高技能员工。

(2)一致性。一致性指的是企业内各员工的利益契约之间的差异程度。这种差异既有构成基础的差异，比如定义中指出的或偏于目标与承诺的契合程度，或偏于已有的组织经历，还有强度的差异，比如职位、级别的高低、企业对各职能部门的偏重程度，都会影响处于不同组织位置的员工在利益契约强度上有所不同，这方面说到底是内部公平感。由此可知，影响一致性的因素包含两个：构成基础的差异；内部公平感。构成基础的差异越小，内部的公平感越强，对企业文化的认同度越高，则员工的利益契约一致性就比较高。

3. 从时间、空间维度考虑利益契约的稳定状态

在购并这样发生变动的情境中，利益契约的稳定性是个关键的问题，而且应将利益契约的稳定状态置于时间、空间的维度讨论，这样分析才会比较透彻和全面。利益契约在空间与时间维度上的稳定状态取决于四个方向相反的拉力的作用，如图 5-10 所示。在空间维度上，是企业内部的吸引力和外部的职业市场吸引力；在时间维度上，利益契约受到了组织经历和目标与承诺分别代表的历史、未来的影响力。

在空间维度上，利益契约的稳定状态取决于企业内部吸引力与外部职业市场吸引力的相对大小。其中，企业内部吸引力是企业内部环境、目标与承诺、组织经历共同作用的结果，而职业市场对企业员工的吸引力主要依靠个人目标与组织目标的契合以及以外在报酬为核心的承诺。这两种力量的相对大小与企业为其员工提供的报酬、职业市场上提供的报酬之间的差异密切相关，尤其是易观察到的外在报酬的差异。在两者相差不多的情况下，由组织经历决定的内在报酬将起决定性作用。由此，利益契约可能处于两种稳定状态：

- 现实不稳定状态。员工在组织经历中得到的外在报酬与职业市场的吸引力相比处于劣势，而且内在报酬也无法成为内部吸引力总体占明显优势的情况下，员工有较大的可能在适当的时机离开这家公司。
- 现实稳定状态。此时，空间维度上保持了相对的外部公平，而且，由于企业发展平稳，目标和承诺不太会发生重大变化，从而组织经历构成了利益契约的主要基础。

在时间维度上，利益契约受到目标和承诺、组织经历两种力量的作用，一种力量使员工向前看，另一种力量使员工向后看。当组织目标与承诺的可行性较高，并与个人目标和职业发展的需求相匹配时，它就表现出比较强的吸引力。作为经验的组织经历，一方面本身构成了利益契约的基础，另一方面也影响了员工对组织目标和承诺的信任程度。如果组织

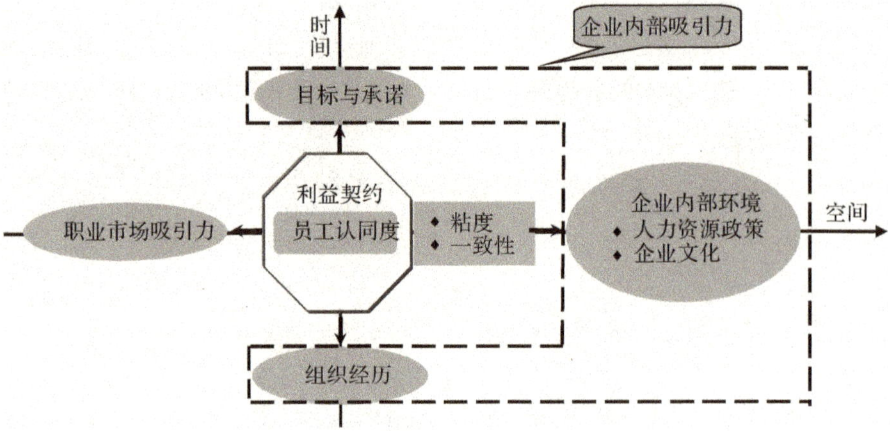

图 5-10　利益契约的时间与空间维度分析

一贯以目标和承诺作为虚假的诱饵，那么即使组织提出了新的更诱人的目标与承诺，员工也不会为其所动，这样，利益契约的现实成分就比较浓厚一点；如果组织总是言而有信，那么当它提出更加宏伟和动人目标与承诺时，就会对员工构成强烈的吸引力，从而使利益契约的期望成分比较浓厚。

在时间维度上，利益契约的稳定状态也有两种：

- 期望不稳定状态。当个人目标与组织的目标、承诺相距较远时，换句话说，公司没有给予员工一个美好的前景，员工对未来没有什么信心，利益契约就不稳定，流失率较高。
- 期望稳定状态。与上类似，外在和内在吸引力之间的差异基本处于员工可接受范围内，而且，由于企业的发展速度比较快，组织经历也表明了组织的目标与承诺具有相当的可信度，使员工的利益契约处在期望稳定状态。

综合两个维度，我们可以得到关于利益契约稳定状态的四种情况：①现实不稳定/期望不稳定状态；②现实稳定/期望不稳定状态；③现实不稳定/期望稳定状态；④现实稳定/期望稳定状态。

4. 利益契约在整合中的重构

在整合中处理有关员工的问题，其核心就是利益契约的重构。对一个企业来说，被购并是一个重大的事件，它必然会对员工的利益契约产生多方面的影响。总体上讲，它对原有利益契约稳定结构的基础是一个冲击，增强了它朝着不稳定的状态转变的趋势。

首先，购并增加了不确定性因素，尤其在沟通不充分的时候，人们不了解企业未来的经营方向和目标，会很担心企业原来的品牌、制度和企业文化都会变化；另一方面，利益契约的原有目标和承诺基础就面临着"中断"的危险，这些目标和承诺是否依然有效成为人们担心的另外一个问题。

第二，由于可能对购并企业没有任何了解，因此即使他们提出一些目标并作出很多承诺，其可信度也被员工们怀疑。另外，由于从来没有与购并企业一起工作过，双方缺乏共同经历的现实基础，这也会使员工们心里没有底。

这些影响一方面是不利的，减弱了企业内部的吸引力，相对增强了职业市场的吸引力，很可能会导致员工抵制以及较高的员工流失率，尤其是职业市场上比较稀缺的高层经理和技术人才，这点已经在 Walsh 的研究中得到了验证，这在希望保持被购并企业稳定性的情况下是很不利的。但是，当购并企业欲重构被购并企业员工的利益契约时，这种冲击也有好的一面，它动摇了原来的利益契约基础，为建立新的利益契约奠定了一定的心理基础，扫清了某些障碍，所谓"旧的不去，新的不来"。

这只是一般性的讨论，具体到四种不同的利益契约稳定状态，那么整合中对利益契约的重构在难点和重点上也是不同的。其中所谓难度，指的是整合中所遇到的员工不合作、抵制以及流失问题。

因此，在整合之前和之初，应该首先分析被购并企业员工的利益契约稳定状态，判断利益契约状态到底是哪一种，随后就明确了在该种情况下整合的重点。

- ◆ 现实不稳定/期望不稳定状态。那么，被购并企业员工的利益契约非常脆弱，建立新的利益契约困难会比较小一点。整合的时候要速度快，无论是员工还是企业迅速取得期绩效很重要。
- ◆ 现实不稳定/期望稳定状态。企业的成长速度比较快，但报酬、福利待遇等稍微差一些，所以，整合侧重点一方面寻求被购并企业的目标与母公司目标的相容性，这应该在购并前的战略规划中就解决了；另一方面，就是改善报酬系统，可取得立竿见影的效果。

◆ 现实稳定/期望不稳定状态。企业经营稳健，外在报酬基本保持外部公平，但是成长前景不清晰，员工对未来信心不足。那么，整合时就要考虑在目标与承诺上做些文章。

◆ 现实稳定/期望稳定状态。如果真是这种状态，就要认真考虑一下是否一定要吸收合并，也许采用支持共生更好一些。若非得吸收合并，这将是很棘手的，必须在整合计划阶段就要认真分析企业文化等各方面的相容性，并慎重地采取措施。

尽管在不同的情况，整合重点各有不同，但是在基本的方法上有很多共同点，下面择其要作出讨论：

(1)提出富有吸引力的目标和承诺，并选择和设计有效的沟通渠道、沟通方式。这正是在第三章中对“愿景与战略整合”所强调的第三个作用：凝聚人与组织之间的关系。

在构建愿景与战略整合之后，须由人力资源专家确定被购并企业中不可或缺的关键管理、技术人才名单，并开发出面向不同员工的沟通计划。一旦交易完成，就迅速将愿景、期望信息传达给被购并企业的员工。与各级员工尤其是关键人才的沟通应该迅速地、分层次地进行，向他们表示出购并方希望他们留下来的愿望，并给予适当的承诺，比如保留职位、提升、报酬待遇不变等，这将在一定程度上可以抵销来自外部的诱惑。

(2)对接关键的系统和制度，为整合建立制度基础。Mckinsey 研究一些成功的跨国购并时就指出，很多公司迅速地将被购并公司的财务制度、人力资源制度改造，并与母公司对接，从而塑造了一个整合的制度基础。至于员工们是否接受这种安排，取决于随后的组织经历。

(3)精心设计和塑造员工们的组织经历，增强对购并方的信任和依赖感。在整合这种特殊的情境下，仅有目标和承诺并不足以改变原来的精心设计来自事先开发出的整合计划，整合计划应该有针对性，它取决于购并的目标，比如降低运营成本、寻求后勤、生产、营销方面的协同，往往很多目标并存，那么，在整合开始后就着手组织若干个项目小组专注解决具体的问题，对于大公司，项目小组的数目可能会非常多，比如 Dymler-Chrysler 在全球有几百个项目小组。迅速取得绩效，并使员工在组织经历中得到好于以往的外在和内在报酬是组织经历是否成功的重要标志，它将增强员工对购并方的认可和信任。所谓塑造，就是将购并方的价值观、行为方式、工作方式糅合进组织经历中。

其实,在这些工作之前,还有一个基础性工作要做,也就是员工重组。它是根据整合的价值创造规划,而对人的数量和结构先进行一个调整,以适应整合工作的展开,比如上面提到的成立针对特定整合任务的项目小组。

5.4.3 员工的重组

员工的利益地位由两方面的因素决定:一是在控制权转移中的讨价还价地位;二是员工在劳动市场上的稀缺性。前一因素是历史的结果,是谈判需要解决的一个重要问题,而后一种因素则直接对整合构成影响。

相对经理们而言,普通员工处境更加被动:①首先,他们无法就关系其切身利益的职位安排、待遇等讨价还价;②如果采取反购并措施,经理们会利用特权首先考虑保护自身的利益,比如擎保护伞,而不会惠及普通员工;③普通员工在劳动力市场中一般处于卖方市场,而经理们则相对来说更稀缺一些,事实上,很多竞争对手正是趁此机会将一些有能力的经理挖走。当然,并非所有的经理都比普通员工的处境好,当整合的重点在于压缩管理费用,撤销一些无关重要的部门时,中层经理们的命运可能还不如普通员工。

从劳动市场的稀缺性角度看,被购并企业的员工可以区分为三类:

(1)不可缺少型员工。一般是高级经理和高级技术人才,他们往往与购并方谋求的目标资源或者与目标资源有着密不可分的关系。有一个比较极端的案例,购并方多次邀请某个杰出的管理者加入自己的企业,但对方拒绝了,于是购并方将对方所领导的一个企业购并了。IBM 公司在 1995 年购并莲花公司之前,对莲花公司内部的员工作了评估,列出了一张包括最重要的、千方百计保留人才名单,其中最重要的就是 Notes 群件的创造者雷·奥兹。

(2)可替换型员工。这类员工在劳动力市场上的供给较多,一旦解雇或流失比较容易找到替代者,他们可能是部分高级经理、中层经理和普通员工。与替换相伴有一些不可避免的成本,包括招募、培训的成本,以及适应过程中付出的学习代价和相对原来"熟练员工"的效率机会成本,还有与团队建立有关的组织成本等。但是,替换本身也能带来好处,比如提升内部员工填补高级空缺职位带来的满意感、新员工更容易认同购并方及其企业文化、调整新的技能组合适应新的业务等。如果替换是被动的，则尽可能压缩相关成本；如果是主动的，在实施之前应该慎重考虑由此引发的成本和好处，掌握好节奏感并选择合适的方式。

(3)多余型员工。有些是与机构臃肿、效率低下联系在一起的，有些则是因为购并双方在业务、机构上的重合而产生的。他们一般是中层经理、普通员工，而且在很多情况下主要是前者。对他们的处理方式一般包括辞退、调动岗位、重新培训以在企业内或企业外寻找新的合适职位。

按照这个分类方法，第三类将成为整合的"牺牲品"，这对于降低企业的运营成本是很有必要的。第一类显然是应该极力挽留的，第二类也应该尽量保持稳定，因为他们是实施整合、保持企业正常运营的基本力量。

在实践中，整合工作的过渡时期经常采用项目小组的形式，主要是为了完成特定整合目标，与此同时，它也成为在购并双方的员工之间相互了解、一起工作的"组织经历"。如前所述，组织经历是对被购并企业员工的利益契约能否顺利重建的一个重要因素，所以我们有必要了解一下成功的项目小组应该遵循的原则：

(1)每个项目小组必须有一个明确并具挑战性的业绩要求。麦肯锡的卡曾巴赫在研究美国几个大公司的成功团队时指出，针对团队有挑战性的业绩要求是团队取得优秀绩效的首要要求。对于整合项目小组来说，设定业绩往往与整合目标联系起来。

(2)项目小组的目标，不仅考虑购并方的利益，还必须重视顾客与团队成员的利益。顾客对整合的重要性，我们已经在第四章中作了详细交代。对于团队成员的利益的考虑，这完全可以理解。理想的情况是，在整合展开之后，员工的利益比以前有个较为明显的提高。来自实践的信息表明，这很重要。

很多变革失败的原因就在于，总是说有一个好的远景，但是在短期内却看不到丝毫的影子，或者说相对代价而言收益微乎其微。不要将责任推到员工"短视"上，这是人的本性，关键的是通过良好项目安排迅速创造出使员工获利的短期效益，这对于将消极的员工转变为积极的员工具有实际意义。

(3)成员技能具有互补性，这是根据要解决的问题所决定的，尽管可以通过有意识地选择建立一个好的基础，但难以一蹴而就，很多情况下是在工作的过程中通过个人学习、组织学习以及配套的培训来获得的。对整合来说，还有一个与此密切相关的问题，就是尽可能将来自双方的员工包容进项目小组内，这是很明显地促进利益契约融合的一个手段。

(4)授之以权，充分发挥员工的主动性和积极性，并提供必要的资源支持。将部分决策权和行动的权利赋予变革项目小组，尤其是积极分子，这一方面将员工与变革紧密地联系起来，另一方面这也是一种隐性的激励机制，将蕴藏在员工身上的主动性和积极性激发出来。现在强调的以人为本的管理，核心原则就是授权，同时这也往往是组织变革的一个方向，与组织扁平化、提高适应能力的方向是一致的，这个过程本身就是变革的一部分。

(5)在项目小组内培养出相互负责的态度和组织氛围，可增强被购并企业员工对购并企业的认同感和归属感。对组织经历的塑造可以体现在团队要求中的每一个方面，业绩目标、目的、技能的组合、相互负责的组织氛围，它并不一定能够必然决定个人的组织经历，但会是一个很好的开端以及运行基础。

6 社会资本的创建与整合

社会资本的创建与整合是支持逻辑 3 的主要内容，但因为它的“软性”特征，要很好地把握它很不容易，为此需要了解其中的主要内容和规则。

6.1 社会资本的概念界定

6.1.1 社会资本的定义

社会资本的概念最初出现在社会学研究中，突出了人与人之间随时间逐渐形成的稳固的横向关系，它是信任、合作，以及集体一致行为的基础(Jacobs，1965)。最初的研究强调了社会资本对个体的重要性：存在于社区组织和家庭社会关系的资源能够帮助青少年的成长(Loury，1977)。今天，社会资本的概念已经应用很广，很多社会学家、哲学家和经济学家试图利用这个概念来寻求很多问题的答案。

与本文研究的关系尤其密切的是社会资本在组织理论中的应用。在组织研究中，学者们用它来解释个体、组织部门以及企业之间的一些现象。很多学者根据自己的理解和研究目的，给出了各种各样的定义，大致分为两类典型的看法：

第一类，社会资本是一种存在于外部的资源：

- 行动人从某种特定社会结构中获取的特定资源，并凭借它追求自己的利益；
- 它是通过改变行动人之间的关系而创造出来的(Baker，1990)；
- 个人的关系网络和制度性协定(Belliveau、Reilly 和 Wade，1996)；
- 可指望提供帮助的人的数量和这些人所能控制的资源(Boxman 等，1991)；

◆ 行为人利用自己在某一社会网络或者其他社会结构中的成员资格而寻求利益的能力(Portes,1998)。

第二类,社会资本是一种存在于内部的资源:

◆ 存在于人们之间的合作关系,它有利于集体的行动,解决集体面临的问题(Brehm 和 Rahm,1997);

◆ 由群体的成员共享的一组非正式的价值观和规范,促进人们之间的合作(Fukuyama,1997);

◆ 一种信任和宽容的文化,由此产生了一个存在大量自愿互助的关系网络(Inglehart,1997);

◆ 社会组织的一些特性,比如网络、规范、信任,它们有利于彼此的协调和合作(Putnam,1995)。

第一类社会资本是一种有利于焦点行为人(Focus Actor)某项行为的资源,这个资源存在于焦点行为人与其他人的关系网络之中,这是自我中心主义(Self-center)。第二类社会资本存在于群体、组织内部的个体之间关系结构的有利于行动的特性,特别强调那些有利于实现集体目标的特征。它是一种社会中心型(Social-Center)的分析,是关于整个网络的。Leana、Buren(1999)把这两种观点的区别看作私人产品和公共产品(更精确的说法是集体产品)的区别。

本文采取一种中庸的、综合的态度,把企业中的社会资本定义为:它是一种特殊的、存在于企业内部以及企业与外部重要利益相关者之间的关系网络资源(或称为资本),它把企业中的个体、部门联系为一个整体,同时维持着企业与其他外部利益相关者之间的承诺与义务,并对各种形式的群体合作有积极的支持作用。①

① 之所以采取中庸、综合的态度,是因为:第一,两个定义的差别在于观察的角度和分析层次不同。存在于一个群体内个体之间的内部关系,对于非群体成员就是外部的关系;第二,两者可以互补。对于一个群体行为人,比如企业,它的行为既受到内部关系结构的影响,也受到与其他企业和团体的关系的影响。第三,就企业来说,战略管理中竞争优势的研究表明,企业与外部的利益相关人的关系,包括客户、供应商、中间商及其他合作伙伴之间的关系是企业获取竞争优势的重要支撑。

6.1.2 社会资本的性质

社会资本既然称为“资本”，必定与其他资本，也就是本文中的资源，有很多共性。而直到最近，它才引起人们的关注，也说明它是一种特殊的资本，具有与其他资本不同的特性。表 6-1 对社会资本与其他几种类型资本作了一个比较。

表 6-1 社会资本与其他资本的异同比较

	社会资本	人力资本	实体资本	财务资本
独特性质	集体产品； 存在于关系网络之中； 通过不断互动而积累； 投资—收益难以衡量； 如果损害它，在短期内不太容易看到危害。	在未来可以获得收益； 无形的； 易折旧，但折旧率难以衡量； 可以替换、补充其他资本。	在未来可以获得收益； 易折旧； 可以替换、补充其他资本。	在未来可以获得收益； 可以替换、补充其他资本。

与整合研究相关的、需要着重说明的是如下几点：

首先，像实体资本、人力资本，但不像财务资本，社会资本需要不断地维护。关系纽带必须不时地更新和强化，否则就会失去效力。而且，像人力资本，而不像实体资本，社会资本不存在一个可预测的折旧速率，有两个原因：第一，它可能因为弃置不用而折旧，而不会因为“用”而折旧。这像人力资本或者一些公共产品，比如知识，它们因为“用”而不断地增强：比如信任——社会资本的主要来源——就是典型的今天互相报答而明天会更加强化的一个例子。第二，当社会资本在某种特殊情境下被认为已经没用的时候，同样是无法事先预测的。

其次，社会资本是一种无形的资本，这点像人力资本，而不像实体资本和财务资本。但是，它是通过员工个体或者群体（部门、企业）之间不断地互动而逐渐积累的，这又不同于其他资本。虽然就某一时刻而言，社会资本应该看作一种“存量”，是被“赋予”的（Putnam，1995），但至少在某些环境下，社会资本可以通过一些特意安排的行动来“建设”（Evans，1996；Sabel，1993）。

再次，一些学者（比如 Coleman，1988）认为，社会资本不同于其他任何资本，因为它不是“存在于”行为人，而是存在于行为人之间的关系中。它需要参与者付出忠诚和合作，才能建立社会资本。社会资本存在于社会网络中，也意味着它是不能交易的（Leana 和 Buren，1999）。

6.1.3 社会资本的内容

1. 社会资本的维度

为了分析的方便性，有必要对社会资本作进一步的细分。Nahapiet 和 Ghoshal（1998）曾经提出了一个分类框架，他们把社会资本区分为结构、关系和认知模式三个维度，三者之间各有侧重，同时也是相互关联的。

（1）结构维度。结构维度与关系网络作为一个整体的特性有关，它描述的是人与人或者单元之间关系的非人格结构，也就是你可以接触到谁以及采用什么途径。结构维度的主要内容包括：

- 行为人（包括个体、部门）之间的关联或无关联；
- 关联的类型，比如强度、紧密性、层级性；
- 目的转换可能性，即使这个网络因某目的而创建，也可以用于其他目的。

（2）关系维度。关系维度描述的是在互动过程中形成的个人间的特定的情感关系，比如尊重和友谊。通过这些关系，人们实现某些社会动机，比如获得承认、提高声誉。举个例子：两个人可能在网络中占据同样的地位，但是如果他们与其他成员之间的感情联系有差异，那么他们的选择在某些重要方面就不一样。比如，尽管某个人可能会因与直接上级、同事之间的关系留下来，而不顾在其他地方可能获得的经济好处，而没有这样感情纽带的人可能就会跳槽而去。关系维度的主要内容包括：

- 信任和值得信任（Fukuyama，1995；Putnam，1993）；
- 义务和期望（Coleman，1990；Putnam，1995）；
- 身份和认同感（Hakansson 和 Snehota，1995）。

（3）认知维度。它指的是那些为不同团体、个体提供共同的形态、阐释和意义系统的资源，相对其他维度，它是“埋藏”比较深的，需要细心而耐心发掘的。虽然它在社会资本的主流理论中研究很少，但是近来在战略管理中却给予很多的关注。它对于理解智力资本有重要的意义，其主要内容有：

- ◆ 共享的语言和代码（Arrow，1974；Cicourl，1973；Monteverde，1995）；
- ◆ 共享的叙述方式(Orr，1990)；
- ◆ 深藏其下的各种假设。

但我们注意到，在很多分析中都提到了与企业文化非常接近的概念，比如 Fukuyama(1997)所说的“由群体的成员共享的一组非正式的价值观和规范”，以及 Putnam(1995)所说的“社会组织的一些特性，比如……规范……”因此，我们认为这也是社会资本一个非常重要的内容，这样社会资本就拥有了四个维度：结构维度、关系维度、认知维度、价值观维度。

2. 社会资本与企业层次的结合

社会资本是企业中人与人之间“不可见的”的关联，是非正式的，没有明文予以表述。与此同时，企业内还存在着组织结构图描述的层级，是人与人之间的正式关联。那么，这两种关联之间是什么样的关系呢？

企业在创建之初，人与人分工界限比较模糊，所有员工的联系比较频繁，企业的整体性强，但是随着规模不断增大，分工逐渐细密、严格，人与人之间的互动机会大部分就集中于部门内部和上下级部门之间，横向的联系很少，所以，由互动而培育和强化的社会资本在很大程度上会呈现出与正式组织结构“同构”的特征，即企业的层级结构差不多决定了社会资本中结构维度(有无关联、层级性)。

按照通常的组织结构图，可以把企业分为三个层次：个体层，即企业中的所有员工；部门层，由员工个体组成的以一组任务为目标的群体，职能部门和/或事业部；企业层，是由各部门组成的创造价值的总体。如果把这三个层次看作结构维度，那么，就可以对社会资本的另三个维度进一步加以细分，如表 6-2 所示。

表 6-2　社会资本的层次分析

	社会资本		
	关系维度	价值观维度	认知维度
企业层次	企业与外部利益相关者之间的关系	企业文化	愿景、战略的代码系统

续 表

	社会资本		
	关系维度	价值观维度	认知维度
部门层次	部门与部门之间的关系	部门亚文化	部门目标、功能定位的代码系统
个体层次	个体与其他个体之间的关系	个人价值观	角度认知模型与代码系统

分别从社会资本的三个维度来说：

对于关系维度，在企业层次上，主要表现为企业与顾客、供应商、中间商和合作者（比如研发联盟）等外部利益相关者之间的关系；部门层次则受正式的流程关系影响很大，通过互动建立起来的彼此信任、合作或者不信任、不合作的关系；个体层次的关系与正式的报告体系、工作岗位之间的合作体系相关联，所以主要体现在直属的上下级、同事、与其他部门的接口处等方面的人际关系。

在企业层次上，价值观表现为企业内员工个体价值观、部门价值观的共享集，即企业文化。如果共享集比较大，即企业文化很强，就意味着企业内在各个层次上的价值观的一致性比较高，否则，可能企业内的价值观体系会比较多元化，甚至彼此冲突。一般来说，三个层次的价值观体系总会有差异存在，而且越到低的层次，多元化趋势越明显。

认知维度在企业层次、部门层次就是其成员共享的语言和代码集。在企业层次上，尤其指的是企业的最高管理层对于与企业如何有效经营有关的问题的认识，涉及很多在本企业内有特殊意义的术语，比如战略、效率、质量，而在部门层次上，尤指与部门任务有关的一些技术性比较强的术语，比如营销部门的铺货率、零售商的访问率等，生产部门的缺陷率、6 个希格玛等。而员工是通过存在于自己大脑中的认知模型来对组织“给出”技术和管理术语进行解释和理解的。

6.1.4 社会资本创建与整合的主要内容

上述分析之后，我们对社会资本创建与整合的作用有了更确切的认识，即作为以“人”为焦点的支持逻辑 3 的一部分，它通过围绕心理、价值观和代码系统的努力，推动整合所涉及员工，使他们接受、认同并积极投入到整合工作中。进一步的，我认为，社会资本的创建与整合主要包括这样几个问题：

(1)心理契约的重构。当分析的单位是个体时，因为个体的生物(物理)不可分性，与个体有关的关系维度、企业文化维度和认知维度就天然地结合在一起，结合的结果就产生了个体的心理契约(Psychological Contract)。在整合中需要解决的一个问题是，对于被购并企业的员工，“旧”的心理契约依然存在，如何建立新的心理契约。

(2)企业文化的整合。虽然在整合中必然涉及部门的亚文化，但是在购并双方之间最直接的矛盾往往主要和首先表现在企业层次上，所以下文将重点讨论企业文化的整合。

(3)企业关系网络的整合，主要是针对被购并企业原建立的与外部利益相关者之间的关系进行调整、维护和提升，希望他们支持整合以及之后的正常运作。

(4)语言和代码系统整合，涉及从个体所在的岗位，到部门层次，再到企业整体的三个层次上为人们提供关于目标和功能的意义阐释功能的语言和代码系统。

6.2 个体心理契约在整合中的重构

6.2.1 个体心理契约的定义与性质

个体心理契约(Psychological Contract)，是存在于员工与一起工作的直接上级、同事、所在部门和企业之间的一组隐性契约。它起源于组织内的人际交往行为，并表现为某些特别情感。积极的个体心理契约表现为由信任、忠诚和投入交织而成的情感，员工积极承担委派任务，很有责任心，合作的意愿也很强烈。反之，个体心理契约比较脆弱，员工就很容易流失，即使留下，工作态度上也多表现出消极的一面。

除了积极和消极，还可用“强度”和“一致性”来描述心理契约的性质。其中，强度关注的是单个员工的心理契约，指的是员工与所在企业情感纽带的牢固程度；而一致性则是不同员工的心理契约之间的比较，指的是企业内各员工的心理契约之间的差异程度。在内容上则涉及以下要介绍的个体心理契约的三个维度。强度和一致性决定了一个员工的个体心理契约所影响的行为是积极的，还是消极的。

6.2.2 个体心理契约的内容与形成机制

已知个体心理契约是一组“隐性”契约，那么契约的内容是什么呢？我们认为，心理契约在构成上，包含三个维度：

关系维度，是指员工与其直接上级、同事、所在部门领导、企业领导之间所形成的彼此信任关系，总之是人与人之间的关系，这是与利益契约（强调人与“非人格化”的企业、工作之间的关系）是不同的。

价值观维度，是指员工对企业内以及所在部门占据主导地位的价值观——企业文化、部门亚文化——的认同程度。如认同程度较高，在相互依赖紧密的场合就比较容易沟通、协作，反之，则容易发生分歧和冲突。

认知维度。如果说价值观维度强调“对与错”，那么，认知维度更偏重于“为什么”和“是什么”。对于决策者，它体现为与企业经营管理有关的诸类问题进行分析、解释的框架，比如企业的经营环境现在如何，将来如何变动、企业如何采取应对措施，重点放在何处等。对于执行者来说，主要是对“是什么”的理解，比如对计划和行动方案的理解，之后再实施。

个体心理契约的形成并非一朝一夕，是经由不断地反馈、强化或者弱化的过程而逐渐形成的。一个新的员工加入企业之后初始阶段是形成他的个体心理契约的关键时期。心理契约的三个维度性质不同，其形成方式也有所不同。

首先，就关系维度而言，人与人之间的互动是关系建立的必要条件。一般来说，企业中人和人打交道大多是围绕着工作，工作过程是否愉快极大地影响了人与人之间能否建立积极、友好的关系。当然，还会有一些社会性的交往，与工作关系不大，比如非正式的沟通、聚会等，它们对于良好关系的建立有积极的推动作用。

第二，就价值观维度而言，对主导价值观的认同是通过在行为规范层面上的不断调整来实现的：如一致，受到默许、奖励；如犯错、被警告或者惩罚。如此，一而再，再而三，一个善于与周围环境协调、善于记忆的人，就会“校准”自己的行为规范，同时也接受了背后的价值观逻辑。

第三，就认知维度而言，与价值观维度类似的是，同样需要一个潜移默化的过程——学习过程，才能使员工适应已有的主导认知模式。与价值观维度主要是从行为规范上校正不同，认知维度主要是在沟通的过程中使自己的认知模式和主导的认知模式之间相互的“差别”不断地显现出来，然后再进行调整的。

然而，个体心理契约并非完全可以塑造，它受到一些“先天”因素的局限。对于关系维度来说是员工的个性；对于价值观维度来说，新员工加入之前就有了比较成型的价值观；认知维度也是如此。相较而言，三者中可塑性最强的是认知模式，随后是价值观，个性是最难以改变的。

一般情况下，企业有自己“青睐”的员工类型，主要包括其个性、价值观和认知模式，它们构成了企业招聘的标准。这样招进来的新员工，从一开始就有了一个建立心理契约的良好基础，能够迅速融入企业中去。根据上面的分析，图 6-1 描述了个体心理契约的形成机制。

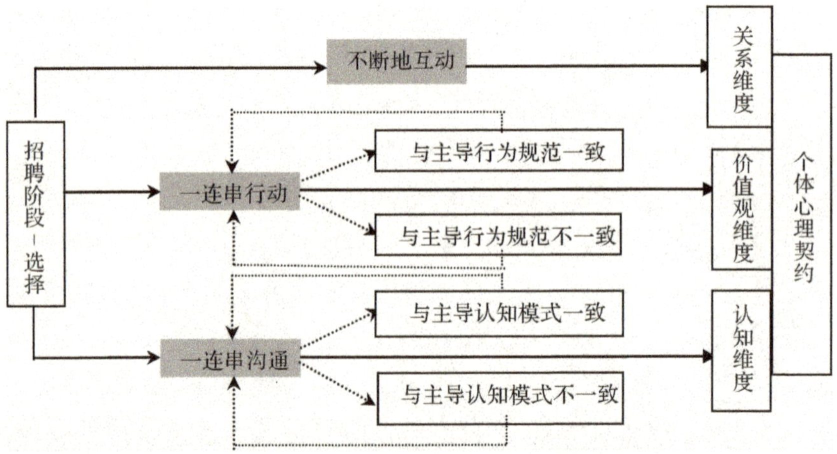

图 6-1　个体心理契约的形成机制

不过，这样可能使得企业会愈发“同质化”。当企业环境动态而复杂时，就有“全军覆没”的危险。因此，现在对企业“多元化”越来越重视，此“多元化”是指员工个性、价值观、认知模式，认为它是提高适应性、变革、创新的有利条件和必然要求。在不同的部门，其重要性自然不同，创新能力要求较高的部门，比如研发部门、营销部分，对“同质化”的危险须严加提防，而对于以例行运作为主的，比如制造部门、采购部门，问题不是很大。

6.2.3 个体心理契约在整合中的重构机制

两个企业中的员工都已经形成了或强或弱的个体心理契约，而且，为了达到整合的目的,必须对原来的个体心理契约重构。在以购并企业为主的情况下,重构特指被购并企业的员工的个体心理契约。

一般情况下,重构涉及两方面内容:一是调整(被购并企业)员工原来的心理契约,因为作为契约另一端的直接上级、同事、领导可能已经离开,而企业也已经或者正在经历调整;二是与新的母公司建立新的个体心理契约,这对于(被购并企业)高层经理尤其重要。

第二部分内容的重构在任何情况下都是有的,而第一部分内容的重构取决于整合的程度。如果能够尽量保持被购并企业的完整性和独立性,就不需要什么重构;如果对其完整性和独立性有大幅度的调整,重构任务会很重,难度也很大。对于本书要研究的"吸收合并"整合模式,两方面内容的重构都会发生。在分别分析之后,我们在案例 6-1 中将对浙江金义集团在异地购并中针对员工个体所做的工作,这涉及个体心理契约的部分内容。

1. 个体心理契约的重构

此时,原来个体心理契约的性质,即强度和一致性,对重构有很大影响。随个体心理契约的强度、一致性的不同,重构的重点和难点也是不同的。如果个体心理契约的强度比较高,一致性比较强,也就意味着原来的心理契约稳定性比较强,如果大幅度地重构,需要克服很多困难。

最大的困难来自员工的抵制,因为重构意味着导入新的主导行为规范、主导认知模式,如果员工不认可,这是经常的情况,重则导致一部分员工离开企业,这也就意味着心理契约的破裂,如果这些员工是重要的,购并企业需要的,后果会比较严重;轻则是员工消极的抵抗,比如怠工、不积极投入工作,从而导致效率的损失。员工的流失反过来又会影响原来个体心理契约的稳定性。如何应对这种情况,上一章中的人力资源政策已经作了详细说明,由此也可以看出,整合时的人力资源政策与个体心理契约的重构有着紧密关联。

购并以及随后有关整合的各种传言实际上已经向员工传达了"变化"的信号。这对于重构既有不利的一面,比如前面所说的关键员工的流失,同时也有有利的一面,即员工们已经有了对"变化"的预期心理,重构可以借助这种微妙的心理状态。

从个体心理契约的形成机制来看,重构成功的关键在于创造一个良性反馈的过程。为了创造这样的过程，必须借助强有力的领导(经常是以整合负责人为核心的高层经理团队)或者专门的工作团队的介入，这是两种各有侧重的方式。图 6-2 描绘了个体心理契约的重构机制：

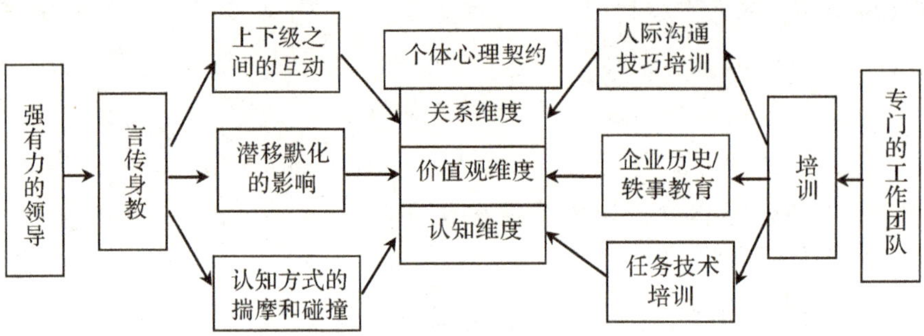

图 6-2　个体心理契约的重构机制

(1)强有力的领导

所谓“强有力的领导”，指的是有人格魅力、人际沟通能力较强、适应陌生环境的部门领导以及企业高层管理人员。他们可能是过渡性质的，也可能是长期的安排。在委派时，要注意选择具有这样特征的领导者，而且让他们明确认识到他们对于重构存在于被购并企业员工身上的个体心理契约的重要性。

强有力的领导对于个体心理契约的三个维度都有影响，但作用内容稍有不同。就关系维度而言，这样的领导能够以积极的、鼓励的姿态与原企业员工交往，形成良好的互动关系。就价值观维度而言，这些领导就是一个“模板”，员工对其观察和模仿，可能有一些直接的沟通，但真正发挥影响是借助于一个潜移默化的过程。就认知模式而言，从其形成机制来看，主要是通过沟通，不断地揣摩，甚至是思想碰撞，此时，领导的作用就很大。并非所有的员工都能够直接与这些委派来的领导直接接触，如果有可能就是通过一种类似于“场”，比如开会，或者“链”，比如通过直接与其接触的人，间接地受到他们的影响。

(2)专门的工作团队

专门的工作团队往往由人力资源部门或者担任宣传教育功能的部门来组成。如果说强有力的领导主要借助“言传身教”这种潜移默化形式的话，那么，这种方式主要借助“言传”，即各种形式的培训、教育。对于关系维度来说，培训的内容在于人际沟通的技巧、方式；对于价值观，则是借助企业的历史、逸事，以直接或者暗示的方式来传达企业内的主导价值观；对于认知模式，则是偏重于管理，或者偏重于部门任务技术的培训，因所在部门不同而分类施教。

2. 构建新的个体心理契约

在重构原来的个体心理契约时，还需要一个重要因素的推动，就是来自购并企业的承诺，包括对工作待遇、职业发展等承诺。可以说，承诺吸引员工、保持员工的稳定有积极作用，而良性的互动才能真正留住员工。事实上，差不多每个企业都会在整合之初给出各种各样的承诺，但只有后来证明承诺可信时，才会真正强化个体心理契约，否则，只会起到更大的负面作用。

这对于留任的被购并企业的高层经理的影响尤其关键。他们原来向一个母公司或者董事会负责，现在向另外一个母公司或者改组后的董事会负责。其间的转换就是构建新的个体心理契约的过程。有吸引力的承诺是在整合初期吸引他们留下来“干一段时间再说”最大的动力。对承诺是否兑现的判断将会影响他们的去留。

能否受到尊重，是另外一个有很大影响的因素，因为他们处于一个敏感的位置，心理状态起伏不定。有学者认为，在此时，高层经理具有很强烈的“比较地位”(Relative Standing)的意识，同以前相比，与母公司同样职位的经理相比，同职业市场上的行情比较。

当然，在工作开始之后，图 6-2 所示的重构机制一样会对他们发生作用。其中，强有力的领导可能是购并企业委派来的新的高层管理人员，或者就是母公司的主管领导。彼此打交道的过程，同样影响他们个体心理契约中的关系维度、价值观维度和认知维度。培训的作用相对要小得多。

任何一个环节出错，都有可能最终导致个体心理契约的破裂。相较普通员工，高层经理更加敏感，处于可能发生冲突的中心地带，所以，高层经理的流失率非常高。[①] 当然，他们在职业市场上更稀缺也是一个重要因素。

① 据第一章给出的 WALSH 的统计研究结论，流失率是正常时期的 12 倍。

案例 6-1　浙江金义集团购并后针对员工的整合

从 1997 年 1 月开始接触，到 1998 年签署正式协议，浙江金义集团兼并了位于当时重庆涪陵市的五家企业，包括涪陵市造纸厂、涪陵市制革厂、涪陵市针织手套厂、涪陵市五金厂以及涪陵市皮件厂。当地市政府全程参与，既向金义集团提出了要求，同时给予很多政策优惠。这是一个成功的兼并案例，在 1997 年当年实现产值 2500 万元，是兼并前 5 家企业 3 年产值总和的 2 倍多，1998 年实现利润达到 500 万元，而且，下岗职工的比重到 1997 年底不到 10%。据公司内部及北京天则经济研究所的专家分析，购并后卓有成效的整合起了很大作用，其中部分内容就属于重构个体心理契约的内容。

在购并整合中遇到了很大的阻力。企业的原管理人员以及职工普遍将当地政府当作“卖国贼”，认为政府将好端端的企业“奉送”给了外省人。职工的平均年龄超过 40 岁，在失去继续享受财政补贴与福利的可能后，又对兼并后能够重新获得工作机会不抱多大希望。特别是占到职工总数三分之一的离退休职工，此前的退休金已经被拖欠很长时间，对在兼并后能否获得基本的生活保障充满疑虑。绝大多数的原企业管理人员在兼并后不但失去了国家干部的身份，而且不再拥有原先的权力，对兼并充满程度不同的抵触情绪。那么，浙江金义集团是如何在仅仅派员不到 30 人的情况下，只用了短短 50 天的时间就完成了产品结构的调整呢？

首先，这次购并有一个突出的特点，即金义集团作为兼并方，在尚未正式签订收购协议的情况下，先进入被兼并企业，并投入大量资金进行改造，进行业务和人的整合。依常识来看，这是一着险棋，但这样做可以说充分显示了金义的诚意、值得信赖的实力和态度。这为随后的整合工作奠定了一个良好的心理基础。

第二，浙江金义集团采取各种切实措施关心、照顾当地职工，相信、依靠当地职工，努力调动各方面的积极性，共同建设好企业。浙江金义集团的董事长陈金义先生有三句话，可以形象地说明这一点：对待退休工人要像对待父母一样，把他们养起来；对待下岗工人要像对待兄弟姐妹一样，关心他们的再就业；对待在岗职工要像对待自己一样，严格要求。浙江金义集团划拨的第一笔资金 63 万元就是给职工发工资，先稳定人心。

离退休工人拿到了拖欠很久的退休费用,并且能够开始报销医药费。1997年中秋节前后,涪陵有限公司花费3万余元购置月饼及其他节日礼品,派专人送到每一位离退休工人家里,后者深受感动。1998年初,公司专门成立了退休职工管理委员会,投资20余万元建起了150多平方米的退休职工活动中心,购置了各种文体活动设施,使得离退休职工真正做到了"老有所养,老有所学,老有所乐"。

在兼并过程中,特别是筹建饮料总厂的过程中,大部分职工下岗了。公司一面按照当地最低生活标准,每月130元,发放生活费,一面抓紧进行转岗培训,使他们能够尽快掌握新的生产技术,逐步安排上岗;同时大力支持有一技之长的职工转业、分流,一些职工,特别是原五金厂的许多技术工人,在办理了停薪留职手续后,自谋职业,自求发展。

此外,在购并前大部分职工住在市区,距离厂区逾7公里,需要通过摆渡过江,极不方便。为此,公司支出30多万元将闲置的一处厂房改造为职工宿舍,并且购置两部大客车,接送职工上下班;还在厂区内新建了食堂与厕所等公用设施。这些措施极大地促进了浙江的管理者与当地职工之间的沟通与交流,消除了后者的疑虑与不信任。这种信任关系保证了生产经营的顺利运作,在日后对兼并进行表决的职工大会上也得到了充分体现。

第三,来自浙江金义集团的管理人员与技术骨干将集团"忠诚团结、刻苦勤奋、求实创新、廉洁高效"的企业精神,以及被实践证明有效的经营运作模式引入了新建立的饮料总厂。在基建工程与饮料生产线的建设过程中,这些骨干分子带头大干苦干,结果到开工生产时病倒了5位。许多当地职工经历了从观望到积极参与的过程,认识到通过兼并,获益的并不只是浙江金义集团,从而逐渐开始理解、接受与支持浙江金义集团所实施的接收兼并行为。

6.3 企业文化的整合

在个体心理契约重构中,需要引入主导价值观,这就是欲树立的企业文化,所以,个体心理契约价值观维度的重构与企业文化整合可以看作"同一枝干上的两个果子"。

6.3.1 企业文化的定义与性质

Sathe(1985)给出的企业文化定义:由组织成员共享的一组重要的假设/价值观。这是一种比较狭义的定义。在广义上,企业文化被划分为三个层次,即哲学、价值观、行为,在行为中包括与业务相关的行为、与人际关系相关的行为。

关于企业文化的作用。Schein 评价道:公司文化提供了人们关于组织如何适应环境的答案,并满足提供物质和精神的需求。Pettigrew 将企业文化定义为将组织中的人联系在一起的"黏结剂"。文化将公司的正式结构,包括公司政策、战略、组织结构,与非正式的组织——人们相互打交道、思考和日常行为联系在一起。

企业文化经常被比作呼吸:只有受到抑制和威胁的时候,才能感觉到它的存在和重要性。购并后的整合就会造成这种抑制和威胁的态势。双方的文化因整合有了比较,因冲突而显性化,原来隐含的关于企业运行方式、政策和系统如何支撑企业的知识就变得明显可见了。"习惯性"很强的人们会极力维护自己的文化,攻击对方的文化。从这里看出,企业文化具有隐含性、稳定性。它们是企业文化整合所面临的困难的主要源泉。

6.3.2 企业文化整合的类型与决定因素

购并后文化整合在程度上有很多种,典型的情况包括三类:

- 文化共存。购并双方的企业文化如同在此之前那样独立存在。
- 文化一体化。双方的文化混合在一起。这是一种双向的渗透,最终形成包容双方文化要素的混合文化,目标当然是希望获得糅合了双方优秀文化要素的混合文化。
- 文化替代。一般是购并方的企业文化将被购并企业的文化替代了。购并企业将自己的企业文化强加于对方,结果,被购并企业的被完全吸收进另一方。

按照从文化共存、文化一体化到文化替代的顺序,整合程度越来越大,所遇到的困难越来越多,最突出的就是两种不同文化的冲突。文化整合的过程是很难控制,需要很高技巧的。

选择哪一种类型的文化整合,取决于几种因素,主要包括:①产品—

市场组合整合、基本业务流程整合以及运行机制整合的程度，如果它们整合程度较高，必然要求较高程度的企业文化整合，反之亦然；②两种文化的优劣比较，在其他要素一定的情况下，如果被购并企业的文化明显比较很差，不利于企业经营绩效的进一步提高，那么，对其进行文化改造所能产生的积极影响是长远的；③购并企业的文化宽容度（Cultural Tolerance）。

6.3.3 企业文化的整合机制

因为文化一体化是对应“吸收合并”整合模式最常用的方式，所以我们以它作为分析的对象。一般来说，无论是完全替代，还是文化共存，出现的可能性比处于两者之间的文化一体化要小。在大多数情况下，总有些改变，但不可能连根拔出。总之，这是一个参考样板，其他两类整合可据此灵活调整。

文化一体化过程中必然会遇到一个问题，而且是最大的问题，就是文化冲突。一般来说，文化冲突表现为四个阶段（Mirvis 和 Marks，1992）：

- 感知差异。人们首先注意到的是两个企业的领导之间的不同，包括风格、行为风度，以及各自的产品和声誉、在两个企业工作的人、两个企业经营的所有方面。甚至是最平凡的方面也引起了人们的注意。
- 放大差异。两个企业可感知的差异随着时间逐渐尖锐和突出。人们开始不断作出总结，业务系统的差异反映了深层次的价值观和经营哲学的不同。
- 典型化。一方的人们认为对方的人的样子、做事方式几乎所有的方面都很相像，于是用一些简短术语为他们建立一个典型的“形象”。当两个企业属于不同的国家或者一个国家不同的地区时，这种情形会更加严重。
- 压制。在整合中会出现这样一种情绪：一方是胜利者、拥有优越的文化，而对方则被看作失败者，文化也是劣等的。这种优越感不仅意味着态度，而且直接产生了要求对方按照自己的方式来制定战略、做事的方式的强硬要求。这样做必然会疏远了对方的员工，引发强烈抵制，同时丧失了解和采用对方一些更好的经营方式、最佳实践的机会。

那么，在整合时的主要内容之一就是要管理文化冲突，既然不可避免，就要想方设法来防范、抑制和疏导它。尊重和沟通是成功的两个基本要素。

首先，要尊重双方文化，态度影响很多东西，但不能故作姿态。尊重对方的文化，就是尊重对方的员工。本文在很多地方都强调尊重，因为我们认识到，对所有的整合来说，没有对方员工的合作，整合的成功就没有了基础。为此，需要了解双方各自的历史、风格以及声誉。因为这项工作的重要性，一定要专人负责，或者组建文化整合团队专职负责。

接着，通过沟通，明晰双方的文化，尤其是双方的差异。通过双方之间加强信息交流和接触，逐渐修正对彼此的误识，更透彻地理解对方的方方面面，包括历史、英雄、产品、风格和系统。有很多种方式可以用来了解对方的文化，从最简单的你问我答的会议到深度的分析，甚至公开讨论。在深度分析时，可寻求外部咨询专家的帮助。

再则，通过沟通确立未来的文化的框架，也就是文化一体化希望最终达到的状态。一般来说，任何一种文化都有其优越之处，两种文化走在一起，如果能够取长补短，相互借鉴，糅合而成更有效的企业文化，这在理论上是最好的。

最后，通过培训、教育等方式，让被购并企业的员工以及主管整合的经理们深入地了解双方的文化，以及未来的文化框架，作为自我矫正、开展工作的依据。

企业文化整合的主要内容之二是，创造出一个良性的反馈过程。这点与个体心理契约的重构是一样的。如果说，在上述管理文化冲突的工作中，看起来是“纸上谈兵”，那么，在此一阶段就是要积极地实现它。在考察了 Kotter 等人对于企业文化形成的分析之后，我们得出这样一个结论：企业文化的形成需要三个要素：需要愿景与战略的支持；需要强有力的领导和员工的积极参与；需要工作成果的证明。

在整合中，这些内容恰好是其他整合模块的工作内容：第一个要素不用说，第二个要素是运行机制整合的内容，第三个要素是产品—市场组合与基本业务流程整合的内容。那么，企业的文化整合可以“搭便车”来部分地实现，成为其他整合工作集体作用的“副产品”。当然，要取得好的效果,必然要有意识地作出规划,并采取行动。

由此,我们得出企业文化整合的过程,用图 6-3 表示出来。它的两个主要内容分别是第一阶段和第二阶段。第一阶段是比较独立的,可以有意识地安排,第二个阶段要与其他整合工作结合在一起考虑。

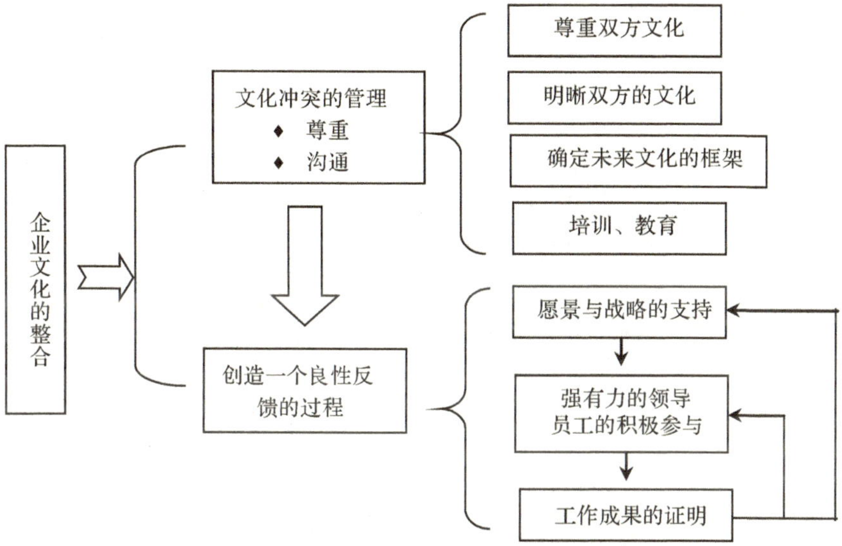

图 6-3 文化一体化中的企业文化融合机制

案例 6-2 GE Capital 如何成功进行企业文化整合

GE Capital Service Co.,中文译称通用电气资本服务公司,是通过一系列的购并而成长为国际金融巨头的。在过去的 5 年里(1999 年以前)就进行 100 多次购并,结果业务量提高了 30%,净收入翻了一番。它在跨国购并中也非常活跃,并且进入壁垒很高的日本市场。

GE Capital 从购并中得到了巨大的好处,因此它的 CEO 声称要将"购并整合能力"发展为其核心能力。基于此,Ronald 领导的小组走访了很多购并的参与者,包括经理人员和普通员工,从 GE Capital 的购并经验中总结出一种称为 pathfinder 购并模式。在企业文化整合方面,一方面 GE Capital 坚持以自己的文化为主,另外也会考虑被购并企业自身的实际情况,主要包括历史、内外利益相关者的想法,在类型上介于文化一体化和文化替代之间。

(1)会谈、欢迎和制订100天的短期计划。

这是为了在购并双方管理层之间创造一个融洽的气氛,并相互交流信息。通过双方高层人员的共同参与,制订出100天的短期计划,往往包括多个项目小组,这样做一方面转移员工对购并本身的注意力,迅速投入工作,还可以通过迅速取得短期效益提升员工士气,增强对购并企业或者被购并企业的认同感,另外做事的过程也是逐步塑造新的价值观的有效途径。

(2)交流、交流,再交流。

这里往往包含三方面内容:通过在双方高层,尤其是与被购并企业关键任务的沟通迅速了解其态度、动向,争取获得支持和留住它们;通过与被购并企业的各相关利益团体(员工、社区、供应商、中间商等)的沟通,了解他们对公司的期望,可以帮助公司处理好与他们的关系;将100天计划中的信息传递给员工,获得他们精神上和行动上的支持。

(3)将双方文化的差异列出来。

利用"文化维度",评价、比较分析GE Capital和被收购公司的企业文化。根据这些材料,GE Capital将和被购并方经理开一个为期3天的"解决文化问题"的会议,分析差异的缘由,确定解决措施。

(4)积少成多、层层展开文化整合过程。

企业文化的成长具有路径依赖性。GE Capital在被购并公司建立了很多项目小组,在小组解决问题的过程中渗入GE Capital企业文化元素。在这个过程中,GE Capital往往通过流程规划、CAP和工作计划这些工具将以往积累的最佳做法(Best Practise)在目标企业内部传播,并由高层经理人员提供充分的资源支持。这样,通过不断取得成功提高小组成员对该企业文化的认可,最终使这种企业文化在被购并公司成长起来。

6.4 企业的关系网络重组

企业与其所在的环境有着多种多样的密切联系。首先是企业最基本资源——资本和劳动——的提供者,包括股东、债权人、各级员工;第二是企业所服务的对象,客户或者顾客;第三是在技术角度上,企业为了正常运作要经常与其打交道的企业或团体,包括供应商、中间商、政府机构;第四是企业为了创造竞争优势,或者抵消竞争对手所需要的合作伙伴,比如战略联盟伙伴、咨询顾问公司等。这些人、企业和团体被称为企业的利益相关者(Stakeholders)。

一项购并交易最终达成之前,必须获得一些关键利益相关者——并非所有的利益相关者——的认可,一般由有关法律在程序上作出强制性规定。一般首先是管理层之间的谈判,然后董事会介入,最终由股东大会决定,还必须考虑债权人的意见。此后,报经有关政府部门,比如反垄断机构,如正式批准,交易在法律意义上就算完成了。在处于转轨经济的中国,地方政府的角色可能是关键性的。

而在整合阶段,原来没有涉及的利益相关者就成为主要的考虑对象。为了突出重点,这里主要考察客户/顾客、供应商、中间商以及战略联盟伙伴。它们就像一张以企业为中心的网,所以这部分整合我们称为企业关系网络重组。它是构成以"利益相关者的认同"为焦点的支持逻辑 3 的重要内容。

1. 与客户/顾客的关系

与客户/顾客的关系是企业的生命线。如果因为购并及其后的整合损害了与(尤其是被购并企业的)客户/顾客的关系,购并必然得不偿失。更何况,在很多购并中,所指向的就是被购并企业所拥有的客户/顾客基础。因此,在整合中应该特别关注被购并企业与客户/顾客之间的关系。

客户/顾客有老、新之分,老客户/顾客更是企业生存的基础,新客户/顾客为企业的发展提供了机会。在整合中,一个客户的"流失"往往是由于两方面的力量引起的:一个是"推",即企业及其员工因为忙于整合而"忽视"了客户/顾客,造成声誉下降,同时也让客户/顾客担心今后的利益受到损害,这就相当于把客户/顾客向外推;另一个是"拉",即竞争对手积极争取,并作出一些优惠承诺,吸引老客户。此外,处于观望阶段的新客户/顾客更有可能被竞争对手夺走。

根据 Porter 的看法,企业的竞争行为受到行业结构的影响很大。借用他的框架,我们从结构的角度,分析了影响客户/顾客转移的几个因素:

(1)行业的竞争程度。如果所在行业竞争激烈,当一个企业忙于购并后的整合时,因为整合过程中出现了很多问题,而且交织在一起,就很有可能削弱了对客户/顾客的反应和支持能力,竞争对手自然会乘虚而入。

(2)客户/顾客的转移成本。客户/顾客是否真的转投向竞争对手,还取决于转移成本，即为了转移而需要付出的额外成本。对于老客户/顾客，转移成本主要包括员工的再培训、为适应新供应方而进行的产品重新设计、新辅助设备的投资。对于还没有购买的客户/顾客，就不存在转移成本，这点对正在经历整合的企业很不利。

(3)客户/顾客的集中度。如果客户的集中度比较高，就那么几家，那么失去一个客户对于企业销售额、利润的影响就比较大。实际上，客户和顾客也隐含着类似含义：客户指机构，比如企业、政府或者社会团体，而顾客指个体消费者。也就是说，以客户称呼需求方的行业比起以顾客称呼的行业来，这个问题更重要一些。

(4)售后服务支持的重要性。很多产品不是单个的，而是以系统的形式提供给客户/顾客，比如 ERP 系统、生产线，那么随后的维护、支持工作对于客户来说非常重要，他们也就对购并及整合是否影响服务的支持非常关注。有些大额的消费品，比如汽车，也是如此。

解决这个问题很重要，需要一个系统性的思考和行动框架。Mckinsey 咨询公司的 Bekier 和 Shelton 提出的顾客分类和管理框架非常值得借鉴，如图 6-3 所示。[1] 他们用以区分的维度是：顾客对企业利润的贡献度(Profitability)和流失可能性(Vulnerability)。显然，最危险而且最值得采取专门行动的是那些位于第三象限的企业——对企业的利润有较大贡献同时容易流失。采取何种措施，取决于引致其流失的原因，比如竞争对手给出的优惠条件、自身需求的变化或者接洽负责人的失职等等。

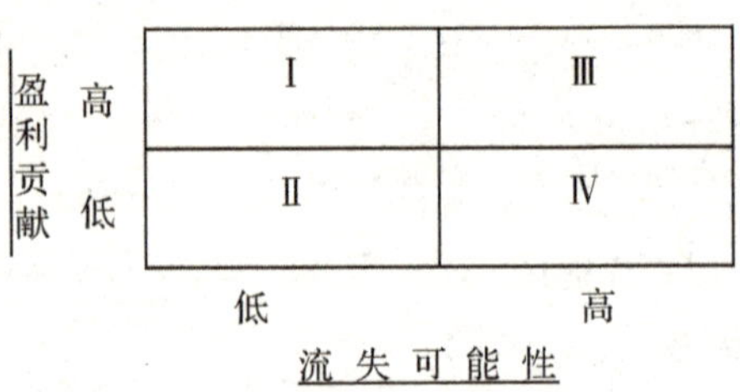

图 6-4　顾客分类管理

① 图 6-3 翻译自：Bekier 和 Shelton，Keeping your sales force after the merger，Mckinsey quarterly，Exihibit 1 ，pp114，4/2002.

2. 与供应商、中间商的关系

这两者处于企业的上、下游，由供应商提供企业所需要的原材料、一般设备以及大型设备和复杂系统，由中间商帮助企业销售自己的产品并承担部分服务功能。它们与企业之间既有竞争的关系，即存在利益之争，同时也有合作关系。在重组购并双方与供应商、中间商的关系网络时，就要着眼于竞争、合作两个角度。

所谓竞争关系，指的是交易双方就质量、价格、送货、财务支持、维护和维修服务等事项的讨价还价。此时，对企业重要的是讨价还价的能力，根据 Porter 的理论，讨价还价能力根植于行业结构，相关因素包括：(1)购买量占其生产或者服务能力的比例。比例高，讨价还价能力就强，反之亦然。(2)企业所在行业的集中度。集中程度比较高，就意味着每一个客户都是比较重要的。(3)转换成本。当因为转换而带来的额外成本比较低，亦即转换供应商比较容易时，讨价还价的能力就比较强。(4)替代品的存在。具有同样功能的替代品的存在，拓宽了企业的选择基础。(5)购买的产品对企业产品的质量影响程度。如果影响不大，就会加强企业的讨价还价能力。(6)企业拥有的关于供应商产品的信息。对供应商提供的产品越了解，讨价还价的能力越高。(7)企业是否具有后向整合的能力。与中间商的竞争关系，只不过是在上述关系中换换位而已，内容是一样的。

在企业和上下游企业之间的另外一种关系就是合作关系。它既可能是相互之间竞争的结果，也可能因为与其他供应链的竞争而不得不采取的行动。合作具体体现在很多方面，比如物流的衔接、新产品的开发，以及市场的推广等。

在整合购并双方的供应商、中间商的网络时，也要着眼于这两个方面。就竞争关系而言，就是要设法增强企业的讨价还价能力。具体来说，应该是着眼于改善上述结构性因素，比如采购量的集中、适当考虑替代品等。就合作关系而言，就是在上下游企业网络中选择能够带来额外的服务，或者其他价值。

至于两者之中以哪个为主，要依企业所处行业、企业此时的状况而定。我们考虑两种基本情况：第一种，成本对于企业、购并目标的实现有着重要意义。比如企业一贯以低成本为主要经营方式，或者购并面临的财务压力比较大，那么，在重组网络时，以提高讨价还价能力为主。第二种，企业比较注重上下游企业所能提供的高质量的产品、特殊的服务，从而与企业的高质量、高附加值的产品策略相一致，那么，在重组网络时，应该以提高合作关系的质量为主要原则。

3. 与战略联盟伙伴的关系

战略联盟关系是一种珍贵的资源，尤其当联盟伙伴是在某一方面具有卓越能力的企业时，购并就成为与其建立紧密关系的捷径。因为这些联盟伙伴一般不会直接参与到谈判中去，这也在一定程度上加强了购并企业的主动地位。

在处理企业，尤其是被购并企业的战略联盟关系时，应该从现阶段和未来两个时间段来考察它们能够带来的利益。如果战略联盟对企业（尤其是被购并企业）现在的地位非常重要，那么，在购并谈判阶段应该积极地表达与其保持合作的意愿。如果对未来的发展很重要，那么要积极地在更高层次上沟通，拟定和谈判进一步的合作计划。如果无论对于现在和未来都不重要，那么，可以在适当的范围内加大对自己利益的争取。

还有一点需要注意，当购并双方处在同一行业内时，原来各自建立的战略联盟伙伴很有可能是直接的竞争对手。企业完全可以凭借这种联盟关系分别向各个伙伴施加压力，要求它们投入更多的新产品、提供更新的技术，或者争取更多的主动权。总之，因为战略联盟网络的扩张增强了企业的选择面，从而在结构上改善了企业与各个伙伴关系的讨价还价能力。

6.5 组织语言和代码系统的整合

因为在心理契约的重构中，已经考虑了在个体层次如何在认知维度上实现整合，这里就只考虑在部门和整个企业的层次上组织语言和代码系统的整合。事实上，按照逻辑，如果能够事先在部门和组织层次上作出一些努力，可以有助于在个体层次上取得更好的效果。

如果说，个体层次上对认知维度的整合——这实际上是一个“习得”的过程，往往要依靠“言传身教”的复合努力的话，部门和组织层次也基本如此，不过也稍有不同。对于职能部门来说，因为它的语言和代码系统具有较强的技术性，歧义也较少，可以更多地依赖正式的文本、交流等形式，让双方对其确切的含义作出说明和理解，即正式沟通方式。

相对而言，一般体现在管理高层的谈话和正式文件中的关于组织层次的语言和代码系统，其含义往往比较丰富，与历史事件和实践有着紧密的联系。单独对它作出正式的说明，效果不会太好，这需要更多地将其置于具体的“情境”(Context)中去理解。这些情境包括历史事件、管理高层的内部讲话、私下交流等，即情境化沟通方式。这同样适用于个体层次的语言和代码系统。

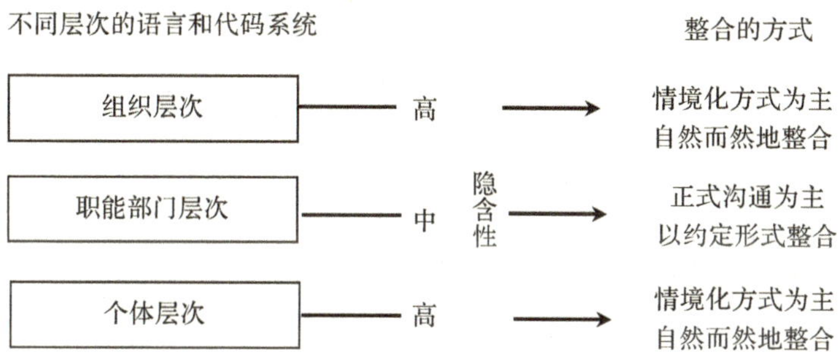

图 6-5　语言和代码系统的整合方式

图 6-5 总结了针对三个层次的语言和代码系统所应采取的整合方式。这里用“隐含性”来区分它们，其含义与第二章中在分析“知识”的时候一样。对应于情境化的沟通方式，整合实际上是一个“自然而然”的过程，由各参与者通过彼此的互动而接受某一方的语言和代码系统，或者混合而成一个新的语言和代码系统。如以正式沟通方式为主，整合也可以正式化，由各相关人员就各个术语作出正式的定义和选择，从而形成一个相关人员能够无歧义理解的语言和代码系统。

7 基于整合机理模型的多案例分析

在前面几章里，本书通过演绎建立了整合机理模型，并讨论了其中的具体内容。接下来，我们将应用这一模型对四个案例进行分析，从而来解释为何其中的一些购并取得了成功，而另外一些购并却未能取得成功。

7.1 成功案例分析：联想购并 IBM PC

自 2001 年中国政府发布“走出去”(Go Global)政策之后，越来越多的企业开始对外直接投资，其中约有 40%甚至更高的比例是以到跨国购并的形式发生的。其中，大致可以分为两类：一类是以中石油、中石化、中铝、兖州煤矿为代表的资源型央属国有企业和地方国有企业，它们的收购目标多是国外的资源型企业或者直接购买这些企业的矿产资源、采矿权，最近的案例是 2013 年 8 月 30 日中石化收购了美国的阿帕奇公司在埃及油气资产的三分之一；另一类发生在竞争性较强的行业中，是由联想、TCL、上汽集团、北汽等公司收购欧美公司，目的是获得产品技术、制造工艺、新技术、品牌、营销渠道等战略性资产。

研究者最为关注的是后一类购并。其中的联想购并 IBM PC 的案例最为引人注目，原因之一是第二类跨国购并中最早的也是规模最大的购并，交易金额达到 17.5 亿美元，远远超过同期的其他购并；原因之二是它是迄今为止最成功的中国企业跨国购并案例。同期或者比其稍后发生的一些著名案例大都以失败告终，如 TCL 收购汤姆逊电子和阿尔卡特手机部门、明基收购西门子手机部门、上汽收购韩国双龙汽车。因此，这个案例得到了广泛的关注和研究(Deng，2010；Rui & Yip，2008)，与它们相比，本文期望能够以更加系统的方式来揭示其成功的“奥秘”。

联想集团购并 IBM PC 部门宣布于 2004 年 12 月 8 日，支付金额为 6.5 亿美元现金和 6 亿美元的联想股票，再加上承担的 5 亿美元负债，共计 17.5 亿美元。收购的资产包括：全球 160 个国家 10000 名员工的 IBM 笔记本、台式机业务及相关业务；客户、分销渠道，包括直销客户和大企业客户的分销和经销渠道、互联网和直销渠道涉及遍布在全球 160 个国家的 2600 名员工；IBM Think 为品牌及相关专利；IBM 在中国的合资公司 IIPC，不包括 X 系列服务生产能力。新联想集团将在纽约设立公司总部，在北京和罗利（美国北卡罗来纳州）设立主要运营中心，以中国为主要生产基地。通过这次收购，新联想成为全年收入约达 120 亿美元的世界第三大 PC 厂商（按 2003 年业绩计算）。

正式整合始自 2005 年 5 月 8 日，整合过程跌宕起伏，到 2011 年才算基本结束。通过梳理联想的 5 年整合过程，我们发现前文提出的整合机理模型能够很好地解释整合过程为何会如此发展，包括它为何会产生波折以及为何能够迅速扭亏为盈。图 7-1 就列出了基于联想—IBM PC 案例的整合机理模型。

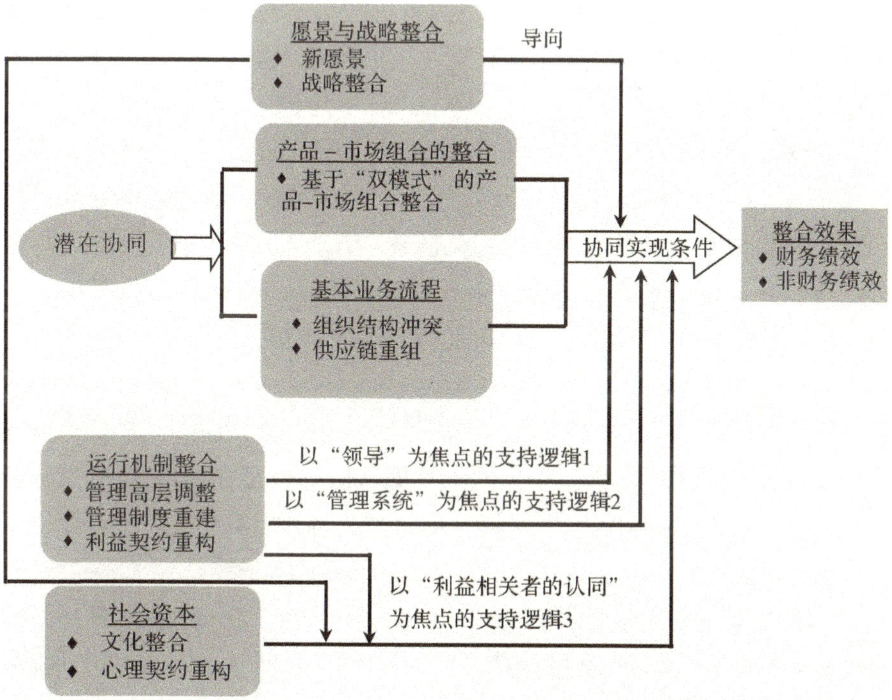

图 7-1　联想购并的整合机理框图

对于新联想最困难的问题，柳传志曾经作出如下回答：第一是客户流失，第二是员工流失，第三是业务整合，第四是文化磨合（李国刚和许明华，2010）。这些问题在整合机理的框图中都得到了体现，比如客户流失、员工流失、文化磨合对应的是社会资本模块，业务整合则会涉及产品—市场组合的整合、基本业务流程等。在这方面，联想做了大量的工作，比如在购并后的前半年的时间里，请 IBM 的高管来担任 CEO，他的主要职责之一就是保留客户，避免出现大面积流失，另一个就是要保留员工。此外，在这段时间里，联想保持了“双组织”模式，除合并了部分职能部门之外，其他都保持原来的状态，这是为了减少对员工的冲击。为了使得一些关键人员能够在过渡期保留，联想还给出了可观的留职奖金。

在文化整合上，联想的工作做得尤其到位，并坚持持续下去。购并之初杨元庆就提出了“尊重、妥协、宽容”原则，公司开展各种文化与礼仪培训，启动并坚持“鸡尾酒”项目，让中外双方分享跨文化沟通中碰到的问题，先后三次制定和修订新联想企业文化。最终制定的新联想文化是“赢文化”，其核心价值理念是成就客户、精准求实、诚信负责、创业创新。这个文化很好地结合了原 IBM 和联想共同的价值观要素，与 PC 行业当前的特征相匹配。

但根据我们的分析，对于联想的成功来说，上述工作构成了成功的“基础”，然而真正促成企业在整合期间实现大幅增长（以及在遭遇波折后奋起）的是愿景与战略整合与运行机制整合，它们发挥了重要的导向与领导功能，而产品—市场组合整合和基本业务流程调整则是在其指导下的实际执行过程。

（1）以联想的愿景与战略为基准的整合

联想是一个非常强调“愿景”与“战略”的公司。在中国的万千企业中，联想的起步并不出色，在 1984 年开始的创业过程中，曾经做过卖电子表，靠给别人做代理，做技术服务积累的资金，但是柳传志一直要做一个长久的、有国际规模的企业的强烈信念。2000 年，杨元庆受命规划联想的愿景，在考察了美国的多家 IT 企业后提出希望联想成为“高科技的联想、服务的联想、国际化的联想”。2000—2003 年的多元化发展受挫，在经过“复盘”后，联想回归到 PC 主业，并抓住了购并 IBM 的机会，实现了“国际化的联想”的目标。

对于 IBM PC 来说，它在 IBM 的业务体系中变得已经不重要，而且连续亏损，使得这部分业务在IBM的体系中失去了战略的价值，这是IBM出售它的主要原因。与联想的结合使得它重新找到了自己的愿景，这可以从后文中将要介绍的原IBM员工特别是欧美地区的员工普遍欢迎这次购并的态度中可以看出来。新联想第一任CEO斯蒂芬·沃德就表示："我们希望联想能成为世界知名品牌。未来五年内，我们非常有机会成为全球第一大PC品牌。"

在发展战略上，联想和IBM有着明显的差异。从产品定位来说，IBM PC部门的产品，如Thinkpad笔记本电脑主要面向企业客户，而联想的Lenovo品牌则直接面向个人消费者。这种差异使得各自拥有了独特的商业模式与能力，也因此形成了互补的潜力。实际上，在合并之前的两三年里，为了应对DELL公司在大陆的竞争，联想经过创新性的努力形成了同时面向运作关系型客户和交易型客户的商业模式，即"双模式"。然而，在合并后的前几年时间里，这种"双模式"并未成为指导公司经营的战略核心。直至杨元庆2009年重新担任CEO，"双模式"才上升为公司的战略，即"进攻＋防守"战略，并成为公司迅速扭亏为盈的主要推动力。

其实，这种互补的潜力从一开始就被企业的领导者认识到了，如沃德就评价说："联想与IBM的PC合作是因为IBM，IBM在全球大型企业的市场是做得非常好的，而联想在小企业的业务方面做得非常好，而且在消费者的市场上也取得了极大的成就，我们把IBM和联想的两部分优势结合在一起，认为这样是能够得到一个非常强大的组合……"然而，将这种认识转化为战略并进一步转化为行动，往往需要一个复杂的组织行为过程。

(2)整合过程的阶段性：管理高层调整(运行机制整合)、产品—市场组合的整合与基本业务流程整合的动态匹配

联想是一家非常注重做计划的公司。杨元庆在2010年底的亚布力论坛上指出："……我们的业绩是一波三折，换了三任CEO……这样的过程也不太完全出乎我们的意料，甚至有些是我们预先有设置，有准备的……比如说调整CEO，其实就是我们根据不同阶段的整合来做的规划。"说到请阿梅里奥加盟，杨元庆说："过了这个稳定期之后……要实现协同效益，就得裁员重组……因此我们就挖了一个高手。"杨元庆还提到了一个愿望："尽管我们让老外做CEO，但是心里还是希望在一定时间之内，

在我们学习期满之后亲自操刀，让这家公司真正成为一家以中国为根的，同时也更能够体现中国人的管理智慧的国际化公司……我和柳总在最初的时间的想法是五年左右。”

联想理事五六年的购并后整合经历了三任 CEO，每一任都有特定的整合目标和重心，据此我们可将整合过程划分为三个阶段：保持稳定阶段、追求效率阶段和促进成长阶段，如表 7-1 所示。

表 7-1　联想整合 IBM　PC 部门的三个阶段

阶段	主要的整合决策与行动	阶段性成果
2005.5.1—12.20 保持稳定阶段	①高管团队调整，原 IBM 高管占据主导；②购并初期，合并全球职能部门，实行双组织模式；③半年后启动组织重组，建立全球产品集团、全球供应链集团和全球销售组织；④提出“坦诚、尊重和妥协”文化整合原则；⑤对接职位体系，启动人才国际化培养	①原 IBM-PC 员工离职率不到 2%；②财务业绩比较平稳，2005 年营业额达到 1036 亿港元，增长 359%，利润为 12 亿港元，同比上升 7%
2005.12.21—2009.2 追求效率阶段	①引入阿梅里奥担任 CEO，原 DELL 高管占据高管团队三分之二席位；②通过业务迁移、全球供应链整合、裁员、高管降薪、削减行政费用等措施降低成本；③提炼新价值观，推动文化整合，如“鸡尾酒行动”；④继续推进人才国际化培养	业绩大起大落：2006 年快速增长，2007 年历史最佳，利润达 5.6 亿美元；2008 年则大幅亏损 2.26 亿美元
2009.2—2011 促进成长阶段	①“柳杨配”，中国本土高管大回归；②明确“防守加进攻”战略，强力推动双模式；③凝练和推行新联想价值观，强调“说到做到，尽心尽力”的主人翁意识；④继续裁员，降低成本费用	半年内扭亏为盈，取得 5000 万美元的利润，随后，市场份额提升到前所未有的 14%

从价值创造的角度看，阿梅里奥和杨元庆担任 CEO 的阶段尝试了两种不同的方式。2005 年底，原 DELL 高级副总裁阿梅里奥被聘请为 CEO。阿梅里奥对联想的供应链进行全面整合，先将总部从纽约郊区迁至罗利，后又将 IBM PC 业务从生产制造到研发的整个链条，从美国搬到全球台式机供应链成本最低的中国，与联想中国的台式机团队合并；另

外，其他一些供应链环节也陆续从高成本国家向低成本国家转移，如将服务于欧洲、中东、非洲客户的支持中心从苏格兰移到人力成本较低的斯洛伐克。为了强化供应链的管理，2007 年 8 月，联想在新加坡成立名为卓越中心的新部门，主要职能包括供需预测、定价、销售与产品战略开发、库存管理以及相关的公司业绩测评工作。阿梅里奥还将联想全球销售与市场系统划分为四个区域，18 位区域经理及总部各职能经理直接向他汇报工作。

阿梅里奥的工作成果体现在 2007 年联想取得了 5.6 亿美元的利润，而在 2008 年却遭受了 2.26 亿美元的损失。随后，柳传志复出担任董事长，杨元庆出任 CEO，正式开始推动“双模式”，提出了“保卫加进攻”的“双拳”战略，它是“双模式”的拓展性应用，一方面“保卫”中国业务和全球企业客户业务，另一方面“进攻”新兴市场和全球交易型业务市场，进攻更多地依赖联想的产品和优势。为此，联想从区域和客户的维度，把全球的重点职能部门重组为两个新的业务单元，即由陈绍鹏领导的新兴市场（总部设在北京）和由范杜尔领导的成熟市场（总部设在巴黎）。此后组织结构经历了多次变化，如强化了两个产品集团，面向消费者的是 Idea 产品集团和 Think 产品集团。推行新的战略和组织结构之后，凭借战略的有效执行，不仅保持了中国业务的强劲增长和良好的盈利水平，而且新兴市场成为增长引擎，成熟市场成为利润引擎，推动公司获得全面、均衡的增长。

很显然，这是一个渐进的过程。之所以如此，这与购并双方的规模、范围和影响力的差距有着直接关系。与一般的“大吃小”不同，这次购并是典型的“蛇吞象”：在销售收入上，是 30 亿美元对 90 亿美元；在市场范围上，是局限于中国大陆对覆盖全球 160 多个国家和地区；在品牌影响力上，是中国大陆品牌对国际知名品牌。

这也是一个学习的过程，新联想在组织结构、运营管理、人力资源管理体系、企业文化上充分地吸收和糅合了联想、IBM、DELL 的优秀实践，形成了国际先进的组织与运营管理体系。尤为值得一提的是中国籍高管的培养与成长。联想起家于中国，虽然购并了 IBM PC 成为跨国公司，但它的未来一定是根植于中国及其文化传统的，正如前文引用杨元庆的话说，希望联想将来成为“一家以中国为根的，同时也更能够体现中国人的管理智慧的国际化公司”。这里的一个巨大的挑战就是如何在企业规模快速扩张、国际化水平“一夜之间”提升的情况下促使中国籍高管也快速成长。一方面是高管个体的主动学习，代表性人物就是杨元庆，他勤奋地学习英语，把家搬到美国，在担任董事长期间学会妥协和宽容，柳传志评价他通过学习“已经是一个成熟的国际团队的统帅”(张小平，2011，p.190)。对于更广大的员工特别是中高层管理者，联想投入了巨大的资源和开发了一系列方法来帮助他们提升国际化能力，比如 TOP100、继任者计划、国际轮岗计划(2 in 1 box)、OHRP(组织和人力资源规划)等方式，帮助中国籍高管提升国际化思维和管理能力。这些努力最终在 2009 年得到回报，更加全面的陈绍鹏、刘军等人成为推广“双模式”特别是交易型业务的中坚力量，公司得以走出低谷而进入新的发展阶段(李国刚，许明华，2010；张小平，2012)。

总的来看，联想的成功是“系统”的成功，它对于整合过程有一个清晰的规划和管理，循序渐进地、分阶段地推动整合过程，并随实际发生的情形而灵活作出调整。在这个过程中，它的系统统筹能力令人印象深刻。这使得我们意识到，一个企业的购并整合能力与其基础管理能力有着非常密切的关系。柳传志在购并前就强调，联想是“不管遇到什么挫折，都在不断突围，而没有溃散，这是因为联想有好的管理基础，其实这是联想真正的竞争力所在”(李国刚，许明华，2010)。

7.2 成功案例分析：海尔购并[①]

选择海尔购并为案例分析对象是有风险的，因为人们对它太熟悉了，似乎已经讲透了。然而，事实不是这样的。熟悉永远是相对的，在其背后是特定假设和视角的局限，如果换一个视角，人们经常能够发现原本不知道的东西。正是凭借前文建立的整合机理模型所提供的框架，我相信可以把老故事讲出新意来，如此，反而在更大程度上证明这一模型的有效性和独特魅力。

此外，1999 年 10 月，在导师徐金发老师的安排下，我曾经在海尔作

① 文中所涉案例资料来自：作者与郭培民、徐建新 1999 年在海尔的调研资料，以及 1999 年浙大案例分析挑战赛(海尔案例)与天则所的调研报告(盛洪主编)等。

过现场调研，与海尔的中层管理人员、技术人员以及它的合作伙伴有过深入交谈，从中获取的资料和认识，也能帮助我们对海尔以前的购并多一些理解。

从 1991 年起，海尔先后兼并了原青岛空调器厂、冰柜厂，武汉希岛，红星电器公司等 10 多家大中型企业，集团资产从几千万元迅速增长至 39 亿元，成为中国第一家家电特大型企业。其中，海尔内部认为购并红星是所有购并中最成功的，所以这里的案例分析主要以它为对象，并在部分内容涉及海尔对顺德爱德的购并和整合。

1995 年 7 月 4 日，青岛红星电器股份有限公司整体划归海尔集团后，更名为青岛海尔洗衣机有限总公司，从而使它成为海尔梅洛尼洗衣机有限公司之后海尔集团下属的第二个洗衣机子公司。此后，通过采取了一系列整合活动，海尔自己将之称为“以企业文化激活休克鱼”。在我看来，将“企业文化”放在非常突出的地位，一方面固然是海尔之前成功地确认识到“企业文化”的重要性；另一方面，也很可能是为了强化宣传效果的目的。

事实上，海尔对“企业文化”的定义非常宽泛，几乎等于所有的“管理工具”的集合。按照本书的定义，企业文化要狭义得多，从概念上，这没有对错之分，但是从帮助人们认识和理解购并后的整合角度讲，一个更精确的定义会更有帮助一些。这样，我们就可以按照前文提出的整合机理模型，就海尔购并红星后的主要整合工作以一种系统的方式描述出来，如图 7-2 所示。[①]

从图 7-2 中可以看出，系统性——有多个组成部分并在这些部分之间存在特定的依存关系，是本文与其他人在海尔购并这一故事的讲述（剖析）上最大的不同。这当然不是如图 3-7 所示的整合机理模型的翻版，而是填充了具体内容的模型，而且在下文中，我们会看到前文所分析的整合内容在这里并没有涉及，一部分是因为前文考虑的是最全面的情况，而在海尔整合红星中没有涉及，比如 IT 系统整合，另外一部分则是因为缺乏

① 这里还是用图 3-7 所示的整合机理模型，而不是用图 7-2 所示的实证检验后的整合机理模型，是因为把案例看作是与统计分析相并行的检验整合机理模型的方式。案例分析的独特性在于“细节”，而这点恰好是前一种分析所缺乏的，前面也刚刚提到这一点。

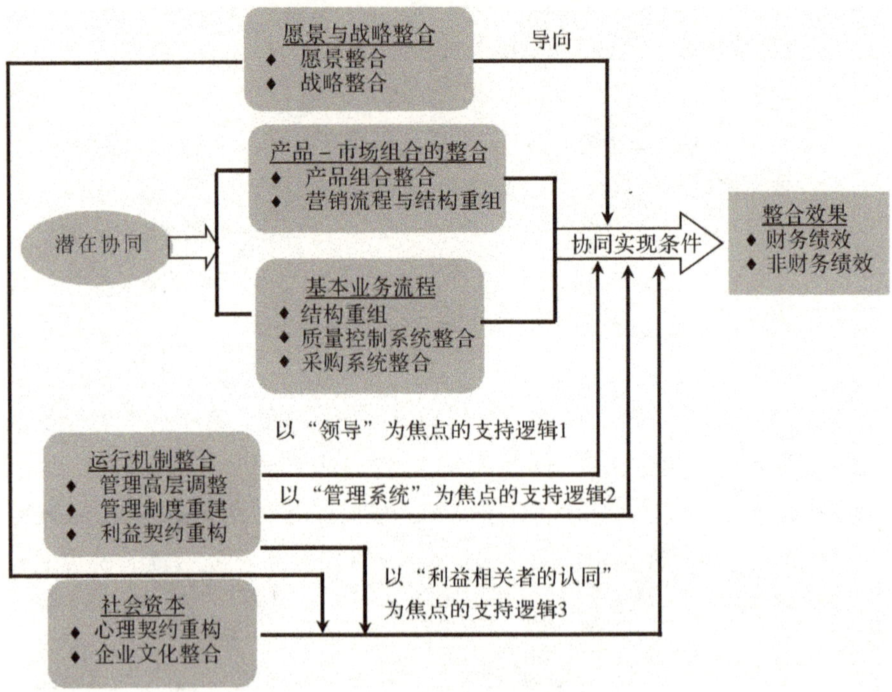

图 7-2　海尔购并的整合机理框图

相关的材料，比如组织语言和代码系统的整合。

从业务角度看，这是一个比较好的购并：在同一个行业、地域，同时在产品线上有互补性。海尔 70 多万台的滚筒为主，产品结构比较单一，要想扩大自己在洗衣机市场的份额，就必须调整产品结构，扩大生产能力。而红星电器则属于张瑞敏所说的“休克鱼”——硬件良好，软件（管理）欠缺。它曾是国内最早、最大的双桶洗衣机生产企业，但海尔没有直接奔着产品线而去，而是注意做一些基础性、引导性的工作。这就是海尔能够胜人一筹的地方，可以说抓住了整合的关键所在。

这些基础，在海尔的语言中是“企业文化”，而在本文的术语中则是，由愿景与战略整合提供的导向，以及它与运行机制整合、社会资本的创建与整合构成的三个支持逻辑。

(1)整合工作的导向：愿景与战略整合

海尔不断在红星电器的管理人员和普通员工之中宣讲其愿景，即海尔的企业精神：“敬业报国，追求卓越。”海尔常务副总杨绵绵，这位一直抓管理、抓质量的海尔高层领导，讲述了海尔强调个人职责、追求最高质量信誉及实行岗位责任制。她讲述了只有通过公开竞争才能让它们生存下去，并强调工人们不应该由于红星衰落而受到指责，管理人员要负至少80%的责任。也许，有些人不以为然，认为是说说而已，但是业界评价却非常认同。[①]

在第三章中曾经讨论了战略整合的类型：同化型、扩张型、共生型和独立型。考虑到当时海尔的发展状况——发展迅速，雄心勃勃，而红星每况愈下，几近停产这种对比，以及身处同一行业的条件，采取同化型，即以自己的战略来统领红星是自然而然的选择。

那么，海尔的战略是什么呢？在1995年8月，张瑞敏亲自概括了海尔洗衣机战略的几个要点：

◆ 以市场为中心，海尔洗衣机应销售信誉，而不是廉价品，采取的每个步骤均要以客户需求为导向。
◆ 降低成本提高收入，产出最大化，投入最小化。
◆ 每个人必须制订切实的计划和明确的目标，在2—3年中朝着将海尔洗衣机建成中国洗衣机第一制造商的总目标奋斗。

在这一战略的引导下，海尔很快就确定了整合的计划，这就是本书所说的战略整合的另外一项内容，即整合的价值创造规划。在这个规划中，显然整合焦点有两个：市场营销和成本压缩。

将市场营销和成本压缩作为整合焦点，并不意味着直接派人接管，或者仅仅针对该职能采取行动，海尔采取的是一个系统的整合方案。购并之初，海尔集团总裁张瑞敏便确定一个思路，海尔的最大优势是无形资产，注入海尔的企业文化，以此来统一企业思想，重铸企业灵魂，以无形资产去盘活有形资产，是最重要的一着。

因此，在购并宣布的次日，海尔集团副总裁杨绵绵首先率海尔企业文化、资产管理、规划发展、资金调度和咨询认证五大中心的人员，开始贯彻

① 海尔集团最主要的子公司，海尔空调电子有限公司，在《财富》(中文版)的2003年度“在华最受赞赏外商投资公司”中排名榜首(之前的几年也是排名前十)，在其中“产品/服务最佳”“客户服务最佳”和“社会责任感最强”三个单项指标上排名第一。其中，“社会责任感最强”显示了它所宣扬的“敬业报国，追求卓越”受到了普遍承认。同时，在另外两个指标的良好表现说明海尔对营销的一贯重视，并切实做到了很高水平。

和实施“企业文化先行”的战略。后来这种方式成为一种模式，几乎在每一个购并后的整合中都是如此运作。

(2)产品—市场组合的整合

这部分整合工作与下面的基本业务流程整合是潜在协同的来源。首先是产品—市场组合的调整。红星原来的主导产品是双桶洗衣机，后与海尔集团研究人员合作，第一个月就搞了36种新产品样品，其中有后来成为市场畅销品牌的两个新产品：“小神童”和“小神泡”。其中也涉及市场组合的调整，比如“小神童”这样的全自动洗衣机，过去单纯面向国际市场的全自动洗衣机，在出口的同时也投放国内市场。

产品—市场组合的调整，只是第一步，能不能被市场接受，实现其市场价值，需要一些条件。在第四章中，我们曾经谈到成功的四个基础：流程的重组（主要是营销流程，并涉及基本业务流程）、营销组织结构的调整、基本资源组合的支持、中间商与顾客的认同。

在营销流程和营销组织结构上，因为海尔已经建立了非常完善的流程和结构，所以，红星的调整有一个很好的对接平台。至于基本资源组合，主要是其中的“人”。人可能还是那批人，重要的是改变与其工作态度的营销理念和制度。

红星原来的营销理念是比较消极被动的，看天吃饭。海尔集团针对原红星厂营销人员在开拓市场方面的被动思想提出批评，指出“只有淡季思想，没有淡季市场，越是淡季越应该做工作，越是淡季做工作越能收到效果”。因为过去，该公司营销人员在夏季前后的洗衣机销售淡季，常常是待在企业里轧账囤积。为改变营销人员的旧观念、旧习惯，公司临时筹措出差资金，发动营销人员在淡季走向全国各地市场，强大的“淡季攻势”，果然使沉寂的洗衣机市场红火起来了。

针对销售及分销队伍，整合负责人柴永森迅速采取了行动。为了震动销售人员而使其行动起来，柴永森宣布他们的工资完全取决于自己的工作成效。这完全断绝了他们“淡”“旺”季思想。柴永森还通过宣传，传播海尔洗衣机销售人员如何展示其奉献精神、努力工作以及延长工作时间的事例（这些销售人员有的家中有病人或其他困难），柴永森重奖他们并号召全体销售人员向他们学习。

在与中间商的关系上，红星原来做得很差，重建碰到了很多困难，但柴永森及其员工最终说服商家再给海尔洗衣机一次机会。作为对海尔承诺收回或修理所有红星不良产品的回报，批发商们同意还清它们前面的欠款，海尔的信誉再一次铺平了开拓市场的道路。这与后面将要讨论的针对员工的整合，共同构成了以“利益相关者认同”为焦点的支持逻辑 3。

(3)基本业务流程的整合

成本压缩是另外一个整合焦点。海尔利用成熟的采购管理系统大幅度降低了红星的采购成本。企业在购并后不久，通过引进海尔竞价模式，使每台海尔 5 公斤洗衣机的配套成本降低 15.3 元，按每年 60 万台产量计算，1 年可降低成本近 1000 万元。结构重组的情况在第四章的表 4-2 中作过介绍了。

(4)运行机制的整合

首先是管理高层的调整。事实上，可以说张瑞敏是整合的总负责人，提出整合的总体规划，杨绵绵统领的各个部门对整合的支持作用也不容低估，但是，还必须有一个人做具体的执行工作。海尔委派到红星担任具体执行者角色的是柴永森，他 1984 年毕业于上海机械学院。1995 年时他只有 32 岁，这位年轻的管理者思路敏锐，行动迅速，能够准确地理解执行海尔决策层改变红星面貌的战略部署。这是一个互补而高效的整合领导团队。这构成了以“领导”为焦点的支持逻辑 1。

其次是管理制度的调整，尤其是针对管理者的管理。海尔在其经营过程中形成了独具特色的管理理念。比如 80/20 原则：企业里发生的任何一件过错，管理者都要承担 80%的责任。“范萍事件”是一个标志性的事件。

在人才选拔上，变“相马”式的干部提拔制度为“赛马”式的竞争制度。公开招聘、选拔一流人才，充实各部门干部岗位，仅销售部门即招聘了 50 多位大专学历以上的营销人员，此举较好地调动了干部的积极性。另外值得一提的是健全了质量保障体系，建立了行之有效的奖罚制度，使产品走向市场有了可靠保证。这些制度的变革即构成了以“管理系统”为焦点的支持逻辑 2。

员工抵制问题需要重点提出。在海尔的几个购并以及其他我们见到的很多案例中，这个问题都很突出(整合黄山电子甚至发生暴力事件，即“六·二”事件)。这是整合工作顺利展开必须解决的一个问题。如在第五章中所说，员工抵制的消解是一个系统问题，需要借助利益契约和心理契约的重构。

利益契约重构的重点是“利益”。在这方面，消解员工抵制的一个“秘诀”就是，尽快取得成果，为公司和员工个人迅速带来可见的业绩(收入)提升。前面提到的，柴永森在第一个月就开发了 34 种产品，其中产生两个畅销品，并在购并之后的第三个月就扭亏为盈。在员工利益上，因为原来基本上发不出工资，所以购并之后尤其是整合初见效果之时收入有较大改善是很自然的。

(5)社会资本的创建与整合

这里涉及个体心理契约的重构、企业文化整合。这两者实际上是两个层面构成的有机机构：个体的改变如果比较普遍的话，就表现为企业文化的变化。当然此间过程不是如此简单，因为涉及复杂的人际互动。但不能否认，社会资本的创建与整合中真正的重心是员工个体的心理契约，它的关键词是“认同”。

在如图 6-25 所示的个体心理契约的重构机制中，我们可以看出，往往需要两种互有侧重和补充的方式：以整合负责人为核心的高层经理团队，以及专门的工作团队。而在海尔的案例中，这两点都非常突出，做得比较好。前者除了有张瑞敏的个人魅力、杨绵绵的铁面无私之外，柴永森的作用也非常重要(他领导了对红星和顺德爱德的整合)，在案例描述中，经常能够看到他身先士卒地去做工作。

海尔有着专门的工作团队，通过培训、讲演等方式，来影响和矫正员工的价值观和行为方式。前面提到，在购并红星第二天，杨绵绵就率领包括企业文化中心在内的团队来展开工作。而且，在调研中，我们发现在海尔内部存在非常多的以矫正员工价值观和行为的方式，比如《海尔报》，而且很频繁。[①]

这里的工作与在运行机制的整合中涉及员工抵制和利益契约重构的

① 2002—2003 年对海尔的批评很多，其中就涉及员工为了应对上面严密的“思想”控制，而采取了很多“不得已”的欺骗性的行为，让人们很怀疑海尔的企业文化之类没有效果甚至是反效果，但是根据一般的规律，我相信，这种强调“思想”控制的方式在开始的时候一定发挥过很积极的作用。如果说后来起到了反作用，也很可能是因为逆反情绪随着控制力度和越来越形式化而不断增强，所谓“物极必反”是也。

内容联合在一起，共同构成了以“利益相关者的认同”为焦点的支持逻辑3，它为整合的顺利开展提供了具有积极态度的人力基础。

(6)整合效果

这里有些数据还是比较有说服力的。红星被购并后第三个月里(1995年9月)就盈利2万元，10月盈利7.6万元，11月盈利10多万元，12月一个月盈利150多万元，企业出现了越来越好的发展态势。据国家权威部门统计，该公司洗衣机销量已从1995年7月份的全国第7位上升为1995年底的第5位；全国市场占有率增长3.7%。截止到1995年12月底，该公司1995年出口洗衣机8.2万台，创汇1230万美元，位居全国洗衣机行业首位。

顺德爱德的情况也比较好，在1996年7月时，原公司已经完全停产。从1997年5月28日，顺德海尔电器有限公司正式挂牌成立，到1997年底完成产量10万台，实现利润260万元。

作一个简单总结：最终良好的购并效果是海尔良好的整合工作的必然结果，所谓的“必然”并不是海尔自己说的“企业文化激活休克鱼”字面上那么简单，而是因为它遵从了由本书建立的整合机理模型所揭示的整合的“规律”——它意味着一个复杂的系统工程，而在某些环节出现错误就可能影响其他整合工作的展开，乃至整合效果的实现。

作为反面的例证，海尔事实上并不是如它所宣讲的所有的购并都取得了成功，比如对武汉希岛冰柜的购并。在调研中，我们得出的解释是企业原来的债务和或有债务被隐藏，后来暴露出来而成为企业的沉重包袱。这当然是一个财务的问题，是在目标企业评估时的疏漏，但是在很大程度上，它是一个与运行机制中公司治理结构整合相关的问题，海尔当时与武汉市政府和武汉希岛冰柜的管理层的关系没有调节好，没有较好地实现前文提出的治理结构调整的核心原则——抑制竞争性关系，谋求建立稳固的合作性关系。

黄山电子因为海尔电视的总体表现不佳，初期取得的整合效果也受到拖累。这提醒我们，跨行业购并(海尔是白色家电，黄山电子是黑色家电)一定会阻碍一个企业将其成功所依赖的资源和能力、管理制度、企业文化为良好的整合提供支持。

7.3 失败案例分析：上汽购并韩国双龙汽车

2004年10月28日，上海汽车工业（集团）总公司与韩国双龙汽车公司债权团在首尔签署了双龙汽车公司部分股权买卖协议。韩国双龙汽车公司平泽工厂厂区同时升起了中韩两国国旗和公司旗，标志着这家有着50年历史的企业的主要股东变更。上汽集团以5900亿韩元（约5亿美元）获得双龙汽车48.92%的股权，后增持至51.3%。

这次收购是上汽集团自2003年之后追求自主品牌战略的重要一步。在中国汽车业三强中，上汽尽管效益不错，但品牌、技术和运营都高度依赖于美国通用汽车和德国大众汽车及零部件厂商的合资企业，没有可与一汽红旗、二汽东风相比的自主品牌，在中央政府推崇“自主创新”的指导思想之下，压力很大。上汽也制订了自己的目标，就是“2007年新增自主品牌汽车5万辆，2008年形成车身自主开发能力，2010年自主品牌占总量的30%”。上汽曾经尝试通过自主研发来实现这个目标，2002年至2004年投入了40亿元到研发技术。然而提起这笔钱，上汽集团总裁胡茂元痛心疾首：“两年下来失败了，都失败了，我认为都失败了，完全靠自己的力量去做是不成功的。”因此，上汽很快就确定收购海外一家成熟的汽车企业来促进自主品牌的发展。

在此次收购过程中，上汽集团还遭遇了中国的蓝星集团的竞争。蓝星集团是国资委管理下的大型企业集团，手握3家上市公司，主营石油化学产品，从无造车经历。蓝星对双龙颇有些“志在必得”，开出的条件自然也要比其他竞争者优厚得多。但最终国资委支持上汽，蓝星退出，上汽集团成为中方独家收购方。由此我们就能理解为何上汽总裁胡茂元很兴奋，他评价说：“这次交易对公司的全球战略来说意义重大。”然而，令人唏嘘的是这次购并的最终结果是韩国双龙汽车2009年1月9日申请破产保护，后被印度的塔塔集团收购。上汽集团为此项购并计提了超过40亿元的损失拨备。

对于这次收购的失败有众多的分析和评价，比如胡茂元评价说：“我们没有想到当地的营商环境有这种情况，而到目前还没有改善，所以也造成了双龙在严重金融危机的情况下，克服这种危机的能力减弱了。韩国的投资环境没有想象中的好，有些当地人的排外情绪太大。”然而，也有学者指出，通用汽车在收购大宇后也曾遭遇罢工等困难，但最终取得成功。归根结底是上汽在购并后的整合管理上出现了问题。应用前文提出的整合机理模型，通过对上汽收购和整合双龙汽车的五年时间里所做的主要工作的梳理，我们提出了这次收购失败的三个主要原因：缺乏明确的愿景与战略整合，未能达成共识；高层管理团队的整合出现偏差；未能在双龙与上汽之间建立足够的社会资本。

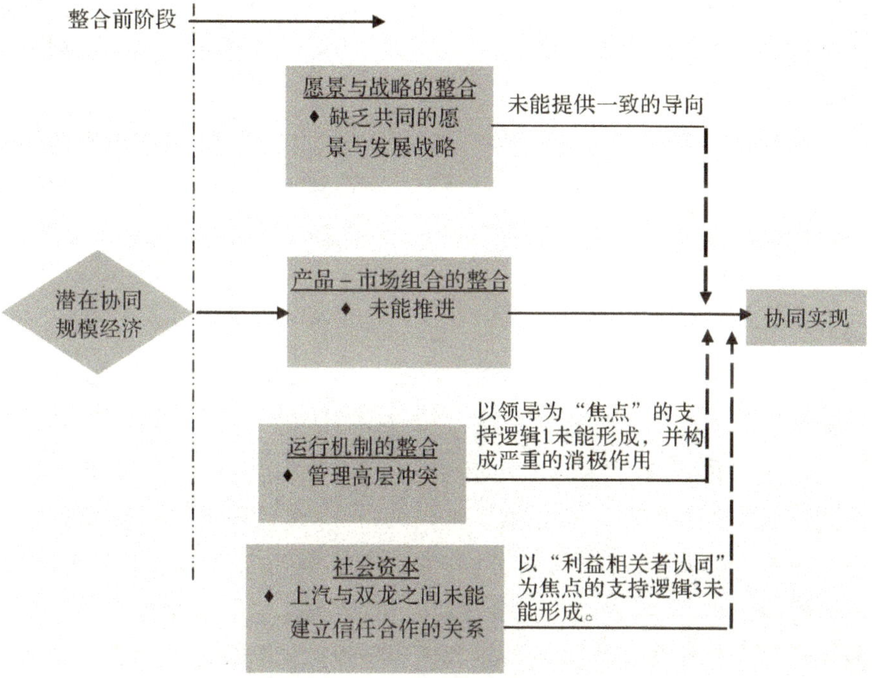

图 7-3 上汽—双龙购并整合失败的原理

(1)缺乏共同的愿景与发展战略

上汽的管理层认为，通过收购提高了上汽在国际市场的知名度，有利于今后自有品牌的推广，还可以借助双龙分布在全球的经销网络特别是其在欧洲市场的渠道资源，增加上汽在国外市场上的销量。另外双龙在韩国是 SUV 的霸主，利用双龙擅长的 SUV 车型与上汽擅长的乘用车形成互补，完善产品结构，最重要的是上汽可以获得双龙汽车制造的核心技术——发动机和变速器的研发能力以及双龙在其强项 SUV 车型的整车宝贵技术，基于这些技术上汽可以提升自己的自主研发能力。

对于双龙来说，被收购主要是由债权人推动的。双龙曾是一家独立的汽车企业，在1997年发生金融危机时，为了渡过难关被并入大宇集团。2000年双龙从大宇剥离，重新成为独立的企业，债权人“拥有”这家公司，但他们不实际运营这家公司。正是在这段时间，6000名员工在苏镇琯的带领下，创造了它有史以来最为辉煌的产销纪录。2002年，双龙汽车年产量16.3万台，在韩国SUV市场的占有率接近40%。2003年，双龙债权团正式提出出售双龙。为阻止债权团出售，双龙工会在2003年底至2004年初举行了多次部分及全员罢工，一些职工还倡导大家集资买下企业，均无济于事。

管理层也认识到，债权团不可能放弃市场上火热的竞价，而双龙要图大发展，不可或缺的是稳定的研发投资和可靠的海外销售网络。实际上苏镇琯及其他管理层成员已经看出双龙盛世下隐藏的危机，未来SUV的竞争会很激烈，双龙需要借助外部的力量来获得进一步的发展。同为汽车制造厂商的上汽，是摆在桌面上最理想的选择。苏镇琯及其核心团队迫切希望通过上汽在中国的销售网络，增加双龙的出口，并借此获得一笔资本投资来达到升级现有产品、开发新品的目的。

由此可看出，这两家公司各有所需，都希望从对方身上获得自己需要的资源和能力。这本是具有很好基础的合作，然而双方并没有在这个基础上确立未来的公司发展愿景与战略。特别是从上汽的角度来看，它更希望控制投入，主要依靠双龙自己的力量来融资，它想要推进的是将双龙的技术和生产转移到中国去。事实上，后来发生在中韩双方的矛盾的根源就在于此，双龙的工人担心这家企业的核心技术和生产都被转移到中国去，自己的利益将受到极大损害。

(2)管理层团队整合出现偏差，以“领导”为焦点的支持逻辑1未能成立

购并后上汽向双龙派驻了5名人员出任双龙高管，韩方高管曾经表达不满，因为韩国企业很看重论资排辈，管理人员大都在企业工作了二三十年，年龄在50岁左右，而上汽委派的5个人中平均年龄只有44岁，最年轻的才37岁。不过这个矛盾并不太突出，“导火线”是解聘了苏镇琯。

上汽之所以能够入主双龙，很大程度上是获得了以前社长苏镇琯为代表的双龙管理层的认同。他是双龙辉煌时期的领头人，在双龙内部有

很高的威望。在帮助职工接纳上汽方面，苏镇瑄的作用不可不提。这也使得上汽的决策层更加相信，有苏镇瑄在，工会问题不会升级。然而，很快上汽与苏镇瑄之间对于企业发展的方向出现了很多分歧，他不同意建合资厂，不同意双龙和上汽的“技术交流”，不同意抛开本土供应商采取全球采购，苏镇瑄与上汽走向了公开的决裂。于是，2005 年 11 月 5 日，距任期结束尚有四个月时，苏镇瑄被罢免，理由是“未能完成当年许诺的盈利目标”。上汽不仅拒绝苏镇瑄向公司索取百万美元的退休金和离职补偿，还陆续披露了一系列有关他道德、腐败的问题。

罢免苏镇瑄之后，上汽又陆续炒掉 20 多位站在苏镇馆一边的韩籍高管，并先后在财务、采购、营销、人事等领域派驻自己的管理人员。上汽本以为如此可以一举解决来自韩国工人和管理人员的抵制，但想得太简单了。2005 年 11 月 9 日，苏镇馆被辞 4 天后，工会以 87%的投票通过率，决定同上汽的“合资计划”展开全面斗争，后更直接要求负责双龙管理的上汽方代表理事蒋志伟自动辞职。这是随后发生的数次罢工的“序幕”。

(3)未能在双龙与上汽之间建立足够的社会资本，以“利益相关者认同”为焦点的支持逻辑 3 也未能成立

社会资本的核心是信任。当 2005 年上汽入主双龙时，其目的被解释为“用资金换技术”。习得韩国车企的技术后，将产能转移至中国，并降低生产成本”，也就是说“中国只是想得到技术而不想好好经营双龙企业”，这种言论几乎得到了韩国汽车界的一致认可。韩国另外一家汽车厂商负责企业战略规划的人士说：“世界上任何一个国家都想发展自己的汽车工业，因为没有任何一个产业能像汽车这样带动如此大的需求与就业。现在的问题是，如果上汽把双龙的技术拿到中国去，双龙工厂的作用就会削减甚至消失。‘你们发展了，别人怎么办？那在这个链条上的其他人怎么吃饭？’”这也是双龙的工人们担心和怀疑的第一件事情。

可惜的是，上汽并没有打消韩方的这些疑虑，反而在不断地印证他们的疑虑。上汽向双龙派出 5 名高管的第二天，并购项目组即向上汽集团决策者提交了一份《关于韩国双龙公司产品在中国生产的方案(草案)》，计划将双龙的主打 SUV 车和 MPV 车在造型修改后进入中国生产，使用上汽的品牌，改造开发费用及项目产权均归上汽拥有。这个方案被韩方得悉后，极大地刺激了他们的不安全感。双龙的一位人士说：“上汽收购

双龙以后没有进行创新，没有推出过一款像样的新车。双龙汽车的代表性品牌 Rexton 和 Chairman 都是上汽收购之前开发的产品。”上汽这些“冷漠和不作为的姿态”，让“韩国国民 100%同意‘上汽收购双龙就是为了获取技术’的说法”(陈晓，2009)。

总的来看，上汽作出收购国外汽车厂商的勇气和努力是值得赞赏的，然而很显然它没有把握住购并成功的关键——购并的成功首先是合作的成功。只有创造出了双方信任合作的关系，有了共同的目标，才有可能真正实现自己的目标。

7.3 失败案例分析：JS 合并[①]

1997 年 8 月，在 X 市政府和二轻局(后来改为二轻控股集团公司)的全力推动下，该市 4 家家电企业——生产洗衣机 A 电器公司、生产空调的 B 集团公司，生产电扇的 C 电器公司和生产冷柜的 X 市家电工业公司——合并组建了 X 市家电集团公司，两个月后更名为 JS 电器集团公司。购并的初衷，是通过将相关企业联合起来，更好地应对“两东一江”(广东、山东和江苏)以及跨国公司的竞争。

根据当时的预期，合并后将带来可观的竞争地位提升：合并后迅速形成以洗衣机、空调、冷柜、电扇为骨干，以小家电产品和其他方面产品为依托，以开发新的家电产品为后盾的多门类、多品种的生产经营格局，洗衣机达到年产 300 万台，生产规模全球第一，产品质量全国第一；空调机达到年产 60 万台，跻身全国同行业五强；冷柜达到年产 100 万台，进入国内同行业前 5 名；电扇要达到年产 500 万台，进入国内同行业前 3 名等；到 2000 年，集团主要经济指标可望达到产品销售收入 150 亿元，力争 200 亿元；利税总额 22 亿元，力争 25 亿元；实现利润 10 亿元，力争 12 亿元。

而且，从合并之时的情况来看，虽然这个预期可能过于乐观，但并非没有基础：1996 年，空调市场占有率排行国内前 10 位，冷柜市场占有率排行全国第 7，电扇国内排行第 6，洗衣机市场占有率排行全国第 3。4 家公司总资产 18 亿元，年销售额 30 亿元。

---

① 文中所涉案例资料除了来自本人与汪涛、叶兴波、刘翌等自从 1999 年开始的多次调研，以及其他公开的资料。

然而,合并的结果却出人意料,与预期目标差距较大:1997 年刚合并时,4 家企业总销售额为 30 亿元,次年下降到 26 亿元,1999 年和 2000 年则分别跌至 18 亿元和 15 亿元,已经不足 A 公司一方在投入合并时的销售额。到 2000 年底,除 A 公司之外,另外 3 家企业几乎全部处于停滞状态,职工大部分下岗。当然,就 C 和 D 公司而言,即使没有合并,它们当时的经营状况加上主打产品市场的不断萎缩,后来的结果也不会更好。其中尤其可惜的是 B 公司,在合并之前,它的空调业务发展势头良好,在它表现最好的北京市场,1997 年的销售额为 1.3 亿元,改名"JS"品牌后下降到 2000 万元,2000 年前 4 个月仅有 200 万元。后来决定恢复原来品牌,然而要东山再起,困难很大。

败局已定,今天要做的就是寻找导致失败的原因,并从中吸取教训。那么,原因到底是什么呢?

作为母公司的二轻集团公司副总经理后来写了一篇《联合,振兴家电工业的必由之路》的文章,回顾了合并的前前后后,就失败的结果,他说:"联合是一次企业的利益调整,尤其要涉及企业经营者的利益调整。不少企业经营者考虑自己利益的多,而考虑全省家电工业整体发展的少。有些公有制企业的厂长经理过多考虑自己的位子,对联合没有积极性,导致阻力重重;有的还热衷于新上项目,不愿意通过兼并、联合,走低成本扩张的道路,重复建设的现象比较突出。"

另外一个值得关注的是合并之后屡起风波的焦点人物,原 B 公司的总经理。他在接受媒体记者采访过程中始终强调:强强联合他始终是支持的,市政府的愿望是良好的,执行的决心也是大的。强强联合在当时并非错误,其失败主要是操作经营失误。

对于政府的"角色",根据第五章的分析,我们可以说政府犯了"理性缺失与错位"的错误。不过,回顾当时政府决策的大背景:学术界都在普遍推崇韩国组建大集团所谓的"成功经验",我们很难站在今天的立场说,政府的决策是鲁莽的,他们也是在当时的约定条件之下作出了在当时看来比较明智的决策。问题是,后来尤其是整合过程中出现了政府意料之外的情况。

这里的分析并不能保证完全地把握事情发展的脉络,因为其中涉及难以被外人了解的因素,而这些因素可能有着很重要的影响。我们只是试图从本文构建的整合机理模型对这个事件作出一个基于特定视角的尝试性解释，也算是为从这一案例中吸取有益教训而作出的努力。

图 7-4 描述了基于横向购并整合机理模型对该案例的分析。由图 7-4 可见，至少在愿景与战略整合、产品—市场组合、以“领导”为焦点的支持逻辑 1 和以“人”为焦点的支持逻辑 3 都出了问题，这对整合的效果造成了消极的影响。

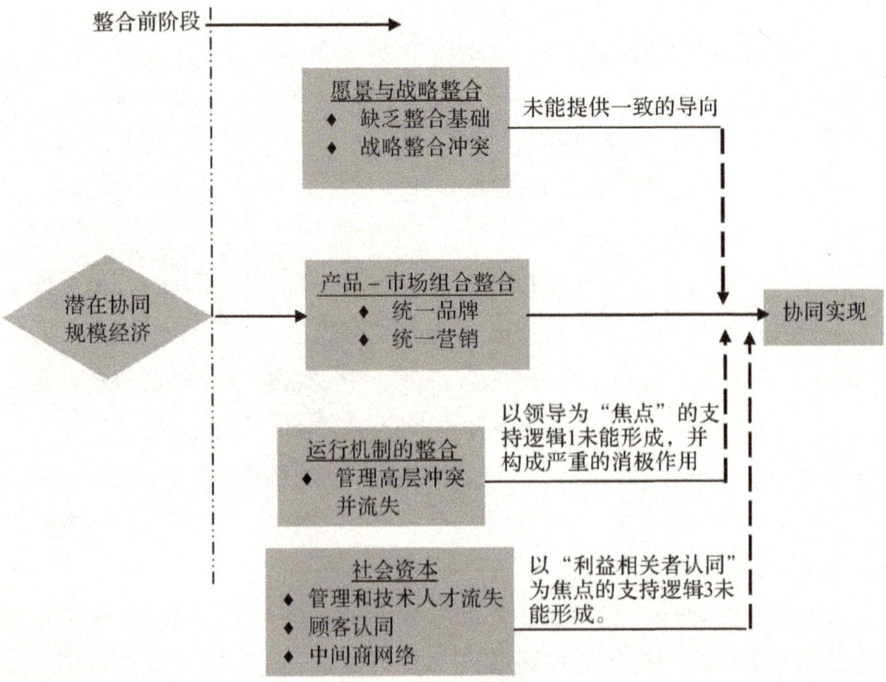

图 7-4 JS 合并失败的机制

（1）愿景与战略整合缺乏基础，面临战略整合的巨大障碍。这与政府直接决定合并结果有着密切关系，因为它意味着跳过了重要的购并的前三个阶段：战略制订、目标企业评估和谈判阶段，也就跳过了在购并与被购并企业就愿景与战略整合进行讨论的机会——如果双方无法谈拢，至少善意的购并就不会发生。之所以作出合并决策，也就是他们所看到的“潜在协同”，归根结底两个字——规模。显然，这只是战略的一个方面，没有明确形成一个过程或机制，让合并企业的领导就各企业以及合并后新企业的发展战略进行细致的探讨和分析。

在企业方面，B 公司分析当时的情况："4 家企业各有各的算盘。1997 年，正是生产洗衣机的 A 公司冲到顶峰期的时候，急欲进行多元化扩张。另外两家企业 C、D 因为企业规模上不去，在市场竞争中已有落伍之势。它们希望政府投钱，当然也比较赞同联合之举。而 B 公司正处在企业的高速成长期，希望在资金政策上得到政府的优先支持……"

原 C 公司总经理提供了自己当时的想法："我是联合的参与者和支持者。到现在我还认为当时组建集团是没有错的，只是操作上失之过急。因为 C 公司当时最迫切的需要是扩大规模，增强实力，而联合提供了这一机会。"

可以看出，其中 C 和 D 积极支持合并，主要是希望借机获取更大的资源支持，而另外两家在战略上确有考虑(因为当时经营状况比较好)，但是各打自己的算盘：A 公司当时的打算是希望通过合并掌控更多的资源，B 公司是迫于政府压力无奈同意，它希望保持自己的独立，在此前提下尽可能获得更多资源的支持。在合并之前，因为战略诉求之间的潜在差异就已经存在，战略整合就难以平稳进行——用本文的术语说，A 公司希望采取"同化型"或者"扩张型"，而 B 公司则倾向于"独立型"或者"共生型"，这就为激烈的领导权之争埋下了"伏笔"。

(2)合并后进行了针对产品—市场组合的整合，而在前文中，我们曾经提及产品—市场组合的整合能否成功需要一些基础条件，包括内部的业务流程和结构的调整(JS 统一营销结构目的是希望支持统一品牌)，以及外部的中间商和顾客的支持和认同。然而，问题就在于这些支持力量没有形成，主要是支持逻辑 1 和支持逻辑 3 没有形成。

在合并之后，迅速成立了公司的董事会，并"组合"而成新的管理高层：原 JS 电器集团公司总经理出任集团副董事长，其他企业原总经理担任副总经理。原来各自的权威体系要合并为一个，自然会争"位子"，这不仅在于"位子"本身，更重要的是掌握整合的控制权。因为合并前 A 和 B 公司的情况最好，所以，整合控制权争夺主要在两家公司的领导之间。因为规模等原因，A 公司掌握了整合的控制权。

基于 A 公司的战略，在合并一年后，A 开始在业务层面上采取行动：统一品牌和统一营销组织结构。这属于产品—市场组合整合的内容、基本业务流程的整合。A 提出将 4 家企业各自的品牌放弃，统一使用"JS"

品牌，这样，B公司原来的品牌消失——3年后复出是后话，而且已成“明日黄花”。这一决定遭到B公司、C公司的总经理与其他人的反对。其后，马上合并4家企业的销售部门，成立了统一的营销中心。

原C公司总经理认为“统一营销是JS集团的大失误”，他说：“新的品牌刚刚确定，消费者还没有完全接受，又把各企业的产销环节打破。4家企业的企业文化结构、营销方式、目标市场本身就有区别，正常整合都需要很长时间。”把这些整合措施与随后逐渐显示的结果结合起来看，这是一次毁灭性的整合，作为主要被整合对象的B公司的空调品牌被毁灭了。

因为对于整合方式意见不同，原B公司总经理很快离开该公司，并与他人合资新建了一个空调公司。这意味着，以“领导”为焦点的支持逻辑1无法形成。原因在于跳过整合之前的程序，原本在这些程序中解决的冲突就向后推移到整合阶段，集中地发生了。

而之后发生的事情表明，更广泛的以“利益相关者认同”为焦点的支持逻辑3也未能形成。问题首先出现在外部。老的空调品牌本来市场声誉很好(尤其在北方市场)，舍弃一个市场已经承认的品牌，而让顾客接受一个新品牌，一方面造成很大的浪费(相当于一大笔无形资产流失了)；另一方面，又要面临品牌养成这样一个较长而且极难控制的过程，何况，原B公司总经理离开之后引起的一连串后果更极大地加剧了这个困难，乃至对这些外部基础造成毁灭性打击，尤其是营销网络或者解体，或者被带走了。

在B公司原总经理离开并创建新公司之后，至少有20多名原B公司的生产、技术和营销骨干也加入到这个公司中，并带走了技术图纸。此外，B公司原来的合作伙伴，尤其是中间商，这些中间商即使没有被带走，大多也转而与其他厂家建立联系，营销网络就这样瓦解了。至此，合并后公司在空调行业赖以竞争的资源和能力就这样瓦解了，其破坏性堪称“釜底抽薪”，而一直生产洗衣机的A公司并没有相应的资源和能力予以填补，所以JS的衰落是完全可以预期的。

这里我们没有涉及以“管理体系”为焦点的支持逻辑2——统一营销必然会涉及这部分内容，因为单单支持逻辑1和支持逻辑3部分内容出的问题，就足以破坏任何试图作出的协同的努力。

另外,需要提及的一点是,Kearney 曾分析一些容易导致失败的购并特征时,提到过应"避免对等购并",即购并跟自己差不多大小的企业。对等购并不是一个成功的药方。在它进行的 Kearney Global Survey 中,表现最好的购并中只有 7%属于对等购并。[①]

---

① 资料来源:Habeck,Kroger,Tram,"After Mergers:Seven Rules for Successful Post-merger Integration",Pearson Education Ltd,2000.

8 结论与展望

8.1 本书研究结论

本书研究的主要内容是，通过理论演绎建立关于横向购并的整合机理模型，目的是通过结构化的方式回答关于整合的三个基本问题：①整合目标是什么？②整合的主要内容是什么？③整合主要内容与整合目标之间的关系是什么？研究对象限定为以"吸收合并"为整合模式的横向购并。

本书的研究分为两部分：理论研究与案例研究。在理论研究中，首先建立了一个基于资源观的企业模型，并结合关于"如何实现协同"的研究之后，在第三章我们建立了整合机理模型，并对模型内各部分以及相互间的逻辑关系作了细致而系统的论述，也就有了三个基本问题的答案，择要点列在下面：

1. 整合的目标是协同的实现（业务上的协同，可通过结果指标和过程指标来表示）。

2. 整合的主要内容——整合的基本结构——包括：愿景与战略整合、产品—市场组合的整合、基本业务流程的整合、运行机制的整合、社会资本的创建与整合。就其与"协同实现"这一整合目标之间的关系，它们被区分为三类模块：

- ◆ 导向性模块——愿景与战略整合；
- ◆ 直接性模块——产品—市场组合的整合与基本业务流程的整合；
- ◆ 基础性模块——运行机制整合、社会资本的创建与整合模块。

3. 在达到"协同实现"目标的过程中，产品—市场组合的整合、基本业务流程整合是最直接相关的，在这两方面的整合是将潜在协同转化为现实协同的直接努力。它们与"协同实现"这一目标之间的关系，即是整合的基本逻辑”。

4. 从“潜在协同”转化为现实的协同，需要两方面的前提：

①前提之一，是需要在双方的愿景与战略之间进行很好的整合，因为需要它对整合中方方面面的内容提供“导向”；

②前提之二，是需要得到三个方面的支持，即三个支持逻辑。没有这三个支持逻辑的支持，“潜在协同”转化现实的协同是很困难的，即使初期有所成绩，也难以持久，并很可能被随后的损失消耗殆尽。这三个方面是：

- 运行机制整合的治理结构部分所提供的支持逻辑1——通过调整公司的治理结构，尤其是管理高层，为整合提供战略的指导、资源和动力的支持，这是以“领导”为焦点的支持逻辑；
- 运行机制整合的管理系统所提供的支持逻辑2——较为顺畅的信息传播以及绩效评估体系的构建，这是以“管理系统”为焦点的支持逻辑；
- 愿景与战略整合（凝聚员工与企业的关系）、运行机制整合（人力资源政策）与社会资本的创建与整合一起构成了支持逻辑3——通过影响员工个体（心理契约）、群体（企业文化），以及外部利益相关者对于购并企业、整合方式、整合目标的认同程度，来争取它们最大的支持，创造共同努力来实现整合目标的态势。这是以“利益相关者的认同”为焦点的支持逻辑。

由五个整合模块构成的整合基本结构，与它们和协同实现之间的关系——整合的基本逻辑和支持逻辑有机地结合在一起，就形成了横向购并的整合机理模型。

我们还运用本书的整合机理模型对四个案例进行深度分析，其中包括两个跨国购并和两个国内购并，分析结果表明这个模型能够很好地指导我们理解这些购并为何成功或者为何失败。

- 第一个案例是联想收购IBM PC，这是到目前为止最成功的跨国购并，其过程的复杂性以及联想表现出的高超的整合艺术令人叹为观止。这项购并的成功是系统的成功，在这个整合机理模型的每一部分都发挥了重要的作用，且其性质与模型所分析的非常一致。
- 第二个案例是作为成功典范的海尔的“企业文化激活休克鱼”，此处的分析不同于以往任何一个对此成功案例的分析，清晰地呈现出整合的系统性特征——成功需要多方面工作之间有序和有机地配合，而不仅仅是海尔自己所宣称的“企业文化”。这点在大多先前对海尔成功购并的分析中从来没有如此清晰而透彻地反映出来。

◆ 第三个案例是上汽收购韩国双龙汽车的失败案例。这个案例的失败固然有韩方的原因，工会力量很强大，但更主要的是因为仅仅从自己的需要出发，而未能在上汽和双龙之间建立关于愿景与发展战略的共识，也未能建立与双龙原管理层和工会的信任关系。这些是整合成功的前提条件，如果这些条件不能满足，创造价值的基本逻辑根本无从展开。

◆ 第四个案例也是一个失败的案例，JS 合并。对此案例的分析，从与上相对的方向亦鲜明地呈现出整合的系统性——某一方面的不当措施会引致一连串消极事件，从而削弱取得整合成功的支持条件。这一案例清晰而有力地表明支持逻辑的存在和重要性。

8.2 研究对实践的启示

本文的研究主要是基础理论研究，解决的是“是什么”和“为什么”的问题，所采取的立场是一个“旁观者”的视角，出于本书中心突出和篇幅有限的考虑，仅仅在各个整合模块中对相关的操作内容作了一些论述，并没有对“怎么做”进行系统的分析和讨论。但是，很显然，这些研究结论对于一个购并企业如何对整合进行管理依然有很多启示。

首先一点，它表明整合是一个复杂的过程，如果没有认识到这种复杂性，而在思想上不重视，就很容易采取轻率冒进的行动，等到一系列意外问题的出现而没有预先的准备，实现预期目标就很困难了。在第一章中，曾经用很多研究和数据资料来指出整合是导致失败的一个重要原因，这背后就是实践中的企业经理没有认识到或者看低了整合的复杂性。

整合的复杂性，一方面是因为其中所涉及的内容非常多。较高程度的整合行动，甚至牵涉企业的所有重要方面，在本文研究的横向购并中，整合的主要内容包括五个整合模块，而在这五个方面又包含着更多、更细致的内容。

造成整合复杂性的另一方面，是这些整合模块在实现整合目标的过程中所发挥的作用并不是单一的、线性的，而是一种依赖性的关系：直接追求协同往往达不到目标，它需要一些条件的支持，主要体现在三个支持逻辑上。案例分析表明，尤其重要的是其中与战略、领导和员工与外部利益相关者的认同相关联的部分。

由此，对于一个希望对整合过程进行有效管理的企业领导（尤其是购并企业的领导和负责整合的经理）来说，他应该考虑按照如下的方式操作：

首先是思想意识上。企业领导应该在思想上重视整合、重视整合的复杂性，这是取得成功的第一步。在确定目标企业并有望交易成功的时候，就应该聘请有经验的专家、咨询公司参与进来，并指派能力强同时可调控时间多的经理与他们相配合，组成专门的团队，对相关的信息进行搜集、整理和分析，预先对整合的计划、重点、可能碰到的问题作出规划、评估和制订应对的措施，这基本上就是前文提到的整合的价值、创造规划的内容。

第二，尽可能早地挑选出整合负责人以及整合的领导团队，并确立其工作机制。整合负责人最好在整合之前与咨询公司配合的经理是一个人，这有利于信息的顺畅累积，提高工作效率。这也是 GE Capital 公司成功的经验之一。[①] 他们偶然发现了这样做的好处，然后把它作为每次购并整合必须坚持的一个原则。

整合负责人不仅与其他合作者一起制订价值创造规划，同时要发挥 Kotter 所强调的与“管理”不同的“领导”作用，即在确定战略之后，应该有足够的能力和人格魅力去联合其他人，并激励和鼓舞其他人（这里尤其指被购并企业关键的管理和技术人员），一起为实现整合目标而努力。[②] 如案例分析表明的，“战略领导”是最为重要的支持力量。

这看起来很有“人治”的色彩，然而并不难理解，因为整合是与正常运营企业中的任务和活动有着很大的不同，它是一个信息不完全、人们彼此陌生并深具戒心，从而充满着不确定性、随时可能引发破坏性力量的情

① 详细内容请参见：程兆谦，通用电气如何搞整合，《中外管理》，4/2001。

② 科特，《变革的力量：领导与管理的差异》，pp4—5，华夏出版社，1997。

境，不可能按照一种日常管理的方式对其进行管理和控制。在成功的案例，比如海尔和H公司购并K公司中，我们都看到了这样做的重要性。由此，也就可以理解为什么管理体系因子对于实现整合目标的重要性要弱很多。

第三点，一旦确定了整合的负责人和价值创造规划之后，对工作重点在时间上的分配要格外当心。按照常理，规划确定之后就应该尽快落实下去，组织人员、分配资源等等。然而，如整合机理模型所揭示的，另外还有一个重要的条件需要培育。这个条件与被购并企业的员工以及其他重要利益相关者的态度和情感有关，最终反映为他们对于购并方、购并委派的经理、价值创造规划乃至被购并后的企业的认同程度。人们普遍关注的文化冲突，仅仅是影响认同程度的一个方面。

如果员工不能认同，那么强力推行在业务层面的整合，即使短期内有些效果，也将因为认同程度低引发的消极的态度和行为，最终抵消短期的效果，甚至造成无可挽回的损失。这些消极的态度和行为主要体现为消极的工作态度、抵制甚至重要的经理和技术专家离开企业，以及客户、供应商、中间商等中断合作关系而转投其竞争对手。

为此，购并企业的领导和整合的负责人要非常重视关于员工与客户、供应商、中间商还有政府等利益相关者的认同度的问题。IBM在宣布要约收购莲花公司之后的一系列做法是一个成功的典型。在1995年发出最初要约一个星期之后（注：发出要约并不等于交易完成），IBM的首席执行官Gerstner飞到波士顿会见了Lotus的员工，并与新闻界见了面。然后迅速飞到Westford去会见Notes的创造者Ozzie会面，用诚意和承诺留住了这个本来要离开公司的关键人物和他周围的一批人。同时，IBM发起了强大的公共关系活动来向员工、顾客、商业合作伙伴保证，他们将一如既往保持Lotus广受欢迎的产品——Notes。之后的若干年里，Gerstner经常拜访SUN、Orcle等公司来推销Notes，并在IBM内部大规模运用Notes，成为一个向业界推广Notes的示范基地。

这样看起来，IBM是利用一组不同的方式，迅速消解了被购并企业的员工、与被购并企业有业务关系的其他企业客户可能的疑虑，提升他们对购并与整合的认同度。[①] 当然，最好的情况是让实现协同的努力与提高员工及其他利益相关者的努力形成良好的互动，相互促进，相互提升。

总而言之，如俗语所云"磨刀不误砍柴工"，或者孙子所说的"以迂为直"(《孙子兵法》，军争篇)，能够大致概括出有效整合的精神，也就是说，负责整合的企业领导和经理们要注意支持逻辑的培育，有了这些条件的支持，在业务层面上去实现协同将事半功倍，反之，则不仅事倍功半，而且可能导致彻底的失败。

8.3 局限与展望

从案例分析中可以看到，整合机理模型在剖析案例时具有不一般的分析能力，可以较为清晰地展现出整合这一复杂过程的脉络。然而，也暴露出研究的不足。

理论上最大的不足，就是对支持逻辑之间的关系还缺乏更深入、更系统的探察。目前除了根据其主要内容(即"焦点")作了区分，也仅在本书某些局部对此作了分析。仅这些理论分析和案例分析，也已经暗示着三个支持逻辑之间可能存在特定的作用关系，比如存在某种多重、间接的关系，或者沿时间轴的关系(如 Birkinshaw&Bresman，2000，所部分揭示的)。这是企业以及整合的系统性特征决定的。这是未来研究一个重要的方向。

另一方面，虽然案例分析能够在一定程度上验证整合机理模型，但这还不够。未来希望能够通过大样本的统计分析来对此进行比较严密的验证，采用新的更强大的统计分析方法(结构方程方法，SE)。

另外需要考虑的、在此基础上作的研究包括：

(1)非横向购并的整合机理，包括纵向购并、跨行业的混合购并的整合机理。因为两个企业的模型在内容上是"异质的，从而在整合中必然遭遇不一样的问题"，这是非常值得研究的。

(2)不同程度整合下的整合机理。本书考虑的是"吸收合并"模式，即

① 详细内容请参考：程兆谦，IBM 如何成功整合莲花，《新电子—经理人商业周刊》7/2002。这是一个典型的共生型整合模式，与本文研究的吸收合并模式不同，但是在这一点上的借鉴意义是毋庸置疑的。

全面整合情况下的整合情况，其实，在实践中并不是所有的整合都如此彻底。虽然本书建立的整合机理模型提供了分析的平台，但考察局部整合，也存在一些独特的优势——这类似于统计分析中控制一些变量后考察其他变量之间的关系，有助于为深化理解、修正整合机理模型作出贡献。

(3)更系统地分析外部因素对整合过程的影响。在本书的分析中，也提到了外部因素，主要是顾客/客户、中间商、联盟伙伴等，但相关分析还不够具体、深入，另外作为重要影响因素的竞争对手，则基本没有涉及。毕竟，协同实现除了内部的努力，还需要环境的支持，或者需要克服环境造成的阻力，所以，以后的研究有必要拓宽视野，将整合放到一个更宽广的环境之下考察，这一方向的努力可能会对本书建立的整合机理模型构成重大的补充性修正。

参 考 文 献

Ⅰ.中文文献

[1] [美]Steiner, Miner,《management policy and strategy》, Macmilan publishing company, 1986。程化、潘洁夫等译,管理人力资本[M],华夏出版社,1998,9～16.

[2] [美]麦克尔·波特,《竞争战略》,华夏出版社,西蒙舒斯特出版公司,1996.

[3] [美]麦克尔·波特,《竞争优势》,华夏出版社,西蒙舒斯特出版公司,1996.

[4] [丹麦]尼古莱. J. 福斯,克里斯第安·克努森等编,李冬红译,《企业万能——面向企业能力理论》,东北财经大学出版社,1998.

[5] 萨得沙纳姆,《兼并与收购》,中信出版社,西蒙与舒斯特国际出版公司,1998.

[6] 威斯通,郑光等,《兼并、重组和公司控制》,经济科学出版社,1998.

[7] 科特,赫克斯特,《企业文化与经营业绩》,华夏出版社,1997.

[8] 明茨伯格,阿尔斯特兰德,兰佩尔,《战略历程:纵览战略管理学派》,机械工业出版社,2001.

[9] 科特,《变革的力量:领导与管理的差异》,华夏出版社,1997.

[10] 孔茨,韦里克,《管理学》,经济科学出版社,1998.

[11] 达夫特,《组织理论与设计精要》,机械工业出版社,1999.

[12] 约翰逊,斯科尔斯,《公司战略教程》,华夏出版社,1998.

[13] 米勒,《组织传播》,华夏出版社,1999.

[14] 迈克尔·波特,竹内广高和榊原鞠子,《日本还有竞争力吗》,中信出版社,2002.

[15] 坎贝尔,卢克斯编著,《战略协同》,机械工业出版社,2000.
[16] 福斯等,《企业万能》,东北财经大学出版社,1997.
[17] 哈默尔,普拉哈拉德编著,《战略柔性:变革中的管理》,机械工业出版社,2000.
[18] 布利克,厄恩斯特,《协作型竞争》,pp250,中国大百科全书出版社,2000.
[19] 皮亚杰,《人文科学认识论》,中央编译出版社,2002.
[20] 张维迎著,《企业的企业家——契约理论》,上海人民出版社和上海三联,1995.
[21] 周其仁,市场里的企业:一个人力资本与非人力资本的特别合约,《经济研究》,6,1996.
[22] 魏江,基于核心能力的企业购并模式框架研究,《管理科学学报》,4,2002.
[23] 王丽波,论购并后的整合,《商业研究》,5,2003/10/30.
[24] 张莉,企业购并中的人力资源整合策略,《企业活力》,10,2002.
[25] 叶学锋,魏江,基于核心能力的购并整合,《科研管理》,5,2003.
[26] 薛斌,上市公司购并和整合存在的问题及对策,《中国储运》,3,2001.
[27] 高明,文化整合——购并企业组织文化的战略管理,《东北财经大学学报》,6,2001.
[28] 赵新先,罗瑾琏,购并完胜难上难——三九集团购并石啤过程中的文化整合,《现代工商》,12,2001.
[29] 项保华,殷瑾,购并后整合模式选择与对策研究,《中国软科学》,4,2001.
[30] 徐笑君,郭斌,许庆瑞,兼并企业的文化重构:模式与特征研究,《中外科技信息》,12,1998.
[31] 徐叔衡,试论购并后的企业整合战略,《当代财经》,10,1998.
[32] 吕淑琴,企业购并后整合的系统性思考,《系统辩证学学报》,1,2001.
[33] 黄立军,郑艳萍,论企业购并中的文化整合,《江汉论坛》,1,2002.
[34] 居同交,张永杰,企业兼并后的文化重组,《经济改革》,1,1999.

[35] 吴列毅,企业文化对国际企业收购的兼并稳定性的影响,《外国经济与管理》,1991.

[36] 胡永铨,企业兼并的文化管理战略,《技术经济与管理研究》,2,1999.

[37] 张永建,企业兼并中的文化融合,《中国工业经济》,10,1999.

[38] 苏勇,赵戟勇,资产重组与文化整合,《经济管理》7,1998.

[39] 姜方放,李海霞,程德俊,心理契约违背理论及其在购并整合中的应用,《管理现代化》,5,2002.

[40] 张前,海尔文化激活"休克鱼",《经济论坛》,10,1998.

[41] 王长征,购并整合:通过能力管理来创造价值,《外国经济与管理》,12,2000.

[42] 冯根福,吴林江,我国上市公司并购绩效的实证研究,《经济研究》,1,2001 第 1 期.

[43] 何润宇,青醇四溢——青岛啤酒的购并之路,《集团经济研究》,6,2000.

[44] 俞岱曦,张海涛,康佳购并案例,节选自《最新中国企业并购案例资料汇编》,天则经济研究所,中国轻工业出版社,1999.

[45] 盛洪,《最新中国企业并购案例资料汇编》,中国轻工业出版社,1999.

Ⅱ. 英文文献

[1] Aaker, D. ,Managing assets and skills, California Management Review 1989, Winter, pp. 91—106

[2] Andrade, G. , Mitchell, M. , Stafford, E. New evidence and perspectives on mergers. Journal of Economic Perspectives 2001, 15 : 103—120

[3] Amit, R. ,P. J. H. Schoemaker, "Strategic Assets and Organizational Rents", Strategic Management Journal, 1993, 14(1):33—46

[4] Andrews,The concept of corporate strategy,Homewood,Ⅲ. :Irwin,1971

[5] Ansoff,Corporate Strategy,New York : McGraw—Hill,1965

[6] Ashkenas, Demonace, Francis, Making the deal real: How GE Capital integrates acquisitions, Havard Business Review, 1998, Jan,

[7] Baker, Market networks and corporate behavior, American Journal of Socialogy, 1990, 96 : 589—625

[8] Barney J. B. , Returns to Bidding Firms in Mergers and Acquisitions: Reconsidering the relatedness hypothesis, Strategic Mangement Journal, Summer Special Issue, 1998, 9 : 71—78

[9] Barney, J. B. Strategic factor markets: expectation, luck, and business Strategy, Management Science , 1986, 32(10):1231—41

[10] Barney, J. B. Organizational culture: Can it be a source sustained competitive advantage?, Academy of Management Resource, 1986, 11: 656—665

[11] Barney, J. B. , Strategic factor markets: Expectations, luck and business strategy, Management Science, 1986, 31 : 1231—1241

[12] Barney, J. B. , Return to Bidding Firms In Mergers and Acquisition: Recondering the Relatedness Hypotheses, Strategic Management Journal, Summer Special Issue, 1988, 9: 71—78

[13] Barney, J. B. , Firm Resource and Sustained Competitive Advantage, Journal of Management, 1991, 17 : 99—120

[14] Bettis, R. A. , Performance Differences in Related and Unrelated Diversified Firms, Quarterly Journal of Economecs, 1992, 91: 241—262

[15] Blake R. R. and Mouton J. S. , The urge to merge—Tying the knot successfully, Training and Development Journal, 1983, 1: 41—42

[16] Blake R. R. and Mouton J. S. , How to achieve integration on the human side of the merger, Organizational Dynamics, 1985, 13(3): 41—45

[17] Bradley, Desai and Kim, The rationale behind interfirm tender offers: information or synergy ? Journal of Financial Economics, 1983, 11 : 183—206

[18] Brockner, J. Davy, and C. Carter, Layoffs, self-esteem, and survivor guilt: motivational, affective, and attitudinal consequences, Organizational Behavior and Human Decision Processes, 1985,36: 229—244

[19] Calori, R. And M. Lubatkin, "Euro-Mergers Viewpoints and Predictions", In H. Singh, A. Sinatra and G. von Krogh(eds.), Perspective On the Management of Acquisition. Macmillan, New York, 1993,pp. 323—346

[20] Carper William B,Corporate acquisition and shareholder wealth: a review and exploratory analysis. Journal of management, 1990, 16 (4):807—823

[21] Cartwright,Cooper,THe role of culture compatibility in successful organizational marriage, Academy of Management Review, 1993, 7 (2): 57—70

[22] Cartwright, S., Schoenberg, R. Thirty years of mergers and acquisitions research: Recent advances and future opportunities. British Journal of Management, 2006, 17: s1—s5

[23] Capron, Resources redeployment following horizontal acquisitions in Europe and North America 1988—1992, Strategic Management Journal, 1998,19: 631—661

[24] Carleton W. T., Harris R. S. and Stewart J. F.. An Empirical Study of Merger Motives. (with) Federal Trade Commission and Small Business Administration, Washington, D. C., 1980, pp. i-iii, 1—110

[25] Chandler, Hambrick, Effective of executive departure on the performance of acquired firms, Strategic Management Journal, vol14, 1993

[26] Chattejee, Types of synergy and economic value: The impact of acquisitons on merging and rival firms, Strategic Management Journal,7, 1986, pp. 119—139

[27] Chatterjee, Lubatkin, Cultural differences and shareholder value in related mergers: linking equity and human capital, Strategic Man-

agement Review, Vol 13，1992, pp. 319—334

[28] Chatterjee，S. And B. Wernerfelt，The link between resources and type of diversification：theory and evidence，Strategic Management Journal，12(1)，1991, pp. 33—48

[29] Clark, Brenann, Building synergy in the diversified business，Long Range Planning，vol. 23，1990，pp. 901—916

[30] Cohen, Levinthal, Absorptive capacity：a new perspective on learning and innovation, Administrative Science Quarterly, 35, 1990，pp. 128—152

[31] Coleman. Socail capital in the creation of human capital, American Journal of Sociology, 1972，94, pp. 95—120

[32] Conner，K. R.，A historical comparison of resource-based theory and five schools of thought within industrial organizational economics：Do we have a new theory of the firm? Journal of Management，17，1991，pp. 121—154

[33] Cording M.，Christmann P.，and Weigelt C. Measuring theoretically complex constructs：the case of acquisition performance，strategic organization，2010, 8(1)：11—41.

[34] Cote, Langely, Pasquero, Acquisition strategy and domain logic in engineering firm, Journal of Mangement Studies, 36, 1999, pp. 7—16

[35] Datta, Organizational fit and acquisition performance effects of post-acquisition integration，Strategimc Management Review, 1991, pp. 281—297

[36] Davenport, The integration challenge, Management Review, January，1998

[37] Datta, Organizational fit and acquisition performance effects of post-acquisition integration，Strategimc Management Review，1991，pp. 281—297；

[38] David J. K，Sensia A. M，The competitive of resource：the stratedy in 90s，Harvard Business Review，June-August，1995，pp. 118—128

[39] Davis. P. , R. Robinson Jr. , J. Pearce and S. Park, Business unit relations and performance: a look at the pulp and paper industry, Strategic Management Journal, 13(5), 1992, pp. 349—361

[40] Dierickx, Cool, Asset stock accumulation and sustainability of competitive advantage, Management Science, 35, 1989, pp:147—160

[41] Drucker, Peter F. , "Five Rules for Successful Acqusition," The Wall Street Journal, October 15, 1981,pp. 28—30

[42] Eckbo, B. E. , Horizontal mergers, collusion and stockholder wealth, Journal of Financial Economics, April, 1986, pp. 241—273

[43] Ghoshal, Bartlett, Creation, adoption , and diffusion of innovation by subsidiaries of multinational corporations, Journal of International Business Studies, 19, 1988, pp. 365—388

[44] Faccio, M. , McConnell, J. J. , & Stolin, D. Returns to acquirers of listed and unlisted targets. Journal of Financial and Quantitative Analysis, 2006,41: 197—220

[45] Foss, N. J. , The theory of the firm: contractual and competence perspectives, Journal of Evolutionary Economics 3, 1993, pp. 127—44

[46] Fuller, K. , Netter, J. , & Stegemoller, M. What do returns to acquiring firms tell us? Evidence from firms thatmake many acquisitions. Journal of Finance , 2002, 57: 1763—1793

[47] Ghoshal,Bartlett,The multinational corporation as an interorganizational network, Journal of International Business Studies, 19, 1990, pp. 365—388

[48] Gig Graham,A systematic method for managing mergers,Giga Research Digest,February,1999

[49] Grant (1996), Toward a knowledge-based theory of the firm, Strategic Management Journal, Winter Special Issue, 17,pp. 109—122

[50] Grossman S. J. , and O. D. Hart (1986),The cost and benefit of ownership : a theory of lateral and vertical integration, Journal of

Political Economy, 94, pp. 691—719

[51] Gupta, Govindarajan(1991), Knowledge flows and the structure of control wihtin multinational corporation, Academy of Management Journal, 16(4), pp. 768—792

[52] Gupta, Govindarajan (1986), Resource sharing among SBUs: Strategice antecedents and administrative implications, Academey of Mangement Journal, 29, pp. 695—714

[53] Haleblian, J, Devers, C E, Carpenter, M A, McNamara, G, and Davidson, R. (2009). Taking stock of what we know about mergers and acquisitions: A review and research agenda[J]. Journal of Management, 35(3): 469—502

[54] Hambrick, D. And A. Cannella 1993, Relative standing: A Framework for Understanding Departures of Acquired Executives, Academy of Management Journal, 36(4), pp. 733—762

[55] Hamel, Competition for competence in inter-partner learning within international strategic alliances, Strategic Management Journal, 12, pp. 83—103

[56] Handy(1969), How to face being taken Over, Harvard Business Review, 47(6), 1969, pp. 109—111

[57] Harford, (2005). What drives merger waves? Journal of Financial Economics, 77:529—560

[58] Haspeslaph, Jemison (1991), Managing acquisition : Creating value through coporate renewal, New York, Free press

[59] Haspeslaph and Jemison (1987), Acquisition-myths and reality, Sloan Management Review, Winter, pp. 53—58

[60] Haspeslagh, P., and D. Jemison (1991), Managing Acquisition, Free Press

[61] Haspeslagh P. C., Farquhar (1987), "The acquisition integration process: a contingent framework", Presented at the seventh annual international conference of Strategic Management Society, Boston, MA, October

[62] Hebeck, Kroger, Tram (2000), After the merger: Seven rules for successful post-merger integration, Pearson Education Ltd

[63] Hedlund (1994), A model of knowledge management and the N-form corporation , Strategic Model Journal, Summer Special Issue, 15, pp. 73—90

[64] Hodge(1998), The art of the post-deal, Mangement Review, February

[65] Hofstede, G. , B. Nevijen, D. Ohayu and G. Sanders (1990), Measuring organizational culture: A qualitative and quantitative study across twenty cases, Administrative Science Quarterly, 35 (2), pp. 286—316

[66] Hoskison, R. E. And R. A. Johnson(1992), Corporate restructuring and strategic change: the effect of diversification strategy and R&D intensity, Strategic Management Journal, 13 (8), pp. 626—634

[67] Janson (1994), Towards a dynamic model of post-acquisition cultural integration, in Sjogren, and Janson, <Culture and Management>, Stockholm: Institute of International Business

[68] Jemison D. B(1986), Process constrains on strategic capability transfer during acquisition integration, Graduate School of Business, Stanford University, November

[69] Jemison D. B. , Sitkin, (1986), Corporate acquisition: a process perspective, Academy of Management Review, 11, 1, 145—63.

[70] Jesen and Meckling(1976), Theory of the firm: Managerial Behavior, Agency Costs and Ownership Structure, Journal of Financial Economics

[71] Jesen, M (1986), Agency costs of free cash flows, corporate finiance and takeovers, American Economic Review, 76, 2, 323—329

[72] Jesen, M. C, R. Ruback(1985), The market for corporate control: The scientific evidence, Journal of Financial Economics, 11, pp. 5—50

[73] Jick . T(1979), Process and Impact of a Merger, Ithaca, NY: Cornell University Press

[74] Kawen. K ,Stephen H. , Patelisha. k(1996),Whether the competence of the corporation is apparition McKinsey Strategy Forum, pp. 14—25

[75] Ken Hodge(1998), The art of the post-deal, Management Review, February,pp. 17—20

[76] Kim, J. , & Finkelstein, S. (2009). The effects of strategic and market complementarity on acquisition performance: Evidence from the U. S. commercial banking industry, 1989—2001. Strategic Management Journal, 30(6), 617—646

[77] King, D. , D. Dalton, C. Daily and J. Covin (2004). 'Meta-analyses of post acquisitionperformance indications of unidentified moderators', Strategic Management Journal, 25, pp. 187—200

[78] Krishnan(1997),Diversification and top management team complementarity: is performance improved by merging similar or dissimilar teams?,Strategic Management Journal,vol18,pp. 5

[79] Kogut,Zander(1995),Knowledge of the firm,combinative capabilities and the replication of technology,Organizationa Science,3,pp. 383—397

[80] Kogut,Zander(1995),Knowledge and the speed of the transfer and imitation of organizational capabilities, Organizational Science, 6(1),pp. 76—92

[81] Langlois, R. N. and Robertson, P. (1992),Uncertain imitability: An analysis of interfirm differences in efficiency under competition, Bell Journal of Economics 13,pp. 418—38

[82] Lawrence J. L. (1985), Some play the merger game just for action, Los Angeles Times, October 6

[83] Leighton C. M. (1969), After the acquisition : Continuing challenge, Harvard Business Review, 47(2), pp. 90—102

[84] Lewellen(1972),Managerial Pay and Corporate Performance, A-

merican Economic Review, pp. 60

[85] Lubatkin(1987), Mergers strategies and stockholder value, Strategic Management Journal, Vol. 8, pp. 50—53

[86] Lubatkin(1997), Related standing and the performance of recently acquired European firms, Strategic Management Journal, vol 18, pp. 8

[87] Luo, Y., Xue, Q., & Han, B. How emerging market governments promote outward FDI: Experience from China. Journal of World Business. 2010, 45(1): 68—79

[88] Manne(1970), Mergers and the market for corporate control, Journal of Political Economy, pp. 73

[89] Marshall, Conner(1996), Another Reason Why Companies Resist Change, Booz, Allen & Hamilton, vol. 1

[90] Matsusaka, John G., Takeover motives during the conglomerate merger wave. Rand Journal of Economics, 1993, 24:357—379

[91] Mckinsey & Co. (1985), Do mergers really work, business week, June 3, pp. 88—100

[92] Montgomery, D. G. (1992), Diversification , ricardian rents, and tobin's Q, Rand Journal of Economics, 19(4), pp. 623—632

[93] Montgomery, Wilson(1986), Mergers that last: a predictable pattern?, Strategic Management Journal, vol 7, pp. 91—96

[94] D. C. Mueller(1985), Mergers and market share, Review of Economics and Statistics, 67, pp. 259—263

[95] Nahavandi and Malerzadeh, Acculturation in mergers and acquisitions, Academy management Review, 1988, 13(1), 79—90

[96] Nahapiet 和 Ghoshal(1998), Social capital, intellectual capital and the organizational advantage, Academy of Management Review, 23(2), pp. 242—266

[97] Neil A. Morgan(1995), Successful growth by acquisition. Journal Gen. Manag. 1995. 14(2), pp. 5—18

[98] Nelson, R., Winter S. (1982), An evolutionary theory of economic

change, Harvard University Press, Cambridge, MA

[99] Nonaka(1994), A dynamic theory of organizational knowldege creation, Organization Science, 5(1), pp. 14—37

[100] O'shaughnessy K. C., Flangagan D. J(1998), Determinants of layoff announcements following M&As, Strategic Management Journal, Oct, pp. 989—1000

[100] Peng, M. W. 2012. The global strategy of emerging multinationals from China, Global. Strategy Journal 2(2): 97—107

[101] Penrose, E. T. (1959), The theory of the growth of the firm, Oxford: Oxford University Press

[102] Peteraf, M. A(1993), The cornerstone of competitive advantage: A resource-based view, Strategic Management Journal, 14(3), pp. 179—192

[103] Pettigrew A. (1970), On studying organizational culture, Administrative Science Quarterly, 22, pp. 570—581

[104] Pettigrew A. (1990), Longitudinal field reaserch on change: theory and practic, Organizational Science, 1, pp. 3

[105] Pettigrew A., Whipp(1991), Managing change for competitive success, Oxford: Blackwell

[106] Pitts (1974), Incentive compensation and organization design, Personnel Journal, 53, pp. 338—344

[107] Prahalad C. K., Bettis(1986), The dominate logic: A new linkage between diversity and performance, Strategic Management Journal, Vol. 7, 1986, pp. 485—501

[108] Prahalad C. K., Gary Hamel(1992), The core competence of the corporation, Harvard Business Review, No. 90311, march—April, 1992

[109] Ravenscraft, D. J. And F. M. Scherer 1993, Mergers, selloffs and economic efficiency, Brookongs Institution, Washington, DC

[110] Roberts(1994), Culture change in acquisition targets, Proceedings of the Administrative Science Association of Canada

Conference, Halifax

[111] Roll(1986), The hubris hypothesis of corporation takeovers, Journal of Business , pp. 59

[112] Ross(1977), The determination of financial structure: The incentive-signaling approach, Bell Journal of Economics, 8, pp. 23—40

[113] Rumelt, R. P. (1982), Diversification strategy and profitability, Strategic Management Journal 3, pp. 359—369

[114] Rumelt, R. P. (1987), Strategy, economic theory and entrepreneurship, in D. J. Teece(ed.) The Competitive Challenge, Cambridge, Mass. : Ballinger Books

[115] Schender (1996), Editor's introduction to the 1996' winter special Issue: Knowledge and the firm, Strategic Management Journal, Winter Special, 17, pp. 1—4

[116] Schien E. H. (1985), Organizational culture and leadership, San Francisco: Jossey-Bass

[117] Schweiger, Csiszar, Napier(1994), A strategic approach to implementing mergers and acquisitons, in Krogh, Sinatra, Singh, The Management of Corporate Acquisitions, Macmillan

[118] Schweiger D. M, Denisi A. S. (1987), "The Effect of a Realistic Merger Preview on Employee: A Longitudinal Field Experiment," Paper presented at the Academy of Management National Meeting, New Orleans

[119] Schweiger D. , Weber Y. and Lubatkin M. (1992), Cultural difference and shareholder value in related mergers: linking equity and human capital", Strategic Management Journal, 13(5), pp. 319—33

[120] Schweiger. D. M. And Y. Weber(1993), Strategies for management human resources during mergers and acquisitions: An empirical investigation, Human Resource Planning Journal, 12(2), pp. 69—864

[121] Selnick(1957), Leadership in administration. A sociological inter-

pretion, Berkeley: Harper&Row

[122] Seth(1990), Sources of value creation in acquisitions: A empirical investigation, Strategic Management Journal, vol11

[123] Sharon A. Mertz (1999), An IT view of acquisition alanning, www. KPMG. com, February 17

[124] Shelton(1987), Strategic business fits and corporate acquisition: Empirical evidence, Strategic Management Journal, 8, pp. 279—287

[125] Shleifer, A., Vishny, R., (2003). Stock market driven acquisitions, Journal of Financial Economics, Elsevier, vol. 70(3), pages 295—311, Decembe

[126] Singh, Montgomery(1987), Corporate acquisition strategies and economic performance, Strategic Management Journal, 8, pp. 377—386

[127] Spender(1996), Making knowledge the basis of a dynamic theory of the firm, Strategic Management Journal, 17(S2), pp. 45—62

[128] Slangen, A. H. L. (2006). National cultural distance and initial foreign acquisition performance: The moderating effect of integration. Journal of World Business, 41: 161—170

[129] Stahl, G. K. and Voigt, A. (2008). Do cultural differences matter in mergers and acquisitions? A tentative model and examination. Organization Science, Vol. 19 No. 1, pp. 160—76

[130] Stewart, K. A. (1992), After the acquisition: An empirical study of variables as related to the turnover of chief executives of acquired companies, Paper presented at the Academy of Management Meetings, Las Vegas, NV

[131] Szulanski(1996), Exploring internal stickness: impediments to the transfer of best practice within the firm, Strategic Management Journal, 17(S2), pp. 27—44

[132] Teece (1977), Technology transefer by multinational firms: The resource cost of transfering technologyical know—how, The Eco-

nomic Journal, 87, pp. 242—261

[133] Teece, D. J. And G. Risano(1994), The dynamic capabilities of firms: An Introduction", Industrial and Corporate Change, 3(3), pp. 537—556

[134] Teece, D. J., Dosi, G., Winter, S. G. and Rumelt, R. P. (1994) Understanding Corporate Coherence: Theory and Evidence, Journal of Economic Behavior and Organization 23:1—30

[135] Thomas O. Davenport 1998, The Integration Challenge, American Management Association International, January 25—30

[136] Tsai(2000), Social capital, strategic relatedness and the formation of intraorganizational linkages, Strategic Management Journal, 21, pp. 925—939

[137] Vaara, E., Junni, P., Sarala, R. M., Ehrnrooth, M. and Koveshnikov, A. (2013), Attributional tendencies in cultural explanations of M&A performance. Strategic Management Journal,. doi: 10.1002/smj.2163

[138] Very, P., R. Calori and M. Lubatkin(1993), A investigation of national and organizational cultural influence in recent european mergers. In P. Shrivastava, A. Huff and J. Dutton(eds.). Advance in Strategic Management, Vol. 9. JAI Press. Green-wich, CT, pp. 323—346

[139] Wernerfelt, B. (1984), A resource-based view of the firm, Strategic Management Journal 5, pp. 171—80

[140] Wernerfelt, B. and Montgomery, C. (1988) 'Tobin's q and the Importance of Focus in Firm Performance', American Economic Review 78(1):246—50

[141] Walsh(1998), Top management turnover following mergers and acquisitions, Strategic Mangement Review, pp. 173—183

[142] Wiersema, M. F. And K. A. Bantel(1992), Top management team demography and corporate strategic change, Academy of Management Journal, 35, pp. 91—121

[143] Williamson, O. E. (1976), Transaction-cost economics: the governance of contractual relations, Journal of Law and Ecomomics, Oct pp. 3—61

[144] Williamson P. , Raman, A. How China reset global agenda. Harvard Business Review. 2011, April : 109—114

[145] Winter, S. G. (1987), Knowledge and competence as strategic assets, in D. J. Teece(ed.) The Competitive Challenge, Cambridge, Mass. : Ballinger Books

[146] Winter, S. G. (1988), On Coase, Competence and the Corporation, Journal of Law, Economics and Organization 4(1):163—80

[147] Weitzel, K. J. McCarthy. Theory and Evidence on Mergers and Acquisitions by Small and Medium Enterprises[J]. International Journal of Entrepreneurship and Innovation Management, 2011, 14(2/3):248—275

与本书内容相关的公开发表论文

序号	作者	文章名	期刊
1	程兆谦	知识视角的购并研究回顾与展望	《外国经济与管理》，6/2011
2	程兆谦	购并后如何建立信任关系：理论模型与管理策略	《华东经济与管理》，3/2008
3	程兆谦 张德	基于过程视角的群体内冲突	《技术经济与管理研究》，4/2006
4	程兆谦 徐金发	企业发展路径选择：一个决策模型	《经济理论与经济管理》，6/2000
5	程兆谦 徐金发	购并中价值创造的三个基本问题	《经济管理·新管理》18/2001
6	程兆谦 徐金发	一个基于资源观的企业模型	《经济管理·新管理》14/2002
7	程兆谦 徐金发	被购并企业高层经理的流失：实证分析与理论研究	《外国经济与管理》5/2001
		人大复印资料全文复印，《人力资源开发与管理》，10/2001	
8	程兆谦 徐金发	资源观框架的整理	《外国经济与管理》7/2002
		人大复印资料全文复印，《工业企业管理》，11/2002	
9	程兆谦 徐金发	企业文化与购并研究	《外国经济与管理》9/2001
		人大复印资料全文复印，《工业企业管理》，12/2001	
10	程兆谦	企业变革中的员工抵制与转化	《中外管理导报》4/2001
		人大复印资料全文复印，《人力资源开发与管理》，7/2001	
11	徐金发 程兆谦	购并的情境主义分析	《南开管理评论》2/2002
12	程兆谦	购并整合中心理契约的重构	《当代财经》1/2001
13	程兆谦	通用电气如何搞整合	《中外管理》4/2001
14	程兆谦	整合成功七法则	《中外管理》5/2001

续　表

序号	作者	文章名	期刊
15	程兆谦 徐金发	购并与战略联盟比较研究	《决策借鉴》12/2001
16	程兆谦 徐金发	高科技企业兼并中的 IT 系统整合	《决策借鉴》6/2001
17	程兆谦	苏州为什么?	《经济学消息报》7/2002
18	程兆谦	美国公司治理危机:两种意识形态之间的畸形关系	《环球企业家》3/2003
19	程兆谦	IBM 如何成功整合莲花	《新电子·经理人商业周刊》7/2002